管理科学研究方法与论文写作

刘伊生　编著

中国建筑工业出版社

图书在版编目（CIP）数据

管理科学研究方法与论文写作/刘伊生编著 . —北京：中国建筑工业出版社，2018.8（2023.3重印）
ISBN 978-7-112-22607-8

Ⅰ.①管… Ⅱ.①刘… Ⅲ.①管理学-研究方法-高等学校-教材 ②管理学-论文-写作-高等学校-教材 Ⅳ.①C93-03 ②H152.3

中国版本图书馆 CIP 数据核字（2018）第 202817 号

本教材分为总论、基本研究方法、数理分析方法及工具、学位论文写作 4 篇内容。"总论"分别阐述了管理科学的研究对象和方法、学术论文与学位论文、学术道德规范；"基本研究方法"分别介绍了文献研究法、案例研究法、社会调查法和实验研究法；"数理分析方法及工具"部分从问题出发，分别阐述了定量评价方法、统计分析方法及工具、群体关系分析方法、决策及优化方法的原理及应用；"学位论文写作"分别阐述了学位论文选题与开题、学位论文结构及写作方法。

本教材可供高校管理科学与工程专业、企业管理专业、工程与项目管理专业及相关专业研究生、本科生及青年教师等相关科研人员使用。

* * *

责任编辑：牛　松　牟琳琳
责任校对：王雪竹

管理科学研究方法与论文写作

刘伊生　编著

*
中国建筑工业出版社出版、发行（北京海淀三里河路 9 号）
各地新华书店、建筑书店经销
北京红光制版公司制版
北京建筑工业印刷厂印刷
*
开本：787×1092 毫米　1/16　印张：11¼　字数：278 千字
2019 年 1 月第一版　2023 年 3 月第三次印刷
定价：**35.00 元**
ISBN 978-7-112-22607-8
（32700）

前　言

随着我国管理学科研究生数量的迅速增长，研究生培养质量越来越成为人们关注的焦点。高水平的研究生不仅需要拥有系统完整的专业知识体系，而且应掌握规范的研究方法，还应具有良好的表达能力，这也是学位论文写作的三要素，即："专业知识"、"研究方法"和"表达能力"。在多年来博士及硕士研究生指导及教学工作中深切感受到，研究方法论（Research Methodology）与研究方法（Research Methods）是研究生严重混淆的一个问题，也是急需学习和掌握的重要内容。与此同时，论文结构与写作要求也是需要理解和掌握的。

近年来，国内陆续出版多部管理研究方法论或管理研究方法相关著作，但内容各有侧重，本书遵循"科学性、指导性、规范性、实用性"原则，在概要介绍研究方法论的基础上，力求系统阐述管理科学研究方法与论文写作相关内容。

本书编写历经 3 年，共分 4 篇 13 章，第 1 篇总论包括 3 章，分别阐述管理科学的研究对象和方法、学术论文与学位论文、学术道德规范；第 2 篇基本研究方法包括 4 章，分别是：文献研究法、案例研究法、社会调查法和实验研究法；第 3 篇数理分析方法及工具包括 4 章，从问题出发分别阐述定量评价方法、统计分析方法及工具、群体关系分析方法、决策及优化方法的原理及应用；第 4 篇学位论文写作包括 2 章，分别阐述学位论文选题与开题、学位论文结构及写作方法。

本书编写过程中，北京交通大学刘婷婷、陈明利、双晴等老师，以及王肖文、董东亚、任世杰、汪琰、陈雪尔、陈菁雅、李婉斌、齐木仁、韩丽静、王昕、王璐、吴倩倩、张宸为、严云开、魏帆、庄雪丽、鲍依蓓等博士/硕士研究生们在资料搜集、文稿整理等方面协助完成了大量工作，在此表示衷心感谢！同时，对引用资料的作者也表示感谢！

目　　录

第1篇 总 论

管理科学作为一门研究管理理论、方法和管理实践活动的科学，有其特定的研究对象和研究方法。学术论文和学位论文是反映博士研究生和硕士研究生研究能力、学术水平的重要载体，有其特定的写作流程和要求。学术道德规范是开展科学研究和进行学术活动的行为准则，应严格遵守。

第1章 管理科学的研究对象和方法

管理是人类社会存在的一种方式，自有人类劳动以来管理即已存在。随着经济社会的不断发展，管理科学已扩展到各个领域，形成内容广泛、门类齐全的独立学科体系。人们普遍认为，管理科学已成为与社会科学、自然科学并列的第三类科学。从事管理科学研究，首先需要理解管理科学的研究对象和方法。

1.1 管理科学的研究对象及基本要素

1.1.1 管理科学及其研究对象

1. 管理与管理科学

分析管理科学的研究对象，首先需要明确管理与管理科学的涵义。

（1）管理。管理通常是指在特定环境条件下，以人为中心，对组织所拥有的资源进行有效的决策、计划、组织、领导、控制，以便达到既定组织目标的过程。首先，管理是有目标的，而且经常是多个目标交织在一起，相互联系、相互作用。其次，管理是一个过程，决策、计划、组织、领导、控制等职能都需要经过一个过程来实现。第三，管理需要以人为中心，人是管理主体（管理者），各项管理职能需要由人（或组成团队）来实现；当然，人有时也作为管理对象被管理者所管理。第四，管理的对象是一个组织系统，该组织系统可以是政府等公共部门，也可以是企业等盈利性组织，还可以是学校、医院、博物馆、学术性团体等非盈利组织。这些组织的管理准则有着本质区别，但其活动可分为两大类，即：持续不断的生产运作（Operation）和具有一次性特点的项目（Project）。

（2）管理科学。管理科学是一门研究管理理论、方法和管理实践活动的科学。由于管理对象的复杂性，决定了管理科学的复杂性。要系统、科学地研究管理问题，需要遵循"认识世界、解释世界和改造世界"的基本技术路线。首先，需要从新的时空角度探究管理对象的现状及存在的问题，这是实施科学管理的基本前提。其次，要透过现象看本质，从新的时空角度剖析管理对象的特征（变量）之间的相互关系（特别是因果关系）以及管理对象行为的演化规律，这是实施科学管理的核心，研究问题的创新点也往往在这里体现出来。最后，要基于因果关系或行为演化规律的分析，提出解决问题的理论、方法及对策。

这里强调从新的时空角度进行研究，是因为同样一个管理问题，在不同历史发展时期可能是不一样的，在不同国家、地区也可能是不一样的。同样一个学科问题在不同时间、不同空间上具有差异性，是管理科学区别于自然科学的重要特征之一。例如，物理学中的牛顿三大定律不会因时空原因而有差别。牛顿定律不会在中国成立而在美国不成立，也不会在过去成立而在现在和未来不成立；相反，管理学中的许多问题则存在时空差异。例如，企业所处的市场环境，美国与中国不同，即使是中国市场，过去（改革初期）与现在（深化改革阶段）也不同。因此，研究管理科学，需要考虑其自然属性和社会属性。管理科学中涉及技术维度的方法（如运筹学中的最优化方法等）可应用于不同社会制度、文化背景下，而涉及社会文化维度的方法（如领导、激励、沟通、冲突管理等）则需要考虑社会制度、文化背景等因素。

2. 管理科学的研究对象及分类

尽管管理领域的问题错综复杂，但可从不同层次（Levels）、不同视角（Perspectives）进行研究。因此，管理科学的研究对象可从不同角度进行分类。

（1）按研究层次分类，管理科学的研究对象可分为宏观问题和微观问题两个研究层次。

1）宏观管理问题研究。是将组织放在经济社会整体中进行研究，从经济发展、技术进步和文化传承等方面研究组织发展和管理者行为等问题，如管理伦理、泛文化（Cross Culture）管理、共性技术创新、产业管理现代化等。

2）微观管理问题研究。包括：组织与其外部组织之间的关系研究；组织内部各部分的功能及相互关系；组织内部个人和群体行为、人际关系以及与组织外部环境的相互作用等。事实上，管理科学的发展就是从微观管理问题的研究开始的。早期有关管理的研究多来自企业管理实践，如：科学管理的先驱泰罗（Frederick Winslow Taylor）是一位工程师，被人们称为科学管理之父，起初只是研究企业内部具体工作的效率问题；法约尔（Henry Fayol）是一家大型矿冶公司的总经理，提出了至今广为应用的五大管理职能：计划、组织、指挥、协调和控制；巴纳德（Chester I. Barnard）作为一家电话公司的总裁，是行为科学理论的倡导者；福特（Henry Ford）作为汽车公司总经理，创立了世界上第一条汽车流水装配线。此后，管理科学的诸多学派也都是研究微观层次管理问题的，如：以德鲁克（Peter F. Drucker）为代表的经验主义学派、以马斯洛（Abraham H. Maslow）和赫茨伯格（Frederick Herzberg）为代表的行为科学学派、以西蒙（Herbert A. Simon）为代表的管理决策理论学派等。

（2）按研究内容分类，管理科学的研究对象可分为基础研究和应用研究。

1）基础研究。通过概括和抽象管理现实问题，探讨管理学科规律性内容，从理论上对管理行为、机理和现象等进行解释，在总结管理行为一般原理的基础上提出新的普适性理论。基础研究不强调实际应用，不要求研究成果直接用来解决实际管理问题，但对于解决实际管理问题具有普遍指导意义。如西蒙提出的有限理性论认为，管理者在决策中不可能掌握所有相关信息和备选方案，寻求最优解是不现实的，需要用满意解取代最优解。马斯洛的需求层次理论和赫茨伯格的双因素理论则成为管理激励机制设计的理论依据。

2）应用研究。应用现有管理理论，针对明确的问题展开研究，解决现实管理问题，为社会、某些组织或群体带来实际利益。与理论研究着眼于长远效益不同，应用研究更注重现实效益。绝大多数管理研究均属于应用研究。

1.1.2　管理科学研究的基本要素

进行科学研究和学术活动，以学术论文、学位论文或研究报告等形式反映管理科学研究成果，犹如建造一栋建筑物离不开梁、柱、基石、砌块、楼板等基本构件一样，需要一些基本要素，包括：概念、变量、假设、模型、推理、分类等。

1. 概念

概念（Concept）是人们思维的产物，是人们对经济社会中具有共同属性的对象（事、行为、活动、现象等）的抽象和概括。人类在认识世界的过程中，观测和感受到一群相关联的对象具有某种共同属性，于是便将这些共同属性构成一个概念并冠以一个名词，供人们在沟通中使用。

管理科学研究中需要用到许多概念，如：创业精神、思维创新、电子商务、网络营销、服务科学、项目成熟度、劳动生产率、价值链、虚拟组织、敏捷生产等，但这些概念是无形的，人们是看不见、摸不着的。不同的人在听到或看到某一概念时，会在大脑中不自觉地涌现出与此概念相关的一组具体现象，这在心理学中被称为思维心象（Mental Image）过程。

对同一概念而言，如果人们的思维心象结果不同，就需要在论文或研究报告中进行特别阐明。对于作者自身而言，也必须在论文或研究报告中对同一概念有同样的思维心象，确保概念的前后一致性。

例如，"建筑业"概念一直以来就有不同涵义。狭义的"建筑业"是指建筑产品的生产（即施工）活动；而广义的"建筑业"则涵盖建筑产品的生产以及与建筑生产有关的所有服务内容，包括规划、勘察、设计、建筑材料与成品及半成品的生产、施工及安装，建成环境的运营、维护及管理，以及相关的咨询和中介服务等，这反映了建筑业真实的经济活动空间。由此可见，在管理研究中遇到此类概念即需要特别阐明，以明确研究范围和对象。对于那些内涵比较明确、人们的思维心象差异不大的概念，可不必在论文或研究报告中进行特别阐明。

在论文中，有关概念常出现的问题：

（1）对于同一概念，论文中前后用词不一致；或同一术语，前后表示不同属性或不同范围。

（2）标新立异地提出新名词，但未能用新的概念和后续研究内容支撑该名词。

（3）片面追求新潮名词，将内容创新转变为名词创新。

（4）不能忠实于原文（或原意）翻译外文词汇，望本国之文而生外来词之意。

2. 变量

变量（Variable）是一种被严格定义、可度量的概念。变量用来表示所研究问题的某种特征，是具有可测性的概念。有的概念"天生"可以在严格定义后成为变量，如"创业精神"、"项目成熟度"、"劳动生产率"等概念在严格定义后，即有强弱、高低之分。而有些概念经严格定义后，还不能直接成为变量。如"网络营销"、"服务科学"等概念在严格定义后也很难直接成为变量，需要在此概念基础上延伸出新的可以度量的概念。如"网络营销发展趋势"或"服务科学发展趋势"经严格定义后即可成为变量。

在管理科学研究的基本要素中，变量处于中心地位，概念是变量的基础，而后续的假设、模型、推理和分类等要素都是以变量为出发点，表述变量之间的相互关系。管理科学研究中可作为变量的概念范围非常广泛，可用来表达条件（环境、前提、规则、规定、观念），也可用来表达行为主体或行为结果，还可用来表达调控手段或其强度等。

（1）变量分类。根据变量之间的相互关系，变量可分为自变量、因变量和中介变量。自变量是指影响或决定因变量的变量，是因变量发生变化的前提和原因。在变量分析中，自变量的属性值将不受其他变量的影响而独立给定。因变量是指由其他变量引起变化或决定的变量，它对自变量的变化作出响应。一个变量在某种情况下是自变量，而在另一种情况下可以是因变量。一般而言，因变量是研究者试图解释或探究其属性变化原因的变量，而对于自变量本身，研究者则通常不予探究。中介变量也称控制变量，是指用来调节自变量对因变量影响程度的变量。中介变量往往与自变量同时存在并对因变量产生影响。在变量分析中，中介变量作为一种状态或条件存在，其属性不发生变化。

（2）变量值。变量值是指所关注的变量（可量化特征）的具体数值。变量值反映了所关注特征的状态。如对于变量"项目成熟度"，其相应的变量值可以是不成熟、比较成熟、成熟等。

（3）变量之间相互关系。可分为：相关和不相关。相关关系可分为线性相关和非线性相关。在相关关系中，最重要的是因果关系，这种因果关系又可分为一因一果、一因多果、多因一果、多因多果、互为因果等类型。在管理科学研究中，变量之间的不相关，也常常是所要涉及的问题。

总之，管理科学研究，本质上就是要研究所关注变量之间的关系和变化规律，以及根据这些关系或规律获得实现管理目标的对策措施、途径和方法。

（4）论文中有关变量常出现的问题：

1）不区分自变量和因变量，盲目探究变量之间的相关关系。或缺乏专业知识和实际经验，只是简单依靠数据分析来判别变量之间的因果关系。

2）将"多因一果"的变量之间的关系误认为"一因一果"的关系，撇开其他影响效果变量（因变量）的因素变量（自变量）不管，只简单研究其中一个因素变量（自变量）与多因效果的关系。

3）在研究"多因多果"问题中，遗漏或缺省原因变量（自变量）或效果变量（因变量），特别是遗漏或缺省原因变量（自变量）常会导致荒唐的结论。

4）将"互为因果"关系简单地处理为单向因果关系。

5）忽视管理科学研究的本质，只关注变量之间的关系和变化规律，未能根据变量之间的关系或规律提出实现管理目标的对策措施、途径和方法。

3. 假设

假设（Hypothesis）是指对某种行为、现象或事件作出的一种合理、尝试性解释，且这种解释是需要检验的。假设表明研究者对于研究结果的一种设想。研究者提出假设后并不只是为了证明自己的预期是正确的。通过用所收集的数据和事实进行检验，验证结果可能支持假设，也可能不支持假设，但这样的研究都是有意义的。无论是证实还是证伪，对于管理理论或实践都是有贡献的。假设对于管理科学研究十分重要，假设意味着有新设想，有了假设才可能有新发现。假设的提出和验证是研究工作的主线。通过假设，可以指导研究方向，并有利于进行研究设计，同时，假设还可提供一个结果讨论框架。

假设有两个主要来源：一是在实证研究之前，对问题的某种感悟而产生猜想（假设）。二是在实践中，基于对实际问题的某种感觉而产生猜想，或基于经验概括而产生猜想。假设通常表现为变量之间的关系，包括变量之间"如何"关联以及"为什么"关联等。

（1）假设成立需具备的条件。评判一项假设是否成立以及价值如何，应考虑以下几个方面：

1）假设应建立在可靠的理论基础之上。任何假设都是现有理论的扩展和延续，不可能脱离某种理论体系而孤立地研究某项假设。

2）假设要尽可能清晰和具体地表述变量之间的关系。假设的清晰表述又有赖于变量的清晰界定。在因果关系分析中，一般要首先描述自变量，然后界定因变量。

3）假设必须是可以验证的。如果假设无法验证，无法用观测、试验的事实来证实或证伪，这种研究将无法进行下去，也就意味着这样的假设没有研究价值。

（2）假设的分类。假设可从不同角度进行分类。

1）从假设提出的思维方式看，假设可分为归纳型假设和演绎型假设两种。归纳型假设是在观测基础上对事实的概括。例如，明茨伯格（Henry Mintzberg）就是通过观测企业高层管理者的日常工作，提出"有成效的高层管理者将非常规信息（活信息）看得比报告和报表之类的常规信息更为重要"的假设。演绎型假设则是从公理、原理或学说出发，运用逻辑推理提出的假设。例如，基于熊彼特（Joseph Alois Schumpeter）的"创造性消亡过程"理论，人们可推导出"工业政策不利于企业创新"的假设。

2）从假设的表述方式看，假设可分为陈述假设和对立假设两种。陈述假设也可称为研究假设，用来表述两个变量之间所期望的关联，这是管理科学研究中通常采用的假设形式。对立假设也称为虚空假设或统计假设，适合于采用统计技术分析判断所研究的变量之间的关系是一种偶然（随机）关联还是一种真实关联。实证研究中常采用统计假设。

（3）论文中有关假设常出现的问题：

1）概念、变量尚未界定清楚，就急于提出假设，进而构建模型，确定论证方法，往往导致逻辑混乱。

2）有些假设已被证实，且为人们所熟知。

3）有些假设尚无法验证，缺乏研究价值。

4. 模型

模型（Model）是指研究者经过思维抽象后，对所研究的系统、过程、事物或概念的一种简化表达形式。在管理科学研究中，模型通常是理论的一种特殊表达形式。例如，波特（Michael E. Porter，1985）将传统的产业组织理论与企业战略结合起来，提出了竞争战略与竞争优势的"五力模型"，认为行业中存在着决定竞争规模和程度的五种力量：进入壁垒、替代品威胁、买方议价能力、卖方议价能力以及现存竞争者之间的竞争，这五种力量综合起来影响着产业吸引力。又如，波特（Michael E. Porter，1990）在提出国家竞争优势的基础上，建立了包含生产要素、需求状况、相关产业、企业战略结构、政府行为和机遇六大要素的"钻石模型"，用来分析国际竞争优势。

模型是对现实的抽象，也是对现实的简化和理想化。模型应注重客观对象的重要内容，不应过多地考虑小细节。因此，决定客观对象的哪些因素应包含在模型中是非常重要的。

（1）模型分类。模型在很多领域得到应用，可按不同角度进行分类。在管理科学研究中，按照模型的表现形式不同，可将模型分为数学模型、结构模型和仿真模型。

1）数学模型（Mathematical Model）。数学模型是用数学语言描述现实系统行为和特征的一种模型。数学模型不仅可以定量描述系统各变量之间的相互关系，而且便于应用计算机进行分析。管理运筹学中的多数模型均属于数学模型，如线性规划模型、动态规划模型、库存模型、排队模型等。在管理科学研究中，应用最多的是数学模型。

2）结构模型（Structural Model）。结构模型是用来反映系统的结构特点和因果关系的模型。结构模型是研究复杂系统的有效手段。结构模型中的一类重要模型就是图模型（Graphic Model）。所谓图模型，是指由点和线组成的用以描述系统的图形。图模型可用来描述自然界和人类社会中大量事物与事物之间的关系。构成图模型的图形不同于一般的几何图形。例如，图模型中的每条边可以被赋权，组成加权图。权可取一定数值，用以表示时间、距离、流量、费用等。加权图可用于研究运输网络、通信网络以及运筹学中的一些重要课题。动态结构图、计划评审技术（PERT）、图示评审技术（GERT）、风险评审技术（VERT）等均是图模型的典型代表。

3）仿真模型（Simulation Model）。仿真模型是指通过电子计算机运行程序所表达的模型。采用适当的仿真语言或程序，数学模型和结构模型一般均可转化为仿真模型。当要研究不同控制策略或设计变量对系统的影响，或者系统受到某些扰动后可能产生的影响，最好是基于系统本身进行实验，但往往会由于费用巨大、时间过长、系统不稳定等原因而无法付诸实施。这时，建立仿真模型进行模拟实验成为分析问题的重要方法。例如，利用建筑信息建模（Building Information Modeling，BIM）技术进行紧急情况下的人员疏散模拟、建筑运行能耗模拟、应急预案管理模拟等就是利用仿真模型进行模拟实验。

（2）模型构建方法。构建模型是一种创造性劳动，成功的模型往往是科学与艺术的结晶。构建模型通常有以下几种方法：

1）直接分析法。直接分析法是指研究者根据其对问题内在机理的认识直接构造模型，如线性规划模型、投入产出模型、排队模型、库存模型、决策模型、对策模型等，这些模型都有相应的求解方法及专用软件。

2）类比分析法。有些问题可用不同方法构造模型，而这些模型的结构、性质类同时，即可采用类比分析法。例如，不同国家、不同地区有些经济、管理或社会问题研究可以采用类比分析法；不同领域的某些问题研究也可采用类比分析法，如某些经济、社会系统即可用物理系统进行类比。

3）数据分析法。当研究者尚未掌握某些问题的机理时，若能搜集到（或通过某些实验获得）与此问题相关的大量数据，即可用统计数据分析法建模。随着大数据时代的到来，这种建模方法越来越重要。

4）实验分析法。当有些问题的机理不清，又无法开展大量实验获取数据时，只能利用局部实验数据并通过分析来构造模型。

5）条件假定法。当有些问题的机理不清，缺少相关数据，也无法通过实验获取数据时，例如对于一些涉及社会经济因素的复杂系统，研究者又希望通过构建模型进行分析，即可采用条件假定法。条件假定法也称为想定法，是指事先设定某些不定的情况，再应用各种建模方法构造模型，推出一些结果，然后在分析这些结果的合理性和可行性的基础上不断修正完善所构造的模型，直至满意为止。

（3）论文中有关模型常出现的问题：

1）忽略管理科学研究的本质，不能从"问题导向"出发，一味追求不切实际的复杂数学模型。

2）生搬硬套现有模型，未能全面考虑所研究问题的主要因素；或者采用的模型不恰当，与实际问题脱节。

3）对所构建的模型未能作出科学、合理的解释，也未能通过实证分析进行验证。

5. 推理

推理（Reasoning）是指由一个或几个已知的判断（前提），推导出一个结论的过程。从逻辑学角度而言，推理涉及一组结构化命题：前提和结论。通过推理得到的是结论，而为此结论提供证据和理由的是前提。从控制论角度而言，前提和结论应分别称为输入和输出。

（1）推理的分类。推理可分为归纳推理和演绎推理两类。

1）归纳推理。归纳推理是指从具体事实到抽象理论的推理。从数据或证据出发推出结论，用事实支持结论，由结论解释事实。

2）演绎推理。演绎推理是指从抽象理论到具体事实的推理。演绎推理的结论必然能从前提推衍出来，若前提为真，则结论为真。演绎常可理解为归纳的逆向思维。演绎是从一般到具体，从解释到事实，而归纳则是从具体到一般，从事实到解释。

事实上，在研究过程中经常需要综合运用归纳和演绎两种推理方法。当观测到某项事实并产生"为什么"的疑问时，便需要归纳推理，从而提出一种初步解释（假设）；如果能解释面临的事实，则说明这种假设是合理的，而这种解释又需要通过演绎推理来完成。

（2）归纳和演绎推理交互运用的华莱士模型。在华莱士（W. L. Wallace）总结的科学研究推理模型中，理论（Theory）、假设（Hypothesis）、观测（Observation）和经验概括（Empirical Generalizations）四个要素形成一个研究工作循环。如图 1-1 所示，在此模型中，左半部分 O—E—T 表示归纳推理过程，先观察（O）事实，再进行经验概括（E），然后将经验概括结果纳入理论体系（T），作出机理解释；右半部分 T—H—O 则表示演绎推理过程，先以某种理论（T）为根据提出假设（H），然后观察事实（O），验证此假设。

图 1-1 的华莱士模型中，上半部分 E—T—H 代表理论研究，下半部分 H—O—E 代

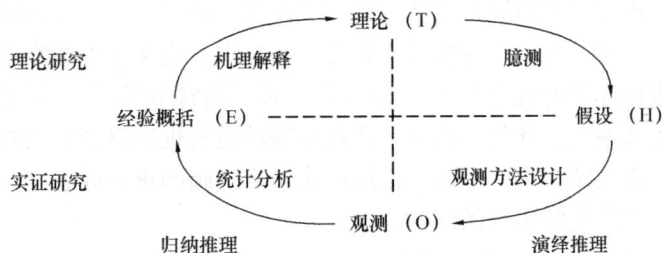

图 1-1 归纳与演绎的关系

表实证研究。在此模型中，不仅左、右两部分（归纳推理和演绎推理）无法分离，而且上、下两部分（理论研究和实证研究）也不可分离。实证研究中假设的提出离不开现有理论的支撑，而理论研究也离不开事实观测基础上的经验概括。尽管理论研究与实证研究、归纳推理与演绎推理的互动形成研究工作的良性循环，但具体的研究工作可能只包括其中一个或几个阶段。

（3）论文中有关推理常出现的问题：

1）实证研究中提出假设时，缺乏科学的理论支撑，或者支撑的理论有些凌乱。

2）应用统计分析方法用来辨识变量之间关系的数据和事实不够充分，甚至缺乏真实性。

3）作为论文工作重点和主要内容的实证研究过程往往被忽略。

6. 分类

分类（Classify）是指将事物按照种类、等级或性质分别进行归类，使事物更具有规律性。分类不仅是科学研究的主要内容之一，而且是深化研究的一种重要途径。研究者在研究任何事物时，总会不自觉地从某个视角（Perspective）、某个层次（Level）来看问题。从新的视角看问题，才会有新的发现。研究视角选定后，即可将研究对象按层次进行划分，逐层进行深入研究，从而使研究工作不断细化和深化。

（1）分类的基本规则。分类的基本规则如下：

1）种项之和应具有完备性。即：对于某一"属"项而言，其各个"种"项之和应为该"属"项的完备集合，而不能有属于该"属"项的事物被遗漏。否则，就会出现"子项不完备"的错误。换言之，分类所设置的项目必须足以穷尽所分对象。例如，软件和硬件；历史、现实和未来；企业的内部价值链和外部价值链；企业的机遇和挑战、优势和劣势等，均概括了相应"属"项的所有"种"项，使各种项之和具有完备性。

2）分类准则应具有唯一性。不同层次可以有不同的分类准则，但每一层次的分类应遵循一个分类准则。同一层次采用两个及以上的准则进行跨越分类，是科学研究的一大忌讳。例如，在分析企业内部价值链时，可以在第一层次分析企业内部各个部门及其关系，然后在下一层次分析各个部门的工作内容；而不能将企业内部各个部门与其工作内容混在同一层次进行分类。

3）种项之间应互不相容。根据某一分类准则划分出来的各个种项应相对独立或全异，不能有包含关系。例如，组织活动可分为循环往复的日常运作（Operation）和具有明确始终的一次性活动——项目（Project），这两类活动相对独立、少有重叠。但若将管理活动划分为计划、实施和运作，便是一种"子项相容"的错误。

论文中即使不进行分类研究，也会遇到分类问题。例如，在论述问题时，经常会用到"一方面……；另一方面……。"这实际上就是一种分类。论文中也经常会涉及指标体系等问题，事实上，指标体系的建立也是一种分类。对于违背分类的基本规则构建的指标体系，其有效性则无从谈起。此外，论文中各级标题的设置也应符合分类规则，这是表明作者思路是否清晰、论文结构是否严谨、论述层次是否清晰的重要标志。

（2）论文中有关分类常出现的问题：

1）违背分类的基本规则，造成研究内容逻辑混乱。例如，有的论文研究事物的价值，将其分为静态价值、动态价值和未来价值。如果将事物的价值分为静态价值和动态价值，不仅种项之和具有完备性，而且分类准则也具有唯一性，但在此基础上又提出"未来价值"，则完全扰乱了逻辑关系。再如，将企业经营风险承载能力的影响因素分为环境因素、资源因素、能动因素和效益因素等，则完全缺乏分类依据。

2）论文结构不够严谨，各章节划分缺乏科学依据。对于论文研究对象，未能遵循分类的基本规则，按工作程序或组成内容等进行分类而形成相应章节。

3）图模型中符号表示随意，未能遵循分类规则。研究生论文中，经常会应用图模型表示变量、参数及其相互关系，而这些需要用特定符号区别开来。如在系统动力学（System Dynamics）模型中，用□表示水准变量，□⋈表示速率变量，○表示辅助变量，→表示变量之间的关联。但在许多研究生论文的图模型中，未能很好地用不同符号区分变量、参数及其关联。用同样的方框，有的表示工作内容，有的表示行为主体，有的表示输出结果等。同样的问题也普遍存在于论文结构图中，将不同类别的内容不加区分地一概用方框表示，将不同的关联也不加区分地一概用箭线表示。

1.2　管理科学研究方法与范式

1.2.1　管理科学研究方法的特征和分类

1. 管理科学研究方法的特征

（1）多学科融合性。所谓多学科融合性，是指管理科学研究除采用归纳、演绎和实验等社会科学研究方法外，通过不断吸收和移植经济学、系统科学、数学、心理学等相关学科的理论和方法，大大丰富了管理科学研究方法的内容。随着科学技术的不断进步，管理科学的研究方法还会进一步丰富。

管理科学研究方法具有多学科融合性特征的主要原因：第一，管理活动本身的性质决定了管理科学研究方法融合的必要性。由于影响管理活动的因素不仅有自然因素，而且有政治、法律、社会、心理、历史、文化等多种社会因素，从而决定了普遍存在的复杂管理问题必须用多种学科的不同知识和分析方法进行研究。第二，从事管理研究和实践人员的来源为管理科学研究方法的融合提供了可能。由于管理问题的复杂性，吸引了不同学科领域的专家、学者从不同视角、采用不同方法研究管理问题，从而使管理科学研究方法的多学科融合成为可能。

（2）定量分析与定性分析相结合。随着数学和计算机技术的不断发展，人们在研究复杂管理问题时逐步开始追求用数学模型进行定量分析，这在一定程度上促进了管理理论和方法的精确化和科学化。但值得注意的是，由于许多管理问题极其复杂，难以用精确的数学模型加以定量化描述，因此，研究者也不能过于信任数学推理，严重脱离实际，将科学管理与人文管理相分离，为了"研究"而研究。而如果仅用不精确的定性分析方法，并凭借管理者的经验来实施管理，也难以实现管理科学化。为了实现科学管理与人文管理的有效融合，并提升管理的科学化程度，定量分析与定性分析相结合也是管理科学研究方法的主要特征。

2. 管理科学研究方法的分类

管理科学研究方法众多，由于研究目的、研究对象、研究路径等不同，可采用不同的研究方法。但无论如何，管理科学研究方法可分为两大类，即：定量分析法和定性分析法。这两类研究方法并非是对立的，它们只是从不同维度去研究问题，而这些维度又经常是融合在一起的，因而使定量分析与定性分析相结合成为管理科学研究的主要方法。定性分析是定量分析的基本前提，没有定性的定量是一种盲目、毫无价值的定量；定量分析使定性分析更加科学、准确，可促使定性分析得到系统深入的结论。

（1）定量分析法。定量分析法（Quantitative Analysis Method）是指对社会现象的数量特征、数量关系与数量变化进行分析的方法。定量分析的理论基石是实证主义。从研究的逻辑过程看，定量分析比较接近于假说-演绎研究方法，既注重现实数据搜集，又注重演绎推理，强调各变量之间的相互关系和因果联系。管理科学研究中常用的定量分析法有：预测分析方法、统计分析方法、投入产出分析方法、线性规划、动态规划、评价分析方法、层次分析法、对策论、决策分析法、管理系统模拟、排队论、系统动力学方法、网络计划方法等。

（2）定性分析法。定性分析法（Qualitative Analysis Method）亦称"非数量分析法"，是指凭借研究者的直觉和经验以及研究对象的信息资料，对研究对象的性质、特点和发展变化规律进行分析的方法。定性分析是在反实证主义理论影响下形成的一种科学研究方法，定性分析趋向于运用访谈、观察和文献法等收集资料，并依据主观理解对研究对象进行"质"的分析。与定量分析不同的是，定性分析是以研究者本人为研究工具，在自然情境下采用多种资料收集方法对研究对象进行整体性探究和形成理论。

1.2.2　管理科学研究范式

范式（Paradigm）的概念和理论是由美国著名科学哲学家托马斯·库恩（Thomas Kuhn）最早提出并在《科学革命的结构》（The Structure of Scientific Revolutions）（1962）中系统阐述的，是指一个共同体成员所共享的信仰、价值和技术等的集合。科学研究范式则是科学研究所赖以运作的理论基础和实践规范，是指某一学科的研究者群体所共同遵从的世界观和行为方式，包括该学科特有的观察角度、基本假设、概念体系和研究方式，代表研究者看待和解释世界的基本方式。

管理科学研究范式主要包括实证性研究、解释性研究和探索性研究。

1. 实证性研究

实证主义（Positivist）起源于奥古斯特·孔德（Auguste Comte）的"实证哲学"和爱米尔·涂尔干（Emile Durkheim）的"社会学方法的原则"。自 20 世纪 60 年代以来，为了用预测、证实或证伪的方法来构建一些新的管理理论，实证性研究逐步成为现代管理科学的主流研究方法。

实证性研究方法的最大优点是能够自行校正（Self-correction），研究者在获取科学知识的全过程中有许多内在检验，这些检验可用来控制和验证研究者在获取自身以外可靠知识过程中的行动和结论。

实证性研究的重点是研究现象本身"是什么"的问题，通过揭示客观现象的内在构成因素及内在逻辑，归纳概括客观现象的本质及运行规律。

实证性研究的基本步骤如下：

（1）确定研究对象。包括：分析研究对象的构成因素、相互关系及影响因素，搜集并分类相关事实资料。

（2）设定假设条件。研究对象的行为是由其特征所决定的，在研究过程中，试图将所有复杂因素都考虑到显然是不现实也不可能的。为此，必须对研究条件进行设定，没有假设条件是无法进行科学研究的。运用实证研究法进行研究，必须正确设定假设条件。

（3）提出理论假说。假说是对客观现象进行研究所得出的暂时性结论，也就是未经过证明的结论。假说是对客观现象的经验性概括和总结，但在验证之前还不能说明其是否能成为具有普遍意义的理论。

（4）验证理论假说。在不同时间和不同条件下对假说进行检验，用事实检验其正确与否。检验包括证实或证伪，检验还包括应用假说对研究对象的运动发展规律进行预测。

2. 解释性研究

解释主义（Interpretivism）是人类在科学研究过程中逐渐形成的一种哲学观点，其前身为社会科学流派的阐释学（Hermeneutics）和现象学（Phenomenology）。解释主义认为，现实世界的真相是由人的思想主观构建出来的，因而允许多种对现实世界的不同认识同时平等存在。解释主义主张人类对现实世界的主动认识和解释，而非被动感知和接受。

解释性研究对于管理科学及其他社会领域的研究有着极其重要的意义。解释主义主张，研究者应深入现实生活去领会并通过科学化研究手段及语言去解释现实世界。因此，研究者对研究的深度介入也成为研究对象。由于要从社会参与角度理解社会情境，因而研究方法多数是定性的，最常用的研究方法是交互式面谈、参与式观察等。

解释性研究是以一定的命题或假设为前提，运用演绎方法探讨事物之间的相关关系或因果关系。解释性研究的主要目的是回答"为什么"的问题。解释性研究方法的基本特点是要构造一个模型或提出一套理论，来解释已发生的现象（通常是大量发生的现象）。如果现象能够很好地被解释，即可推断所构造的模型或提出的理论是正确的。解释性研究可分为两种类型：数学推理型和逻辑推理型。前者是根据对客观系统的理解，设立所要关注的变量（原因变量和效果变量），并通过构建模型反映变量之间的直接关系，然后用数学推理方式得出有关结论，如果该结论与所研究的客观现象一致，就说明反映变量之间关系的模型是正确的。后者是根据对客观系统的领悟，找出一些原因要素，进行逻辑分析，推演出与客观现象有关的结论。如果该结论与所研究的客观现象一致，就说明逻辑推理中所反映的因果机理是正确的。

3. 探索性研究

在管理科学研究中，有时为了在正式调研之前帮助研究者将问题定义得更加准确、帮助确定相关的行动路线或获取更多的有关资料，往往需要进行探索性研究。探索性研究的基本目的是提供一些资料以帮助研究者对所要研究的问题有一个初步印象和感性认识，为日后的深入研究提供基础和方向。

探索性研究的主要特点是研究过程具有很大的灵活性，也没有结构化程序；原始数据一般为定性的，信息的定义也不够精确；样本量一般较小，也缺乏代表性；调研结果也只是试验性、暂时性的，或者仅作为进一步研究的开始。

探索性研究可采用次级资料研究、专家访问、类似案例分析、深度访谈等方式。

第 2 章　学术论文与学位论文

学术论文与学位论文是研究生最为常见的两类科研文体,也是研究生攻读学位所产生的重要学术成果。学术论文与学位论文的质量是衡量研究生实际学术水平高低的标尺,二者既有联系,更有本质区别。

2.1　学　术　论　文

2.1.1　学术论文的类型和特性

学术论文是指某一学术课题在实验性、理论性或观测性上具有新的科学研究成果或创新见解和知识的科学记录,或是指某种已知原理应用于实际中取得新进展的科学总结,用以提供学术会议上宣读、交流或讨论,或在学术刊物上发表,或作其他用途的书面文件。

1. 学术论文的类型及基本特征

按照写作范式和基本结构特征进行分类,学术论文可分为论证型、实证型、综述型和述评型四大类,不同类型的学术论文具有不同的基本特征。

(1) 论证型学术论文及其基本特征。论证型学术论文是学术论文中应用最多的一种文体。所谓论证型学术论文,是指通过与论题密切相关的论据来证实论题的真实性,或揭示一个规律、得出一种科学结论的学术论文。论证型学术论文具有以下基本特征:

1) 用论据来论证论题,或揭示一个规律或得出一种科学结论。

2) 往往用多个论据来论证论题。

3) 每一个论据与论题都密切相关,但论据之间又不相互重叠。

4) 论据具有相对性,对于论题或论点而言是论据的,对其下位论据而言,又成为论点。

5) 论文的开头和结尾一般相互呼应,即先提出问题,然后进行论证(论文主体),最后进行简要总结。

(2) 实证型学术论文及其基本特征。所谓实证型学术论文,是指通过论证的方法对假设进行求证,得出肯定或否定结论的学术论文。实证型学术论文具有以下基本特征:

1) 根据研究主题提出一个或若干个假设,这种假设可以是肯定的,也可以是否定的。

2) 围绕假设进行样本选取、模型确定。

3) 运用模型对假设进行求证。

4) 根据求证结果对假设得出肯定或否定的结论。

(3) 综述型学术论文及其基本特征。所谓综述型学术论文,是指按照一定研究目的,对某次学术会议研讨的主题或若干专题进行综合归纳;或对公开发表的学术论文就某一专题进行综合归纳的学术论文。综述型学术论文具有以下基本特征:

1) 忠实于被述论文作者原意进行归纳整理,而不能按自己意图随意更改。

2）论文层次段落按问题进行分类，内容不能交叉重叠。

3）以综述为主，少有评论，这是综述型学术论文与述评型学术论文的根本区别。

（4）述评型学术论文及其基本特征。所谓述评型学术论文，是指按照一定研究目的，对某次学术会议、某部著作、某个学术问题研究现状等进行归纳总结并发表评论意见的学术论文。述评型学术论文具有以下基本特征：

1）忠实于被述论文、著作作者原意进行归纳总结，而不能按自己意图随意更改。

2）论文层次段落按问题进行分类，内容不能交叉重叠。

3）论文结构可以是先"述"后"评"，也可以是边"述"边"评"，但更多采用先"述"后"评"方式。具体采用哪种方式，可根据作者需要来确定。

4）有"述"有"评"，是述评型学术论文与综述型学术论文的根本区别。但"评"一定要有针对性，绝不能"述"、"评"分离。

2. 学术论文的基本特性

学术论文作为公开发表的文章，除在文体结构和写作范式方面要符合规范要求外，还应具有专业性、科学性、创新性和理论性。

（1）专业性。学术论文是以科学领域中某一专业性问题作为研究对象，需要运用系统的专业知识去论证或解决专业性很强的学术问题。当然，对于有的学术问题，仅凭某一个专业知识无法解决时，就需要综合运用多个专业知识去解决。学术论文的专业性不仅体现在题目和内容方面，而且还表现在语言表达方面，常常需要运用专业术语和专业性图表符号等简洁、准确、规范地表达学术问题。

（2）科学性。科学性是学术论文的生命和价值所在。撰写学术论文的目的在于揭示事物发展的客观规律，探求客观真理，从而决定了学术论文必须具有科学性。

学术论文的科学性体现在以下几个方面：

1）研究态度的科学性。论文作者要以严肃的态度、严谨的学风、严密的方法开展学术研究，在立论上不得带有个人好恶偏见进行主观臆造，必须从客观实际出发，以最充分、确凿有力的论据作为立论依据，必须经过周密思考和严谨论证，从中得出符合实际的结论。

2）研究方法的科学性。要针对不同的研究对象采用科学的研究方法进行探讨，切忌主观臆造。

3）研究内容的科学性。要做到观点（论点）正确，使其能反映客观事物的本质规律，经得起实践验证。要做到概念明确，不能使概念的外延、内涵模糊不清，更不能随意更换概念。要做到论据确凿充分，不能使用孤证而轻率地得出结论，更不能歪曲事实、伪造材料。要做到推理严密，使论据与论点有机联系而无懈可击。

（3）创新性。学术论文应提供新的科技信息，其内容应有所发现、有所发明、有所创造、有所前进，而不是重复、模仿、抄袭前人的工作。

学术论文贵在创新，创新性是科学研究的根本特征和目标，是科学研究的真正价值所在，同时也是评审学术论文的终极标准。学术论文要提供新的科研成果，要有所发现、有所创造、有所前进，取得独到见解，而不是重复、模仿、抄袭前人的工作。

学术论文的创新主要体现在以下几个方面：

1）填补空白的新发现、新理论。

2）在继承基础上的发展、完善或创新。

3）在众多观点的基础上经过思辨提出独立见解。

4）运用批判性思维推翻前人定论。

5）对已有资料进行创造性综合。

值得指出的是，一篇学术论文的创新性是有限的。填补空白的惊人发现绝非轻而易举，也不可能每篇学术论文都有这种创新性，但只要能在现有研究成果的基础上增添一点新的东西，从不同角度、在不同方面对学术作出贡献，就可看作是一种创新。

（4）理论性。学术论文在文风上要具有一定的理论色彩，在文体上要具有科学的理论体系，在结论上要具有较高的理论价值。学术论文不能只是材料的简单罗列，要对大量的事实、材料进行深入研究，要运用概念、判断、分析、归纳、推理等思辨方法，深刻认识研究对象的本质和规律，经过高度概括和升华，使之成为理论。

值得注意的是，学术论文的理论性要与实践性相结合。进行理论研究的目的不只是为了发展理论，更重要的是用来指导实践，做到理论与实践的统一，只有这样，科学研究成果才具有现实意义和生命力。

2.1.2 学术论文的撰写

从前期准备开始到完成写作，学术论文的撰写一般需要经过确定选题、搜集资料、拟定提纲、撰写初稿和修改成稿五个阶段。

1. 确定选题

确定选题是撰写论文的第一步，而且是至关重要的一步。如何选好题、选准题，是决定学术论文内容和价值的一个关键环节。爱因斯坦曾对选题的重要性有过深刻论述："提出一个问题往往比解决一个问题更重要。因为解决一个问题也许只是一个数学上或实验上的技能问题。而提出新的问题、新的可能性，从新的角度看旧问题，却需要有创造性的想象力，而且标志着科学的真正进步。"

学术论文作者的远见卓识，首先体现在其能否找到一个合适选题。学术论文选题是确定科学研究和论文写作的主攻方向。论文选题是否恰当和有意义，论证角度的选择、材料的选取和使用、内容的组织安排等就会比较顺利，论文的理论价值也就容易得到保证。

（1）论文选题的基本原则。学术论文选题必须遵循论文撰写的基本规律和要求。要确定一个确有学术价值、较有成功把握、与个人研究能力相适应的选题。具体而言，论文选题要遵循以下原则：

1）注重实际需要。论文选题要面向国民经济和社会发展，着眼于管理实际需要，讲求社会效用和现实意义，这是论文选题的首要和基本原则。为此，论文选题要选择：社会现实需要的课题；有应用价值的课题；亟待解决的课题；总结实践经验的课题。

2）突出学术价值。论文选题要体现其应有的学术价值，需要及时反映学科领域研究中提出的新思想、新见解、新理论，或在研究途径方面有新的探索、新的设想，从而满足管理科学本身发展的需要，为应用性研究和发展性研究奠定基础和提供指导。为此，要避免选择那些以假想方式提出的不符合实际的论题和不能经受实践检验的假、大、空论题；也不能选择那些没有成熟理论或技术支撑的论题；更不能选择论证与结果不相符合、观点与材料不能统一、论证缺乏理论性和逻辑性的论题。

3）保证客观可行。论文选题要从客观条件出发，选择有利于展开科学研究的课题。

如果选题不具备必要的研究条件，无论如何先进和科学、社会如何需要，也没有实现的可能，研究也是徒劳。为此，要考虑文献资料来源、仪器设备条件、可以借助的力量等客观条件进行选题。要从研究者实际科研水平出发，量料而为、量力而为，选择大小适宜、难易适中的课题。不能不顾实际，好高骛远，将选题定得过大过难。

4）追求新颖独到。论文选题要有新颖性、先进性，要有所发现，有新的思想、新的理论。学术论文的创新性体现了科学研究的价值所在。创新程度是衡量科研成果和学术论文价值的重要标准。为此，论文要选择：属于学科前沿的课题；填补空白的课题；补充前说的课题；突破禁区的课题；借他山之石的课题。

（2）论文选题的主要途径。常用的论文选题途径有以下三种：

1）来自社会实践。在包罗万象、变化无穷的社会现实中，蕴藏着取之不尽、用之不完的研究课题。因此，走向社会，走向现实，注意观察，从社会实践中寻找课题，是选题的一条根本途径。论文选题来自社会实践，可以避免选题的主观臆造和不切实际的空想，有利于保证科学研究的社会效用和现实意义。

2）来自文献资料。文献资料是保存、传播科学研究成果的主要载体，通过查阅文献资料，最容易了解本学科研究的历史和现状，特别是本学科发展的新动向、新问题。要充分利用文献资料，在文献资料中挖掘课题，是选题的一条重要途径。要大量查阅相关文献资料，多留意评论与学术争鸣，并善于对本学科现有的观点和结论进行综合分析，一方面可从前人思想和研究成果中获得启迪，从中发现新的问题，寻找新的课题；另一方面在深刻理解和掌握前人研究成果的基础上，有利于选取那些更高层次、更高水平的课题。近年来，互联网上出现的一些智能选题系统可辅助研究者更有效地进行论文选题。

3）来自头脑开发。论文选题是一个创造性思维过程，需要研究者积极地运用思维能力，充分发挥大脑功能去开发选题，是选题的一条特殊途径。这条途径不是一条单独的选题途径，要融合在上述各条选题途径中。

良好的思维能力表现在思维的广阔性、深刻性、灵活性和创造性等方面。思维的广阔性要求研究者要打破思维的局限和僵化，勤于在更加广阔的领域思考问题；思维的深刻性要求研究者要克服思维的表面化，透过现象看本质；思维的灵活性要求研究者不要钻牛角尖、钻死胡同，要善于从不同角度和侧面去思考问题；思维的创造性要求研究者要勇于根据客观事实，进行批判性、突破性思考，不迷信盲从，不满足现有方法和结论。

（3）论文选题的基本方法。论文选题方法多种多样，常用的选题方法有：抓住矛盾发生处、寻觅交叉结合部、捕捉偶然发生事、探索科学最前沿。究竟采取哪种方法进行选题，要根据研究者自身理论基础、业务实力而定，只有采用最能发掘自身学术优势的方法，才能源源不断地获得有科学价值的选题。

1）抓住矛盾发生处。科学是在不断解决矛盾中发展起来的。在管理科学理论和实践中，矛盾是普遍存在的，选择这些矛盾中带有基本性、重要性的专门问题去研究，就容易抓住具有学术价值的课题。

第一，抓住理论中的矛盾。各学科的理论并非永恒正确、亘古不变的，而且对于同一事物经常会有不同理论甚至不同学派。随着科学发展、研究能力提高及研究工作的逐步深入，研究者会不断发现理论中存在的矛盾，抓住这些矛盾去研究，就可能获得有价值的课题。

第二，抓住实践中的矛盾。在各类管理实践中，都需要采取一定的政策、方法和措施，而这些运作规则和方式随着实践的不断深入可能会过时或表现出其不完善之处，这就需要有革新和完善。抓住这样的问题去研究，就可抓住有创新性和具有重大现实价值的课题。

第三，抓住理论与实践中的矛盾。随着科学发展和社会进步，用以指导实践的某些理论可能已过时，需要修正或推翻而建立新的理论。在这种情况下，抓住理论与实践的矛盾，探讨新的理论或修正旧理论，就可获得具有学术价值和现实意义的课题。

2）寻觅交叉结合部。科学的发展是相互交叉和相互渗透的。不同学科（如经济学与管理学之间、管理学与心理学之间等）之间会交叉结合，一门学科内各分支学科之间也会交叉结合。科学与技术、科学技术与艺术之间的结合也日益紧密，数学在向一切领域渗透等。在这种学科交叉和渗透的结合部所产生的"空白区"，有可能蕴藏着许多创新的研究课题。正如恩格斯所说："科学在两门学科的交界处是最有前途的。"为此，研究者要勤于开垦和耕耘，精心寻觅相关学科交叉点、边缘带、渗透区，有可能发掘出崭新的综合性研究课题。

3）捕捉偶然发生事。在调查、观察、实验或研究某一事物过程中，有时会遇到一些难以预料的意外或反常现象。这些偶发事件，有可能会成为科学研究的新起点。正如爱因斯坦所说："偶发的事件能产生重大作用"。研究者要培养自己敏锐的观察力和直接的思维力，善于捕捉偶发机遇，充分利用偶发机遇，认真分析偶发现象背后隐藏的起支配作用的规律，确定研究内容，从而形成有意义、有价值的课题。

4）探索科学最前沿。探索科学最前沿领域，敢攀科学高峰，甚至敢闯科学禁区，探求未来世界之谜，这是古今中外杰出科学家共有的本质特征。作为研究者，应学习和培养这方面的品质和能力，在科学研究领域，道前人所未道，做前人所未做，去开拓和发现选题，许多重大科研成果很可能就出在这些地方。

2. 搜集资料

俗话说："巧妇难为无米之炊"。没有一定数量的资料作基础，就不可能全面了解论文选题的研究历史、现状和问题，论文就缺乏坚实基础和一定高度，因而也就很难有新的突破。因此，充分地搜集资料，是写好学术论文的一个不可或缺的环节。

（1）搜集资料的原则。搜集资料应遵循以下原则：

1）搜集与论文选题密切相关的资料。资料必须为选题服务，这是搜集资料最基本的要求。与论文选题相关度不高的资料最好不要搜集，即使顺便搜集到，也要单独存放，以免打乱思路、走弯路。

2）搜集新颖的资料。首先，所选资料的内容要新颖，能够反映最新研究成果；其次，所选资料的观点要新，能够反映当前研究的前沿、热点和难点问题；第三，所选资料的时间要新，即最近几年出版发行的研究资料，但对有关发展史方面的选题除外。

3）搜集具有一定代表性的资料。任何一个学科发展过程中，经常会针对同一问题有不同的流派或观点，这是学术争鸣和学科发展的需要和必然结果。研究者不可能、也没有必要全选，只要选择那些有影响、有一定代表性学者的研究成果即可。

（2）搜集资料的途径。为了尽可能广泛地获取与选题有关的资料，应通过各种不同渠道进行搜集。这些渠道包括：图书馆、学术会议、互联网（Internet）和文献数据库等。

1）图书馆。图书馆是最早出现的文献集中形式，也是搜集文献最主要、最重要的渠道之一。现代图书馆大都面向社会提供开放式服务，并发展为多个图书馆联合协作、文献交流和资源共享的开办模式，成为收集、整理、保存、传递科学文献知识的服务性和学术性机构。此外，档案馆、博物馆等机构也是不容忽视的资料搜集场所。

2）学术会议。参加本学科或相关学科学术会议，是搜集文献资料的一条重要渠道。在学术会议上，不但可以阅读会议论文等资料，而且可以面对面地质疑、提问和讨论，相互交流科学研究新成果、新进展和新课题。与有关专家、同行进行交谈，还可以获取许多有价值的动态情报，了解别人正在做什么、将来打算做什么、能够做什么等，这些信息对研究者的科研工作具有特殊意义。

3）互联网。大数据时代，互联网的作用日益强大。互联网中资料种类繁多，数量数不胜数，而且资料搜集十分方便。研究者应充分利用这一渠道，通过互联网搜索引擎输入关键词即可搜集到与论文主题相关的资料。

4）文献数据库。有期刊论文数据库，博士、硕士学位论文数据库，会议论文数据库等。目前，国内常用文献数据库有维普、万方、CNKI、超星图书馆等，国外常用文献数据库有 Springer Link、IEEE/IEE、Engineering Village、ProQuest、EBSCO、SCIENCEDIRECT 等。

3. 拟定提纲

拟定论文写作提纲是学术论文构思的最后环节，也是论文写作的重要基础。论文构思从确定选题开始，经过搜集和研究相关资料，逐步明确论文题目和结构，最后落脚到写作提纲。

写作提纲是围绕学术论文主题谋篇布局后形成的基本架构。研究者可按其写作习惯和构思方式拟定写作提纲，但一般可分为以下两个阶段。

（1）草拟腹稿。研究者围绕论文主题，按照"提出问题、分析问题和解决问题"的思维逻辑组织论文结构及细节，存放于大脑中，为形成文字写作提纲奠定基础。应该说，草拟腹稿是形成文字写作提纲之前的一个过渡阶段。

（2）形成文字写作提纲。文字写作提纲按其纲目的繁简程度不同，可分为简要写作提纲和详细写作提纲两类。

1）简要写作提纲。只列出大纲（一级标题或称主论点），不列出细目（二级、三级标题或称从属论点），只能反映学术论文的总体轮廓。

2）详细写作提纲。既要列出大纲（一级标题或称主论点），也要列出细目（二级、三级标题或称从属论点），能够全面、具体地反映学术论文的层次结构和逻辑思路。

学术论文写作提纲的构建过程，实质上是对学术论文整体结构和逻辑思路的谋划过程。拟定学术论文写作提纲要做到写作思路与文章结构的完美统一，这是保证学术论文主题鲜明突出、结构层次清楚、论点论据充分和内容形式完美的前提。写作思路是否清晰、文章结构是否合理，直接关系到学术论文的质量和水平。

4. 撰写初稿

论文初稿是指尚未正式被认可的文献作品。有可能论文本已完成，但还没通过相关审核的，也可称为初稿。论文在没有最终通过之前都可进行大量修改、完善。

一篇完整的学术论文通常包括文首、正文和文尾三部分组成。

（1）文首部分。一般包括：题名、作者姓名和单位、摘要、关键词等要素。

1）题名（Title，Topic）。题名又称题目或标题，是以最恰当、最简明的词语反映论文主要内容的逻辑组合。

论文题目是反映一篇论文范围和水平的第一个重要信息，必须用心揣酌选定。论文题目的基本要求如下：

① 准确得体。论文题目要能准确表达论文内容，恰当反映论文研究的范围和深度。用词的外延和内涵要恰如其分。

② 简短精练。以短句为主要形式，在恰当反映论文内容的基础上力求字数要少。虽无统一的"硬性"规定，一般论文题目不要超出 20 个字。若简短题目不足以显示论文内容，则可采用副标题的方法补充说明特定的研究内容、方法，保证使论文题目既充实准确又不流于笼统和一般化。

③ 醒目引人。尽管论文题目已居于首先映入读者眼帘的醒目位置，但仍需要鲜明突出，能够引人注意，使人过目不忘。

2）作者姓名和单位（Author and Affiliation）。论文需要署名，包括作者姓名及所在单位。署名的作用有：一是为了表明文责自负；二是记录作者的劳动成果；三是便于读者与作者的联系及文献检索（按作者索引）。

3）摘要（Abstract）。学术论文一般应有摘要，有的中文期刊还需要有外文（多用英文）摘要。学术论文的摘要是论文内容不加注释和评论的简短陈述，用来反映学术论文的目的、方法及主要结果与结论。摘要应在有限的字数内向读者提供尽可能多的信息，充分反映学术论文的创新之处，以引起读者的阅读兴趣。

摘要应包含的内容：① 从事该研究的目的和重要性；② 研究的主要内容，指明该研究已完成哪些工作；③ 获得的基本结论和研究成果，尤其要突出论文的新见解；④ 研究结论或结果的意义。

摘要写作注意事项：① 切忌将应在引言中出现的内容写入摘要，并排除本学科领域已成为常识的内容；② 不得简单重复题目中已有的信息；③ 不要对论文内容做诠释和评论，尤其是自我评价；④ 不要划分段落，要按论文逻辑顺序来写，句子之间要连贯，前后呼应；⑤ 语句要力求简单，慎用长句。语义要确切，不要有笼统、含混、空泛之词；⑥ 一般不用数学公式，不出现图表；⑦ 一般使用第三人称。

4）关键词（Key Words）。关键词包括叙词和自由词。叙词是指收录于《汉语主题词表》及相关学科主题词（Subject Headings）表中可用于标引文献主题的规范化用词或词组。自由词是指能够反映论文主题中尚未被主题词表收录的新产生的名词术语。

学术论文的关键词要从其题目、各级标题及正文中选出，能够反映论文主题。一篇论文可选 3～8 个词作为关键词。

关键词的运用主要是为了适应计算机检索的需要，研究者可利用关键词检索相关文献资料，同样，论文写作中明确关键词，也便于读者检索。

学术论文文首除上述组成要素外，有时还需要注明支撑研究的基金项目名称和编号，如国家自然科学基金、国家社会科学基金等。此外，还需要注明作者的基本信息，包括：姓名（出生年）、性别（民族）、籍贯、职称、学位、研究方向等。一篇论文有多个作者时，一般只注明前两位作者的基本信息。

（2）正文部分。通常包括：引言、主体和结语三部分。

1）引言（Introduction）。引言又称前言，是整篇论文的引论部分。引言内容包括：研究背景、目的、前人工作和知识空白，理论依据和实验基础，预期结果及其在相关领域的地位、作用和意义。

引言篇幅大小，需视整篇论文篇幅大小及论文内容需要来确定，但文字不可冗长，措词要精炼，要吸引读者能读下去。

2）主体（Main Body）。主体占据论文的最大篇幅。论文所体现的创造性成果或新的研究结果，都将在主体中得到充分反映。因此，这部分内容要充实，论据要充分、可靠，论证要有力，主题明确。

学术论文的主体一般包括方法、结果及讨论三部分。

① 方法（Method）。主要描述研究课题的具体内容、方法及条件。

② 结果（Result）。说明有关数据和研究结果。

③ 讨论（Discussion）。对研究结果进行相关讨论和分析。

3）结语（Conclusion）。结语又称结束语，是学术论文正文的最后部分，与学术论文的引言要前后呼应。结语不是对研究结果的简单重复，而是对全文内容或有关研究课题进行的总体性讨论。结语要能准确地概括全文，要具有严密的科学性和客观性，能够反映研究课题的价值，同时提出本研究的不足之处及今后研究方向。

（3）文尾部分。学术论文的文尾主要包括致谢、参考文献和论文注释。

1）致谢（Acknowledgement）。体现对下列方面的致谢：资助研究工作的基金、组织或个人；协助完成研究工作和提供便利条件的组织或个人；在研究工作中提出建议和提供帮助的人员；给予转载和引用权的文献资料的所有者；其他应感谢的组织和个人。

2）参考文献（Reference）。参考文献是作者在撰写学术论文的过程中借鉴或引用他人的研究成果，通过一定规范格式记录下来的文字表达方式。列出参考文献的作用有：一是能够反映研究问题的科学依据；二是能够体现严肃的科学态度，分清是作者的观点或成果，还是别人的观点或成果；三是能够表达对前人研究成果的尊重，同时也是为了指明引用资料的出处，便于检索。参考文献应按相关规范要求、依照文中出现的先后顺序列出，而且要引用专业领域最新、最重要的文献，不能是年代久远、失去参考意义的文献。

3）论文注释。必要时，需要运用简短文字对论文中某些概念和内容进行必要的解释。当然，如果能在文中用括号直接解释的，可不再标示注释。注释方式一般有两种：①脚注，即置于注释内容所在页的地脚，并在页面左边用一短细线与正文分开；②尾注，即将注释列于参考文献之后，序号用阿拉伯数字，以上角标形式置于圆圈号内。正文中的序号必须与注释中所列出的序号一一对应。

5. 修改成稿

论文初稿形成后，还需要进行逻辑思维的厘清和深化以及语言文字的推敲和加工，其目的是使学术论文的论点更加突出、论据更加充分、论证更加有力、层次更加清楚、文字更加精炼。

（1）学术论文常见问题。修改论文时，需要认真检查论文全部内容，避免出现以下问题：

1）论文题目方面：① 表述过于笼统，题不扣文，论文题目与内容的一致性差；

② 外延和内涵运用不当，甚至出现谬误；③ 文字冗长，重复用词，存在歧义。

2）论文摘要方面：① 引入本该在引言中出现的内容；② 照搬论文正文中的小标题或论文结论部分的文字；③ 创新之处描述不够清晰；④ 内容不浓缩、不概括，文字篇幅过长。

3）关键词方面：简单地从论文题目中拆分单词或泛泛用词，致使有的单词无法反映论文主题。

4）论文正文撰写方面：国内外文献综述不够甚至没有进行文献综述；通过滥用词汇或造词方式体现所谓的创新；未阐述研究过程而直接给出研究结果，甚至虚造结果；采用不科学的研究过程或方法得出结果；未对研究结果进行相关讨论和分析；结语未能对全文内容或有关研究课题进行总体性讨论，也未提出今后研究方向。

5）参考文献方面：未能引用原始文献，有的甚至歪曲了作者原意；未列出参考文献，无法清楚地体现作者的观点或成果；格式不够规范。

（2）学术论文修改方式。修改学术论文可采用以下方式：

1）主动听取别人意见。常言道"当局者迷，旁观者清"。受思维和心理定势的制约，作者一般很难较快地发现自己所写论文中的问题，通过虚心请教同行专家、老师及同学，了解论文中不足之处，一定会在论文学术水平及文字表述方面受益匪浅。

2）冷处理。由于作者认识深度和广度的局限性，撰写的论文难免有一些不完善的地方。将论文搁置几天后再审查、思考，就可能发现问题，产生新的想法。通过补充和修改，可使论文内容更加完善、质量得到明显提高。

2.1.3 学术论文的投稿

1. 论文投稿技巧

大部分学术论文需要通过学术期刊发表。许多论文的内容具有较强的时效性，论文一旦完成，就需要尽快发表。因此，如何提高投稿的命中率，成为论文作者关注的重要环节。

（1）选择适宜的目标期刊。要根据论文研究领域、具体研究内容（理论性或应用性）和水平、期刊主编及编委研究兴趣、论文引用的参考文献等选择投稿期刊。一般而言，希望投稿的目标期刊在论文写作前或写作过程中就应确定，以便有的放矢，更好地按照目标期刊的体例要求撰写论文。要准确定位，根据拟发表的科技成果内容、特点及水平选择目标期刊。好高骛远的投稿行为会浪费宝贵时间，也会降低论文投稿的"命中率"。

通常可通过中外文学术资源数据库、搜索引擎、国际出版商（如 Emerald、Elsevier、EBSCO、Springer 等）选择目标期刊，也可通过咨询老师和同学进行选择。

（2）了解目标期刊征稿要求。要了解期刊的征稿要求，分析期刊的宗旨、内容、篇幅、风格、影响因子、出版时间等，甚至可为某一期刊量身定制论文。要从已刊出的论文内容了解刊物对论文要求的"档次"，还可从期刊中标出的收稿日期判断论文发表的快慢程度。只有做到知己知彼，力求符合目标期刊的征稿要求，才会增加所投稿件被录用和发表的可能性。

（3）严格自审论文稿件。投稿期刊确定后，在正式投稿前，要反复推敲、自审论文稿件。

1）确认论文选题是否具有学术前沿性。论文选题要反映学术研究现状和发展趋势，具有新颖性、开创性和前瞻性。

2）检验论文是否简明地概括出创新点。论文要观点鲜明、突出，有新意。

3）检查论文结构是否严谨，条理是否清晰，数据资料是否精准，图表制作是否规范，参考文献、引文出处是否准确。

4）审视论文形式是否符合期刊体例，并通过对比投稿期刊已发表的优秀论文，判断投稿论文的"档次"。

（4）投稿时提供审稿人名单。很多期刊要求投稿人提供审稿人名单，包括详细的联系方式和通信地址。提供审稿人名单会加快审稿速度，因此，在投稿的同时提供一些熟悉论文工作的审稿人是必要的。为此，需要在阅读文献资料时留意相关专家。有时，为了公正公平或者其他原因，投稿人也可向期刊编辑部建议回避某些同行专家。

（5）正确对待修改意见和退稿。论文稿件被寄回修改时，预示着已向刊出迈出一大步，但并不意味着一定会发表。此时，务必虚心、客观地考虑各条修改意见，并逐条进行认真修改。如果对修改意见有不同看法，或者有的修改意见确实不正确或不完全正确，要有理有据地提出自己的观点。态度要诚恳，语言要得体。

论文投稿不可能百发百中，要以平常心态对待退稿，没有必要怨天尤人。相反，要冷静查找退稿原因。如果退稿原因是"不适宜本刊录用"，则可考虑改投其他期刊；如果因论文过长或需要修改而退稿，则可根据论文评审人意见压缩或修改后再向本期刊投稿或改投其他期刊。

2. 学术期刊遴选论文的主要标准

通常情况下，学术期刊遴选论文的主要标准可概括为以下两个方面：

（1）论文是否有创新点。创新是学术论文的灵魂。没有创新，论文就会失去意义或价值。学术论文创新一般有三种表现形式：论点新、材料新和方法新。三者居其一的论文即有可能被录用。

1）论点新。论文要提出前人没有提出过的新命题、新观点；或者形成新理论，揭示新规律；或者开辟新视角、新领域；或者确立新高度。

2）材料新。针对既有研究成果，虽然不能从命题、观点、视角、高度等方面有突破，但如果能找到新鲜材料，凭借新鲜材料进行深入研究，产生新看法和新认识，也是一种学术创新。

3）方法新。同一问题往往可以采用多种研究方法。采用不同的研究方法，可能会得到新的结论。

（2）论文是否遵守学术规范。一是看论文是否尊重他人学术成果，要能清晰地区分作者本人与他人的研究成果；二是看学术定位是否明确；三是看论文是否对作者提出的命题进行了严谨论证；四是看语言是否规范。不符合学术规范的论文一般不会被录用。

3. 投稿论文常见问题

在对投稿论文的评审中，发现的主要问题概括如下：文题不符、思路狭窄、缺乏深入研究、分析讨论不足、引用文献少等。此外，由于大多数作者不了解国外情况，在投稿国际期刊时经常存在对期刊要求不够明确、外语表达不够准确等问题。

（1）文题不符。许多论文题目都比较宏观、宽泛，而内容却只涉及其中一部分或某几个方面。修改此类论文的基本途径有三条：一是修改题目，限定研究范围，使之与内容相吻合；二是保持题目不变，通过扩充内容使文题相符；三是题目与内容兼顾调整，既要调整题目，同时适当扩展内容，以支撑题目所涵盖内容。

（2）思路狭窄。有些论文论述观点时，要么就事论事，缺乏高度和深度；要么翻来覆去阐述，缺乏拓展和引申，对相关影响因素缺乏考虑，得不出有启发、有见地的结论，有的甚至以偏概全，不全面了解背景和动态就妄下结论。为避免此类问题的发生，只能多学多看，博览同行在论文主题方面的研究成果。只有全面把握研究进展，才能开阔思路，将自己的研究放在国内外同行研究的大背景下去考查自身研究的创新性、正确性和合理性。

（3）缺乏深入研究。许多论文只是一般性方法描述或经验介绍，拼凑痕迹明显，缺乏理论深度和学术价值。只有进行深入研究，有了一定研究基础后，才能保证所发表论文的学术价值。

（4）分析讨论不足。对试验或统计数据的分析讨论不足，会直接影响论文的深度、可信度和学术水平。论文中分析讨论不足是国内作者与国际高水平论文作者的主要差距之一，同时也是被国际知名期刊退稿的主要原因之一。为此，论文中要加强对数据的分析讨论，与前人研究成果进行分析比较，揭示数据（现象）背后的内在规律，使得研究结论的得出有理有据。

（5）文献引用少。论文引用文献普遍偏少，还有不少是陈旧的书籍。值得注意的是，作者在打算投稿某期刊时，要充分了解该期刊已刊发的相关研究，并引用相关研究成果。科研工作大都是在前人研究成果基础上开展的，只有站在"巨人肩膀"上，才会使论文有高度。

2.1.4　学术论文被拒的主要原因

如果投稿国际学术期刊被拒，将是一件十分失落的事情。如同满腔热情被一桶冰水浇灭一般，从内心感到挫败。为了投稿成功，在论文撰写时就应知道那些容易引起拒稿的原因，以防患于未然。

1. 作者态度问题

常言道：态度决定一切，细节关系成败。很多被拒的论文有不少低级错误，只要作者认真仔细地检查，这些错误是容易发现并改正的。一旦作者疏忽这些低级错误，将会成为审稿人拒稿的有力证据。

（1）格式问题。不同期刊有不同风格，如果论文与期刊的格式相差很大，将会使审稿人有不好的感觉，说明作者对该期刊关注少，不够真诚，审稿的后果可想而知。为此，应在论文撰写或投稿时了解所选期刊的办刊宗旨和范围，包括期刊的读者对象、侧重点和研究兴趣等。只有自己的论文主题与所选期刊的办刊宗旨和范围相符，才有被接受刊发的可能。查看投稿论文是否在期刊的收稿范围内，可通过浏览期刊网站主页的方式查看其 Aim & Scope 或 Introduction to Author 部分。

（2）表述问题。如果论文表达不够清晰，容易让人产生模糊不清的概念。很多专家都是写作高手，审稿时也很注重写作功底。为此，应力求表述准确，注意避免出现以下问题：

1）以摘要代替前言。多数期刊要求摘要限制在 250 个单词以内，需要以最简洁的语句阐明研究背景、主要内容和意义；而前言应阐述研究目的和背景、提出问题或假说。很多作者对此没有完全理解，摘要中充斥着各种实验方法和数据。而在正文的前言部分，反倒惜字如金，只是简单地说明研究目的，对研究背景和问题未加阐述。

2）滥用缩写而未介绍全称。有些作者似乎以多用缩写为荣，以此来显示论文的高水平。并且使用缩写不介绍其全称，让读者去猜。使用缩写而不介绍其全称，不仅不规范，而且有时还会有歧义。因为有的缩写词会有不同的含义。为此，应尽量少用缩写，特别是不要自己创造新的缩写，除非确实非常有必要。使用缩写时，需要在论文中首次出现的地方说明其全称。

3）讨论部分空洞无物。这部分应将本研究成果与他人研究成果进行比较，发现异同并进行探讨说明。但很多作者在讨论部分不讨论，也不注意是否有局限性（Limitation），要么重复前言，要么重复结论部分。

2. 未引用本领域重要参考文献

一篇学术论文的引文通常会要求小于一定数量，此时，为了更好地将自己的研究内容与领域内主要研究相关联，在引用某些主要研究成果的同时，最好引用本领域主要综述性论文，这样就可间接引用绝大部分研究成果。很多人的论文没有引用近年来研究成果，有的甚至引用 10 年以前的参考文献，这样，评审人可能会认为，论文研究领域过于陈旧，没有创新性，有可能直接导致拒稿。

3. 研究过程描述不完整

很多人认为，研究结果更加重要，因而会忽视或者不重视研究过程的描述。事实上，任何研究结果都是基于正确的研究过程所获得。如果研究过程描述不清，再好的研究结果也难以让人感到信服。遇到研究过程描述不清的论文时，有的审稿人可能会让作者进行修改，而有的审稿人可能会直接拒稿。

4. 研究结果的不当处理

学术论文之所以能够发表，是由于研究结果中存在新发现。然而，并非所有研究都能得到理想结果。有人为了"发表"论文，对研究结果进行不当处理。例如，有的直接修改研究结果；有的直接将他人研究结果占为"己有"；还有的"挑选"研究结果，只描述其中部分结果。此外，有的论文只描述研究发现，而不证明其发现是可靠的，也不阐述这些发现的重要意义。显然，这样的论文容易被认为理论深度不足而拒稿。在通常情况下，一篇论文的讨论部分应占到论文篇幅的三分之一。

5. 研究结论描述不准确

正常情况下，研究结论应只描述研究结果和结果讨论中出现的事情。然而，有些作者将非本文研究结果也罗列进来，让人造成误解。还有的论文中研究结论与论文摘要重复。显然，这类论文是无法通过审稿的，应予以重视。

2.2 学 位 论 文

学位论文是研究生为获取学位提交的具有一定学术意义和实用价值的一篇论文。学位论文是研究生从事科学研究的重要成果，也是检验研究生掌握理论知识的程度以及具有思辨、科研等能力的一份综合答卷。

2.2.1 学位论文的类型和特性

学位论文的写作目标是通过答辩取得学位，与学术论文写作的期刊发表目标完全不同。学术论文的写作要求相对简单，只要体现学术水平、达到期刊发表要求即可。学位论文既要体现作者在自己所学专业领域的深厚学术背景和学术修养，又要反映作者的专业学术水平。

1. 学位论文与学术论文的本质区别

学位论文与学术论文除篇幅不同外，其本质区别主要体现在读者对象、评价标准两个方面。

（1）读者对象不同。学位论文的读者对象是论文评阅专家及论文答辩委员会专家；而学术论文的读者对象是期刊编辑及论文评审专家。

（2）评价标准不同。学位论文是通过评"文"进而评"人"，考查论文作者是否达到授予相应学位的学术水平；学术论文的评价标准则相对单一，仅考查论文是否达到发表水平。

1）学士学位论文的评价标准。学士学位论文应能表明作者已较好地掌握本门学科的基础理论、专门知识和基本技能，具有从事科学研究工作或独立担负专门技术工作的初步能力。

2）硕士学位论文的评价标准。硕士学位论文应能表明作者在本门学科上已掌握坚实的基础理论和系统的专门知识，对所研究课题有新的见解，具有从事科学研究工作或独立担负专门技术工作的能力。

3）博士学位论文的评价标准。博士学位论文应能表明作者在本门学科上已掌握坚实宽广的基础理论和系统深入的专门知识，具有独立从事科学研究工作的能力，在科学或专门技术上做出创造性成果。

2. 学位论文的类型

研究生学位论文可按不同角度进行分类。按层次不同，可分为硕士学位论文和博士学位论文。按学术程度不同，可分为学术学位论文和专业学位论文。按论文形式不同，管理学科专业学位论文又可分为应用研究、案例分析、调研报告等。

（1）应用研究。应用研究是指论文选题直接来源于实际或具有明确的实际应用背景，需要掌握国内外应用研究现状和发展趋势，综合运用基础理论和专业知识，采用科学方法和技术手段对拟解决的问题进行理论分析、仿真或试验研究。研究成果应能解决特定实际问题，具有一定的先进性或实际应用价值，同时体现作者的新观点或新见解。

（2）案例分析。案例分析是指论文以某一实际案例（行业、企业、工程或项目等）为研究对象，综合运用基础理论和专业知识进行深入分析，发现案例中存在的职能管理或技术管理问题，提出解决方案并进行有效性和可行性分析。研究成果应能针对管理问题给出明确的解决方案，提出相应的对策建议，同时体现作者的新思想或新见解。

（3）调研报告。调研报告是指对相关领域的管理命题进行调研，既包括被调研对象的国内外现状和发展趋势，又包括影响被调研命题的内外因素，综合运用基础理论和专业知识对所调研的命题进行深入剖析，发现本质，找出规律，针对存在或可能存在的问题提出具有较强理论和实践依据的建议或解决方案。研究成果应能针对调研命题给出明确的解决方案，并体现作者的新观点或新见解。

3. 学位论文的特性

学位论文特别是博士学位论文，作为反映研究生学术水平、科研能力的重要载体，应具有科学性（Scientific）、学术性（Academic）、系统性（Systematic）、创新性（Innovative）和规范性（Normalized）。概括起来，可称之为学位论文的 SASIN 模型。

（1）科学性。学位论文的研究内容、方法和结论等必须科学，必须正确反映客观事物的本质和规律，并经得起实践检验。具体而言，学位论文的科学性体现在以下五个方面：

1）论文选题科学。选题要具有重要的理论意义和实践价值，所研究的问题必须来自现实，或者是对理论的思考，并且不违反学科专业的基本原理和规律。

2）研究方法科学。要选择科学的方法和技术路线，在占有充分数据资料的基础上进行研究，只有这样才能得出正确的结论，才能保证研究成果具有实用价值。

3）论文结构科学。论文结构要完整，要遵循"提出问题、分析问题、解决问题"的逻辑主线，体现出合理的认知过程，使论文各章节形成一个逻辑清晰的整体。

4）论述内容科学。论文中概念要准确，措辞要严谨，推理要严密，表达真实的研究结果。

5）研究结论科学。论文立论要客观，不能带有个人偏见；要实事求是，正确反映客观事物的本质和规律；研究结论要经得起实践检验。

（2）学术性。学位论文要具有非常强的学术性，主要体现在以下三个方面：

1）专业化研究主题。只有将专业问题作为论文研究主题，将学术见解作为论文核心内容，才能体现学位论文的学术性。

2）专门的理论知识。尽管各学科之间有许多相通之处，但每一学科都有其特定的研究领域、理论体系和专门知识。撰写学位论文需要了解本学科研究领域、熟悉和掌握本学科坚实宽广的基础理论和系统深入的专门知识。

3）特定的研究方法。不同学科专业的研究方法有所不同，同一学科领域不同选题的研究方法也有所不同，针对不同论文选题需要选择不同的研究方法。

（3）系统性。学位论文要针对专业问题进行系统研究，论文的系统性主要体现在以下三个方面：

1）系统的思维方式。要将论文研究对象作为一个系统，从系统与组成要素之间、各组成要素之间、系统与外部环境之间的相互联系、相互作用中综合分析研究对象。

2）系统的逻辑结构。要围绕研究主题构建系统完整的论文结构，有的论文结构需要按研究对象的组成内容构建，有的论文结构需要按研究对象的实施程序构建，有的论文结构则需要按研究过程构建。总之，论文需要"分析问题"并"解决问题"，要针对研究对象描述一个完整"故事"。

3）系统的解决方案。论文要应用相关理论和方法对研究对象进行系统深入的分析，并针对存在的问题提出系统解决方案，而不能片面追求某一方面、某一视角的解决方案。

（4）创新性。学位论文不同于用来传播和普及专业知识的教材，必须创造性地解决某一学术问题。如果没有创新性，学位论文也就失去了存在的意义。较高层次的学位论文特别是博士学位论文，必须有新颖独到见解，这可从以下三个方面体现：

1）填补学术空白。在前人未开发的处女地上进行探索研究，提出具有科学性和可行性的新发现。

2）弥补前人研究成果的不足。在前人研究成果基础上，能够从新的角度进行研究，使前人研究成果在范围、内容、观点等方面更上一层楼，使研究成果趋于完善。

3）更正前人研究成果的错误。在有的情况下，学位论文的研究成果能够更正前人研究成果的错误，提供更科学完善的理论分析依据和实证研究成果。

（5）规范性。学位论文的规范性主要包括三个方面，即：道德规范、形式规范和内容规范。

1）道德规范。道德规范也称学术道德规范，是一种隐性的内化规范，主要是指一种学术态度。这种态度需要潜移默化的熏陶，难以通过外在指导得以加强。学位论文撰写要严格遵循学术道德规范。

2）形式规范。形式规范是一种外化的显性规范，又可分为结构规范和格式规范。结构规范是形式规范的重点，结构规范在很大程度上决定了学位论文的内容规范，因此，结构规范对于一篇学位论文的质量具有极其重要的意义。对研究生而言，学位论文的格式规范是最容易达到的，却又是经常被忽略的。

3）内容规范。内容规范是一种内在的显性规范，是指对论文内容的要求，包括研究路径、研究方法等。此外，还应确保论文研究对象、范围、概念、术语的前后一致性。

2.2.2 学位论文的写作、评审与答辩流程

1. 学位论文的写作流程

学位论文的写作流程可分为选题、开题、撰写初稿、修改完善四大步骤。

（1）论文选题。选题是撰写学位论文的首要环节。研究生在进行课程学习、获得学分的后期，就应着手考虑论文选题。选题是否得当，对于论文的成功写作影响很大。可以说，一个好的选题等于论文成功了一半。为此，应在收集并研读相关研究文献的基础上，通过与导师探讨、请教专家、借助智能辅助选题系统等方式，选择本学科研究领域具有理论意义和实用价值的课题进行研究。

（2）论文开题。论文开题是介于选题和写作之间的中间环节。论文题目选定后，需要在查阅、消化国内外文献资料的基础上，分析论文选题的研究背景和意义，综述国内外研究现状，明确论文研究的主要内容和基本思路，安排论文写作进度。对博士学位论文而言，还要提出预计创新之处。最后，通过撰写开题报告并在开题报告会上向导师小组（或专家小组）报告论文开题内容。论文开题报告经导师小组（或专家小组）讨论通过后，方可进入论文撰写阶段。

（3）撰写初稿。论文初稿撰写可分为两个阶段：一是在开题报告的基础上，进一步细化写作提纲、深化研究方法设计；二是论文写作。论文写作切忌匆忙行事，而且不能无纲而作或草纲而作，以免走弯路，做无用功。在论文写作过程中，一定还会发现提纲中存在的问题，为此，应注意及时加以修正。

（4）修改完善。论文初稿完成后，需要提交导师（或导师组）审查，有的学位论文还需要经过预答辩环节。上述每一环节经常会提出许多问题值得论文作者深入思考后修改完善论文。只有通过反复修改完善、达到送审要求后才能将论文正式送交论文评阅专家评阅。

2. 学位论文的评审流程

学位论文的评审环节是对学位论文质量的综合评价，其结果直接影响到学位论文能否答辩。学位论文评审一般可分为内审和外审两种。内审是指由本单位同行专家进行评审，外审是指由本单位以外的国内外同行专家进行评审。硕士和博士学位论文一般采用内审与

外审相结合的方式，国内多数博士学位授予单位还采用盲审方式评审博士学位论文。

（1）论文中期检查。有的博士学位授予单位要求，在论文开题后一年左右应进行中期检查，由 3～5 名教授组成中期检查小组对论文作者的综合能力、论文工作进展情况等进行全面考查。

（2）论文预答辩。论文预答辩是保证博士学位论文质量的重要环节。多数博士学位授予单位均设置了学位论文预答辩环节，有的单位甚至将预答辩环节引入硕士论文评审阶段。通常，由 3～5 名教授组成预答辩小组，在论文作者汇报论文主要内容的基础上，对论文中存在的问题提出意见和建议，并对是否通过预答辩作出决议。只有通过预答辩并按预答辩专家意见和建议修改完善后的论文，才能正式提交送审。

（3）论文送审。论文送审是决定能否举行论文答辩的重要环节。对于达到送审要求的学位论文，需要及时通过学位授予单位送交国内外同行专家进行评审。评审内容通常包括以下四个方面：

1）论文选题及文献综述：论文选题要有重要的理论意义和实用价值；国内外文献综述要全面，掌握国内外研究动态。

2）基础理论和专门知识：能够掌握本学科坚实宽广的基础理论和系统深入的专门知识。

3）科研能力与创造性成果：要有独立从事科研工作的能力，论文工作量饱满，取得创造性成果。

4）论文写作的规范性：论文结构要合理，层次要分明，条理要清晰，文笔要流畅，反映出严谨学风。

国内外同行专家对于学位论文的评审结果一般可分为以下四种情况：一是所有评审专家一致同意举行论文答辩，则论文作者可申请学位论文答辩；二是评审专家提出修改意见，并要求修改后由导师审查，则论文作者可按修改意见进行修改，经导师认可后申请学位论文答辩；三是评审专家提出修改意见，并要求修改后重新送审，则论文作者须按修改意见修改后重新送审，再次送审通过后可申请学位论文答辩；三是评审专家持否定意见，不同意举行论文答辩，则论文作者必须对论文进行重大修改后再送审，只有当论文重新评审结果全部通过，方可申请学位论文答辩。

3. 学位论文的答辩流程

学位论文答辩是学位论文工作的最终环节，也是审查学位论文质量的重要方式。通过学位论文答辩，可以考查和验证论文作者对论文主题的认识程度、基础理论和专业知识掌握的深度和广度、当场论证主题的能力以及学位论文是否由本人独立完成等情况。

（1）答辩前准备工作。要保证论文答辩的质量和效果，必须在答辩前做好充分的准备工作。

1）技术准备。主要是指准备论文报告内容和答辩专家可能提出的问题。

①准备论文报告内容。为了在较短时间内将论文核心内容报告清楚，应运用 Power-Point 等工具制作演示文稿，包括论文题目和结构、选题背景和意义、论文主要论点和论据、主要结论和创新点等。演示文稿要力求整洁美观、严肃大方，通过运用规范的图表使演示文稿具有强烈的视觉冲击力，这样不仅有利于论文作者有条不紊地报告论文，而且有利于吸引答辩专家的注意力。

②准备答辩专家可能提出的问题。应进行详细和全面考虑，甚至将自己假想为答辩专家，预测答辩时可能被提出的问题，并做好回答这些问题的准备。必要时，还可邀请导师和同学在小范围内模拟答辩。做好充分的准备，能使论文作者在答辩现场更加得心应手。

2) 心理准备。很多论文作者参加答辩时感到紧张是很正常的。为了减少紧张感，顺利通过论文答辩，需要在充分准备论文报告内容的基础上学会自我调节。试想，论文内容是自己深思熟虑后写成的，完全有能力迅速对答辩专家提出的问题作出反应。因此，在充分准备的基础上，大可不必紧张。只有充满自信，沉着冷静，才会在答辩中有良好表现。

(2) 正式答辩过程。正式答辩通常需要由5或7位专家组成答辩委员会，包括论文报告、专家提问、回答问题、专家评议和宣读决议等环节。

1) 论文报告。论文答辩会开始后，论文作者首先用一定时间（博士、硕士学位论文报告时间分别40min和20min左右）报告学位论文主要内容，应根据事先准备的演示文稿，尽可能脱稿报告。

2) 专家提问。论文作者报告完论文内容后，答辩专家以论文研究内容为基础并兼顾相关知识进行提问，所提问题一般具有考查性、验证性或启发性。

3) 回答问题。论文作者要集中注意力，快速记录答辩专家所提问题。通常经过短暂准备后，认真回答答辩专家提出的所有问题。回答问题要掌握好时间，长话短说、少而精，切忌长篇大论、答非所问；要谦虚，禁忌强不知以为知。回答问题可采用逐一提问、随即回答的方式，也可采用一起提问、统一回答的方式。

4) 专家评议。论文作者回答完问题后，暂时离开答辩会场，由答辩委员会评议论文质量和答辩情况，在不记名投票表决方式决定论文答辩是否通过的基础上形成论文答辩决议。

5) 宣读决议。论文作者重新进入答辩会场后，由答辩委员会主席宣读答辩委员会对论文答辩的决议。对不能通过答辩的，答辩委员会要提出论文修改意见，允许答辩者修改论文后另行答辩。

第3章 学术道德规范

学术道德是治学的起码要求，是学术共同体成员开展科学研究和进行学术活动的学术良心。学术道德具有自律和示范特性，学术道德的缺失无疑意味着学术失范现象的产生和蔓延。学术规范是学术共同体成员开展科学研究和进行学术活动的行为准则。学术道德规范涉及科学研究的全过程和学术活动的各个方面，开展科学研究和进行学术活动，要严格遵守有关法律法规、社会公德及学术道德规范。

3.1 学术道德规范的要求和内容

3.1.1 学术道德规范的基本要求

开展科学研究和进行学术活动，要坚持科学真理、尊重科学规律、崇尚严谨求实，勇于探索创新，恪守学术道德，维护科学诚信。学术道德规范的基本要求如下：

（1）保护知识产权，尊重他人已经获得的研究成果。引用他人成果时如实注明出处；从他人作品转引第三人成果时，如实注明转引出处。

（2）尊重研究对象（包括人类和非人类研究对象）。在涉及人体的研究中，必须保护受试人合法权益和个人隐私并保障知情同意权。

（3）严于律己，诚实严谨地与他人合作，耐心诚恳地对待学术批评和质疑。

（4）反对急功近利、粗制滥造，杜绝弄虚作假、抄袭剽窃现象。

（5）确保搜集、发表数据的有效性和准确性，保证实验记录和数据的完整性、真实性和安全性。

（6）合作研究成果在发表前要经过所有署名人审阅，并签署确认书。所有署名人对研究成果负责，合作研究的主持人对研究成果整体负责。

（7）介绍、评价自己或他人的成果时，要遵循客观、公正、准确的原则，在充分掌握国内外资料、数据基础上，进行全面分析和评价。

（8）正确对待科学研究和学术活动中的直接、间接利益，严禁沽名钓誉、损人利己行为。

（9）认真执行学术刊物引文规范，对学术论文、学位论文及其他自主发表的学术著作独立承担责任。

（10）对已发表研究成果中出现的错误和失误，应以适当方式予以公开和承认。

3.1.2 学术道德规范的主要内容

为规范高等学校哲学社会科学研究工作，加强学风建设和学术道德修养，教育部于2004年8月发布《高等学校哲学社会科学研究学术规范（试行）》（教社政函［2004］34号），明确规定了高等学校哲学社会科学研究的基本规范、学术引文规范、学术成果规范、学术评价规范和学术批评规范。

1. 基本规范

（1）高等学校哲学社会科学研究应以马克思列宁主义、毛泽东思想、邓小平理论、"三个代表"重要思想、科学发展观和习近平新时代中国特色社会主义思想为指导，遵循解放思想、实事求是、与时俱进的思想路线，贯彻"百花齐放、百家争鸣"的方针，不断推动学术进步。

（2）高等学校哲学社会科学研究工作者应以推动社会主义物质文明、政治文明和精神文明建设为己任，具有强烈的历史使命感和社会责任感，勇于学术创新，努力创造先进文化，积极弘扬科学精神、人文精神与民族精神。

（3）高等学校哲学社会科学研究工作者应遵守《中华人民共和国著作权法》、《中华人民共和国专利法》、《中华人民共和国国家通用语言文字法》等相关法律、法规。

（4）高等学校哲学社会科学研究工作者应模范遵守学术道德。

2. 学术引文规范

（1）引文应以原始文献和第一手资料为原则。凡引用他人观点、方案、资料、数据等，无论曾否发表，无论是纸质或电子版，均应详加注释。凡转引文献资料，应如实说明。

（2）学术论著应合理使用引文。对已有学术成果的介绍、评论、引用和注释，应力求客观、公允、准确。

伪注、伪造、篡改文献和数据等，均属学术不端行为。

3. 学术成果规范

（1）不得以任何方式抄袭、剽窃或侵吞他人学术成果。

（2）应注重学术质量，反对粗制滥造和低水平重复，避免片面追求数量的倾向。

（3）应充分尊重和借鉴已有的学术成果，注重调查研究，在全面掌握相关研究资料和学术信息的基础上，精心设计研究方案，讲究科学方法。力求论证缜密，表达准确。

（4）学术成果文本应规范使用中国语言文字、标点符号、数字及外国语言文字。

（5）学术成果不应重复发表。另有约定再次发表时，应注明出处。

（6）学术成果的署名应实事求是。署名者应对该项成果承担相应的学术责任、道义责任和法律责任。

（7）凡接受合法资助的研究项目，其最终成果应与资助申请和立项通知相一致；若需修改，应事先与资助方协商，并征得其同意。

（8）研究成果发表时，应以适当方式向提供过指导、建议、帮助或资助的个人或机构致谢。

4. 学术评价规范

（1）学术评价应坚持客观、公正、公开的原则。

（2）学术评价应以学术价值或社会效益为基本标准。对基础研究成果的评价，应以学术积累和学术创新为主要尺度；对应用研究成果的评价，应注重其社会效益或经济效益。

（3）学术评价机构应坚持程序公正、标准合理，采用同行专家评审制，实行回避制度、民主表决制度，建立结果公示和意见反馈机制。

评审意见应措辞严谨、准确，慎用"原创"、"首创"、"首次"、"国内领先"、"国际领先"、"世界水平"、"填补重大空白"、"重大突破"等词语。

评价机构和评审专家应对其评价意见负责，并对评议过程保密，对不当评价、虚假评价、泄密、披露不实信息或恶意中伤等造成的后果承担相应责任。

（4）被评价者不得干扰评价过程。否则，应对其不正当行为引发的一切后果负责。

5. 学术批评规范

（1）应大力倡导学术批评，积极推进不同学术观点之间的自由讨论、相互交流与学术争鸣。

（2）学术批评应以学术为中心，以文本为依据，以理服人。批评者应正当行使学术批评的权利，并承担相应的责任。被批评者有反批评的权利，但不得对批评者压制或报复。

3.2　学术不端行为及其表现形式

3.2.1　学术不端行为的内涵和特征

1. 学术不端行为的内涵

国际上将严重违反基本科学诚信的行为称为学术不端行为（Academic Misconduct）。但到底哪些行为属于学术不端行为，目前在国际上尚未形成统一定义。美国白宫科技政策办公室（Office of Science and Technology Policy，OSTP）（2000）认为，科研不端行为是指在提议、开展、评议科研项目或报道科研成果过程中，出现的伪造、篡改或剽窃。伪造即捏造、虚构并记录或报告数据或结果。篡改即改动研究材料、设备或程序，或改变、删除数据或结果，致使研究记录无法对研究作出准确描述。剽窃即未经适当允许将他人的思想、过程、结论或语句占为己有。中国科协七届三次常委会议审议通过的《科技工作者科学道德规范（试行）》（2007）规定，"学术不端是指在科学研究和学术活动中的各种造假、抄袭、剽窃和其他违背科学共同体惯例的行为。"

2. 学术不端行为的特征

从国内外情况看，学术不端行为主要有以下三方面特征：第一，违反学术界通用道德标准，或严重背离相关研究领域行为规范；第二，不端行为是蓄意、明知故犯或肆无忌惮的；第三，不端行为不包括诚实的错误或对事物的不同解释和判断。

3.2.2　学术不端行为的表现形式

1. 国际上公认的学术不端行为

从表现形式看，世界主要国家的学术界都比较倾向于严格界定三类学术不端行为，即杜撰、篡改、剽窃（FFP），我国有学者称这三类行为为科学研究中的"三大主罪"。

（1）杜撰（Fabrication）。杜撰一般是指按照某种科学假说和理论演绎出的期望值伪造虚假的观察与实验结果，从而支持理论的正确性或确认实验结果的正确性。杜撰是按照个人主观意愿无中生有，捏造、虚构报告数据或结果，表现为对科学和实验结果的不尊重。按照学术活动程序，杜撰可分为以下两种：

1）学术申请中的杜撰。主要指在项目申请、学术成果申报、职位申请等学术活动中做虚假陈述、提供虚假证明等。

2）学术研究中的杜撰。主要指未经试验、调查，仅根据局部科学现象甚至根本没有根据，凭空编造、虚拟一些试验数据、结果或事实、证据作为支持自己论点的论据，证明某种理论的正确性。而凭空编造出来的数据或实验结果不具有可重复性，与真实数据互不兼容。

（2）篡改（Falsification）。篡改主要是指在学术研究过程中，用作伪的手段按自己的期望随意改动、任意取舍原始数据或试验，使结果符合自己的研究结论、支持自己的论点。

篡改数据违背了学术道德规范中的一个基本要求，即：要忠实地记录和保存原始数据。用个人主观意愿干预学术结果，必然会造成实验结果不具有可重复性。

篡改行为的表现形式主要包括以下两种：

1）篡改数据。主要指以部分实验结果为基础推测实验结果，而对另外一些不能推测同样实验结果的实验记录、图片进行修改。

2）拼凑数据。主要指按期望值主观取舍、任意组合实验结果，或删除与期望值不符的实验结果，只保留与期望值一致的实验结果。

（3）剽窃（Plagiarism）。剽窃是指未经适当允许将他人的思想、过程、结论或语句占为己有的行为。剽窃不仅包括对他人作品字句、内容的直接使用，也包括对他人学术论著的思想、观点、结构、体系等元素作为自己论著的基本元素加以使用并发表的行为。剽窃的通常表现是不注明学术思想、学术观点的出处而随意使用他人的学术思想、学术观点。

2. 中国科协规定的学术不端行为

中国科协在《科技工作者科学道德规范（试行）》（2007）中明确规定的学术不端行为如下：

（1）故意做出错误的陈述，捏造数据或结果，破坏原始数据的完整性，篡改实验记录和图片，在项目申请、成果申报、求职和提职申请中做虚假的陈述，提供虚假获奖证书、论文发表证明、文献引用证明等。

（2）侵犯或损害他人著作权，故意省略参考他人出版物，抄袭他人作品，篡改他人作品的内容；未经授权，利用被自己审阅的手稿或资助申请中的信息，将他人未公开的作品或研究计划发表或透露给他人或为己所用；把成就归功于对研究没有贡献的人，将对研究工作做出实质性贡献的人排除在作者名单之外，僭越或无理要求著者或合著者身份。

（3）成果发表时一稿多投，将同一研究成果提交多个出版机构出版或提交多个出版物发表；将本质上相同的研究成果改头换面发表；将基于同样的数据集或数据子集的研究成果以多篇作品出版或发表，除非各作品间有密切的承继关系。

（4）采用不正当手段干扰和妨碍他人研究活动，包括故意毁坏或扣压他人研究活动中必需的仪器设备、文献资料，以及其他与科研有关的财物；故意拖延对他人项目或成果的审查、评价时间，或提出无法证明的论断；对竞争项目或结果的审查设置障碍。

（5）参与或与他人合谋隐匿学术劣迹，包括参与他人的学术造假，与他人合谋隐藏其不端行为，监察失职，以及对投诉人打击报复。

（6）参加与自己专业无关的评审及审稿工作；在各类项目评审、机构评估、出版物或研究报告审阅、奖项评定时，出于直接、间接或潜在的利益冲突而作出违背客观、准确、公正的评价；绕过评审组织机构与评议对象直接接触，收取评审对象的馈赠。

（7）以学术团体、专家的名义参与商业广告宣传。

3. 教育部规定的学术不端行为

教育部 2016 年 6 月 16 日发布的《高等学校预防与处理学术不端行为办法》（教育部令第 40 号）规定，学术不端行为是指高等学校及其教学科研人员、管理人员和学生在科学研究及相关活动中发生的违反公认的学术准则、违背学术诚信的行为。应认定为构成学术不端行为的情形如下：

（1）剽窃、抄袭、侵占他人学术成果。

（2）篡改他人研究成果。

（3）伪造科研数据、资料、文献、注释，或者捏造事实、编造虚假研究成果。

（4）未参加研究或创作而在研究成果、学术论文上署名，未经他人许可而不当使用他人署名，虚构合作者共同署名，或者多人共同完成研究而在成果中未注明他人工作、贡献。

（5）在申报课题、成果、奖励和职务评审评定、申请学位等过程中提供虚假学术信息。

（6）买卖论文、由他人代写或者为他人代写论文。

（7）其他根据高等学校或者有关学术组织、相关科研管理机构制定的规则，属于学术不端的行为。

第2篇 基本研究方法

管理科学的基本研究方法包括：文献研究法、案例研究法、社会调查法和实验研究法。几乎所有论文都要应用文献研究法，而案例研究、社会调查和实验研究等方法则需要根据研究对象和研究内容选择使用。

第4章 文献研究法

文献是开展学术研究的基本素材，研究者要善于敏锐地把握文献资料中的问题，并对文献资料中所展现出来的问题发展脉络及其背后所蕴含的学理逻辑进行分析。文献研究法就是指全面搜集和系统分析有关文献资料，从中获取信息并对获取的信息进行分析和使用。

4.1 科技文献的分类与来源

4.1.1 科技文献的分类

科技文献作为信息和知识的载体，已成为延续研究工作的重要纽带。随着科学技术水平的不断提高，科技研发的深度逐步提升，科技文献资料大幅增加。进行科技文献分类，可从载体性质、出版形式和加工深度三个方面考虑。

1. 按载体性质划分

根据载体性质不同，文献可分为印刷型、缩微声像型、电子网络型、实物型四种。

（1）印刷型文献。通常以纸质材料为载体，无需辅助媒介、便于阅读；但占据空间大、信息密度低，且不便于保存。

（2）缩微声像型文献。以磁性或感光材料为载体，体积小，易存储，价格低廉，不易损坏；但阅读需要相应媒体设备来支持。

（3）电子网络型文献。以移动设备存储、网络云存储为载体，文档形式多样、信息存储量大、传输速度快、共享程度高；但由于其对计算机软硬件设备及网络技术的依赖，导致了灵活性的降低。

（4）实物型文献。以物质实体形式为载体，如历史文物、艺术作品、技术成果等，表达的知识与信息内容丰富、直观形象；但由于有空间、体积及保存技术的限制，不方便移动。

2. 按出版形式划分

根据出版形式不同，管理学科科技文献可划分为图书资料、期刊论文、会议文献、科技报告、学位论文、政府出版物、标准文献、技术档案等。此外，广播、电视、报纸、网络等大众传媒也是不可忽视的科技情报源。

（1）图书资料（Book）。图书资料又可分为三类：一类是教科书、科普读物和一般生产技术图书，属阅读性图书；一类是辞典、手册和百科全书等，属于工具性图书；还有一类是含有独创性内容的专著，属于原始文献。图书主要在各类图书馆中查阅。

（2）期刊论文（Journal or Periodical Paper）。期刊论文是从期刊中析出的文献，内容新颖，报道速度快，信息含量大，是传递科技信息、交流学术思想的最基本文献。查阅期刊论文是深入了解某一问题的普遍办法，大多数检索工具也以期刊论文作为主要检索对象。

（3）会议文献（Conference Document/Conference Paper）。在国际或国内重要的学术或专业性会议上发表的论文和报告学术性强，往往代表着某一领域内最新成就，反映了国内外科技发展水平和趋势，是获得最新情报的一个重要来源。

（4）科技报告（Science & Technical Report）。科技报告可分成技术报告（Technical Reports）、技术备忘录（Technical Memorandums）、札记（Notes）、通报（Bulletins）等几种类型。作为某项研究成果的总结报告，科技报告是一种不可多得的情报源。有些报告因涉及尖端技术或国防问题等，又可分绝密、秘密、内部限制发行和公开发行几个等级。

（5）学位论文（Dissertation/Thesis）。学位论文质量参差不齐，但都是就某一专题进行研究而作出的总结，多数有一定独创性。学位论文是非卖品，除极少数以科技报告、期刊论文形式发表外，一般不出版，但可利用相关数据库进行检索和查询。

（6）政府出版物（Government Publication/Government Document）。政府出版物的内容十分广泛，既有科学技术方面的，也有社会经济方面的，对于了解国家科技政策、经济政策以及科技活动和水平，具有一定参考价值。政府出版物可分为行政性文件（如法律法规、方针政策、规章制度、战略规划、调查统计资料等）和科学技术文献两部分。

（7）标准文献（Standard Literature）。按使用范围分，标准可分为国际标准、国家标准、行业或地方标准、团体标准、企业标准。按内容划分，标准可分为基础标准、产品标准、方法标准。按是否强制划分，标准可分为强制性标准和推荐性标准。标准文献反映了生产工艺水平和技术经济政策，是科学研究的重要依据和情报来源。

（8）技术档案（Technical Record）。企业或科研机构在技术工作中形成的技术文件，如任务书、协议书、技术经济指标、研究方案等，是科研工作中用以积累经验、吸取教训的重要文献。技术档案一般为内部使用，不公开出版发行，有的还有密级限制，因此，在参考文献和检索工具中极少引用。

3. 按加工深度划分

根据加工深度不同，文献可分为一次文献、二次文献和三次文献。科技文献经过加工、压缩，从一次文献到三次文献，可使其由分散到集中，由无组织到系统化。

（1）一次文献。是指首次出版的原始文献，记录了作者本人根据实际工作经验或科技研发形成的创造性技术成果，是检索的主要对象。

（2）二次文献。是对一次文献进行加工、整理、归纳、汇集后形成的文献，表现为检索工具书或搜索引擎，通常包含目录、索引和摘要等内容。二次文献是检索一次文献的工具，故又称之为检索工具。

（3）三次文献。是指基于二次文献的检索结果，依据某一专题将大量一次文献进行评论、分析、总结、整合后形成的综述型文献。三次文献是对一次文献的高度浓缩，也是一种重要情报源。

4.1.2　常用文献来源

1. 国际常用文献数据库

国际常用文献数据库可分为文摘数据库和全文数据库。文摘是二次文献的核心，是科技文献的重要组成部分，文摘数据库建库较早，文献容纳量大，检索速度快，使用率高。

（1）国外文摘数据库。科学引文索引（SCI）、工程索引（EI）、国际会议出版物索引（ISI Proceeding）是世界著名的三大科技文献检索系统，是国际公认的用于科学统计和评价的主要检索工具。此外，社会科学引文索引（SSCI）也是管理学科重要的检索系统。

1）SCI/SCIE/SSCI。SCI（Science Citation Index）是由美国科学信息研究所（ISI）于 1961 年创办出版的引文数据库，覆盖生命科学、临床医学、物理化学、农业、生物、兽医学、工程技术等方面的综合性核心期刊（印刷版 3500 种、网络版 5600 种），尤其能反映自然科学研究的学术水平，是目前国际三大检索系统中最著名的一种，在学术界占有重要地位。

SCI 以其独特的引证途径和综合全面的科学数据，通过统计大量引文，得出某期刊某篇论文的影响因子、被引频次等量化指标，从而可以了解某一课题或重要理论的发生、发展和变化过程；探索当前研究热点、开辟新的研究突破点；可以评估和鉴别某一研究工作在学术界产生的影响力和生命期，用以指导科学研究实践。

SCIE（SCI Expanded）是汤姆森公司（Thomson Corporation）在 SCI 文摘版源刊基础上精选了另外的部分期刊所形成的网络版。SCIE 是科学引文索引扩展版（即网络版），收录期刊 6000 多种，学科覆盖 150 多个领域。办得比较好的 SCIE 期刊可能成为 SCI 期刊，而办得较差的 SCI 期刊可能变为 SCIE 期刊，甚至被 SCI 和 SCIE 所放弃。

SSCI（Social Science Citation Index）是美国科学信息研究所建立的综合性社科文献数据库，涉及经济、法律、管理、心理学、社会学、信息科学等，收录 56 个学科领域的 3000 多种社会科学权威学术期刊论文。

2）EI。EI（The Engineering Index）是由美国工程信息公司（Engineering Information Inc.）于 1884 年出版的著名综合性检索工具，是目前全球最全面、最权威的工程领域二次文献数据库。EI 选用世界上工程技术类几十个国家和地区 15 个语种的 3500 余种期刊和 1000 余种会议论文集、科技报告、标准、图书等出版物。EI 具有综合性强、资料来源广、地理覆盖面广、报道量大、报道质量高、权威性高等特点。EI 收录的论文分为两个档次：一是 EI Compendex 标引文摘（也称核心数据）。收录论文的题录、摘要，并以主题词、分类号进行标引深加工；二是 EI Page One 题录。主要以题录形式报道，有的也带有摘要，但未进行深加工。没有主题词和分类号。

3）ISI Proceeding。ISI Proceeding 由美国科学信息研究所编辑出版，汇集了世界上最著名会议的会议文献。ISI Proceeding 收录国际上与自然科学、工程技术、社会科学和人文科学有关会议信息，分为科技版（ISTP）、社会科学和人文版（ISSHP）。

（2）国外全文数据库。主要包括：EBSCO、Springer Link、PQDD 等数据库。

1）EBSCO 系列数据库。EBSCO 数据库是美国 EBSCO 集团公司出版发行的一套大型全文数据库，涉及自然科学、社会科学、人文和艺术等多个学术领域。现有 60 多个电子文献数据库，收录期刊 7600 多种，其中，提供全文的期刊有 3900 多种，被 SCI & SS-CI 收录的核心期刊有近 1000 种，是全球最大的多学科综合性数据库之一。

2）Springer Link 数据库。Springer Link 全文电子期刊数据库由德国 Springer－Verlag 出版集团出版，提供学术期刊及电子图书的在线服务，所出版的期刊多为国际重要期刊。

3）PQDD 学位论文数据库。PQDD（ProQuest Digital Dissertations）是美国 ProQuest 公司出版的数字化博硕士论文数据库，是目前世界上最大、最权威、使用最广泛的学位论文数据库之一。PQDD 共提供 14 个字段的检索，常用字段包括：题目（Title）、文摘（Abstract）、作者（Author）、导师（Advisor）、学校（School）、学科（Subject）、年代（Year）、语种（Language）等。

2. 国内常用文献数据库

国内常用文献数据库有：CSSCI、CSCD、CNKI 系列数据库、中文科技期刊数据库、万方数据资源系统等。

（1）CSSCI。CSSCI（Chinese Social Sciences Citation Index）是由南京大学中国社会科学研究评价中心开发的中文社会科学引文索引。CSSCI 从全国 2700 余种中文人文社会科学学术性期刊中精选出学术性强、编辑规范的期刊作为来源期刊。目前已收录包括法学、管理学、经济学、历史学、政治学等在内的 25 大类 500 多种学术期刊。

（2）CSCD。CSCD（Chinese Science Citation Database）是由中国科学院文献情报中心于 1989 年创建的中国科学引文数据库，收录我国数学、物理、化学、天文学、地学、生物学、农林科学、医药卫生、工程技术和环境科学等领域的中英文科技核心期刊和优秀期刊千余种。CSCD 除具备一般的检索功能外，还提供新型的索引关系——引文索引，用户可迅速从数百万条引文中查询到某篇科技文献被引用的详细情况，还可以从一篇早期的重要文献或著者姓名入手，检索到一批近期发表的相关文献，对交叉学科和新学科的发展研究具有十分重要的参考价值。CSCD 还提供了数据链接机制，支持用户获取全文。

（3）CNKI 系列数据库。CNKI（中国知识基础设施工程）是由光盘国家工程研究中心、清华同方光盘有限公司和中国学术期刊（光盘版）电子杂志社联合制作的我国第一个大规模集成化、多功能学术期刊和其他文献的全文检索系统。其中，综合性数据库包括：中国期刊全文数据库、中国博士学位论文数据库、中国优秀硕士学位论文全文数据库、中国重要报纸全文数据库和中国重要会议论文全文数据库。

（4）中文科技期刊数据库。中文科技期刊数据库是由重庆维普资讯公司自 1989 年开始出版的综合性数据库，几乎收录了国内发行的所有期刊（包括内部期刊），收录内容分为社会科学、自然科学、经济学、管理学、图书情报、工业技术、农业科学和医药卫生等 8 个专辑，是目前国内最大的综合性文献数据库，已成为我国图书情报、教育机构、科研院所等系统必不可少的基本工具和获取资料的重要来源。

（5）万方数据资源系统。万方数据资源系统是以中国科技信息所（万方数据集团公司）全部信息服务资源为依托建立起来的，是一个以科技信息为主，集经济、金融、社会、人文信息为一体，以 Internet 为网络平台的大型科技、商务信息服务系统。万方数据资源系统汇集了中国学位论文文摘、会议论文文摘、科技成果、专利技术、标准法规、各类科技文献等近百个数据库，为广大科研单位、公共图书馆、科技工作者、高校师生提供了最丰富、权威的科技信息。

4.2 文献检索与阅读

4.2.1 文献检索方法

检索文献需要采用什么方法，应根据课题性质和研究目的而定，还要考虑检索工具的可获性。归纳起来，检索文献有以下几种方法：

1. 直接浏览法

浏览是获取信息的重要方法。具体而言，就是对本学科核心期刊进行浏览阅读。浏览法的优点是：能快速获取信息；能直接阅读原文内容；能获取本学科发展动态。缺点是：检索范围不够宽，因而漏检率较大。

2. 检索工具法

检索工具法是指利用文献检索工具或检索系统来查找文献的方法。这种方法以主题、分类、著作等途径获取所需文献，又可分为顺查法、倒查法和抽查法三种。

（1）顺查法。在已知某研究成果最初产生年代的前提下，希望全面了解其发展情况，即可以课题起始年代为起点，按时间顺序由远及近进行检索，直至查得的文献可以满足要求为止。这种检索方法系统全面，基本上能够反映某学科或课题的发展全貌。缺点是费时费力，工作量较大，一般在开题时采用这种方法。

（2）倒查法。倒查法与顺查法正好相反，是围绕某一选题按时间顺序由近及远进行检索。这种方法较注意近期文献，以便掌握最近一段时间该课题所达到的水平及方向。倒查法有时可保证情报的新颖性，但易于漏检而影响查全率，一般用于新课题或有新内容的老课题。

（3）抽查法。抽查法是指针对学科发展特点，抽出其发展迅速、发表文献较多的一段时期，逐年进行检索的一种方法。抽查法能以较少时间获得较多文献，针对性强，但必须在熟悉学科发展阶段的基础上才能使用，有一定局限性。

3. 引文追溯法

引文追溯法是指以文献后面所附参考文献为线索进行检索的方法。当查到一篇参考价值较大的文献后，利用该文献后面所列的参考文献，逐一追查被引用文献原文，还可从这些原文后所列的参考文献进一步扩大文献范围，这样可像滚雪球一样，依据文献间引用关系，获得更好的检索结果。

引文追溯法是一种扩大信息来源的最简单方法，在没有检索工具或检索工具不完整时可借助此方法获得相关文献。但由于参考文献的局限性和相关文献的不同，会产生漏检。同时，由近及远的检索无法获得最新信息，文献查全率较低。

4. 综合检索法

综合检索法是检索工具法与引文追溯法的综合。首先利用检索工具查出一批文献资料，再利用这些文献资料所附的参考文献追溯查找相关文献，这样取长补短，相互配合，可获得更好的检索结果。

各种检索方法在使用上各具特色，可根据检索需要和所具备的条件灵活选用，以便达到较好的检索效果。具体检索时，可选择不同的途径，如：学科分类、特定主题、文献题名、文献著者、机构名称、关键词等。

4.2.2　高效阅读文献技巧

开展科学研究工作，要想取得成绩，必须进行大量阅读，而且进行高效阅读。为此，需要掌握一些高效阅读技巧。

1. 分门别类下载和保存文献

文献的分门别类下载和保存，是高效阅读文献的基本保证。为此，在下载文献过程中，要将文献进行分类，分别建立不同的文件夹进行保存，形成自己的文献库。要将文件名称定为文献题目，并标明所下载文献的出版日期和下载时间，有时甚至还可注明每个文件夹的文献来源于哪个数据库。对于长期进行研究的人员，还需要隔一段时间（如半年或一年）去更新自己所建立的文献库，以反映最新研究成果。

2. 掌握正确的阅读顺序

对于一个新手或者刚进入某一领域的研究者，最主要的工作是文献阅读的积累，建议的文献研读顺序是：中文综述文献—中文期刊文献—英文综述文献—英文期刊文献。

阅读中文综述文献是初步了解和掌握某一研究领域基本情况的必要环节，只要阅读几篇综述性强的文献即可，然后再阅读中文期刊的非综述文献，具体了解相应的科研成果。然后，再去阅读有代表性的英文综述文献。在一般情况下，英文综述性文献都是一些在学科领域的顶级专家撰写的，很有代表性，而且英文综述文献后的参考文献也很有必要根据需要去查找并阅读。

3. 善于选用泛读或精读方法阅读文献

一篇文献中最重要的部分依次是：摘要、图表、结论、方法。在阅读时，先是泛读文献的摘要、图表和结论，如果对这篇文献很感兴趣，可在其文件名前或后作出标记，甚至分不同重要等级，以便于以后花更多时间仔细阅读；如果通过泛读发现不是自己所需要的文献，便可删除，以减少文献量。事实上，多数文献只要阅读摘要、图表和结论即可，只有少数文献才需要精读全文。

如果对文献中的研究方法感兴趣，可以仔细阅读其研究方法和过程部分。对于需要精读的文献，最好打印出来慢慢研读，在阅读中可以做些标记或者笔记。如果不是打印稿，可充分利用 PDF 软件的批注、标注、标亮（黄色）等功能对文献中的一些重要内容进行标识。精读文献时做好笔记和标记非常关键，因为好文献可能每读一遍就有不同收获，总结每一次的阅读笔记和心得，就会对自己大有帮助。阅读文献的时间最好集中在几天，集中时间看，更容易产生联系，形成整体印象。时间越分散，浪费时间越多。

4. 注重多个文献的比较阅读

在阅读多个文献时，可进行比较阅读，通过深入比较，可以发现几篇文献之间有哪些共同点和不同点，找出不同作者对同一研究事物的不同看法、思路演变及创新点，从中得到启发。

5. 兼顾学习文献写作方法和格式

阅读文献除学习其内容外，还要学习别人的写作方法和格式。同样一个观点，别人有可能表达得非常地道；同样一个图表，别人有可能制作得非常漂亮。尤其是撰写外语论文，需要用简单语句阐述专业问题。国内作者投稿外语论文经常得到的修改意见是要求文字通俗易懂，多用简单句。能用简单句说明的问题，就不要用复合句，而且在同一句子中，最好不要让同一词汇或短语重复出现。多阅读外文文献，注意用词的恰当和简洁，久而久之，对于提高外语水平大有裨益。

6. 及时进行文献综合

当阅读一定数量的文献（如 20 篇）后，最好能及时进行文献综合，包括文献摘要和结论的主体部分、研究方法等。进行文献综合时还要将每篇文献当作学位论文的参考文献，因此，要记录每篇文献的作者、题目、期刊名称、卷（期）、起止页码。许多文献的综合加上一些过渡语言就可成为文献综述的大体内容。

4.3　文献综述和引用

4.3.1　文献综述

文献综述是文献综合评述的简称，是指在全面搜集、大量阅读有关研究文献的基础上，经过归纳整理、分析鉴别，对某一主题已取得的研究成果、存在问题及新的发展趋势等进行系统、全面的叙述和评论。文献综述看似简单，其实是一项高难度的工作。文献综述要求作者既要对有关研究文献的主要观点进行综合整理和陈述，还要根据自己的理解和认识对综合整理后的文献进行全面系统的批判性分析和评论。因此，文献综述应包括综合提炼和分析评论双重含义，而不仅仅是相关领域学术研究的"堆砌"。

在国外，比较宏观或系统的文献综述通常都是研究领域中的顶级专家来做的。而在国内，多数情况下文献综述未能得到足够重视。综述不是概述，不能泛泛地引用和概括，要有扬弃，特别是有批评。通过文献综述，可以比较容易地看出作者对该领域所下的功夫，好的文献综述本身就是一篇独立的文章。

1. 文献综述的基本步骤

检索和阅读文献是撰写文献综述的基本前提。如果没有做好文献检索和阅读工作就去撰写文献综述，决不会写出高水平的文献综述。好的文献综述不但可为下一步学位论文撰写奠定一个坚实的理论基础和提供某种延伸的契机，而且能够表明作者对既有研究文献的归纳分析和梳理整合的综合能力，从而有助于提高对学位论文水平的总体评价。

关于文献综述的基本步骤，不同人的说法不一。劳伦斯·马奇和布伦达·麦克伊沃在《怎样做文献综述：六步走向成功》（The Literature Review：Six Steps to Success）中提出的文献综述六步模型值得参考，文献综述的六步是：选择主题、搜索文献、展开论证、研究文献、批评文献和撰写综述。

2. 文献综述的基本格式

文献综述有多种格式，但总的来说，一般应包含四部分内容，即：前言、主题、总结和参考文献。

（1）前言。说明文献综述的目的和范围、有关主题现状或争论焦点以及所要叙述的问题轮廓。

（2）主题。写法多样，没有固定格式。可分国外、国内进行综述，可按年代顺序进行综述，也可按不同问题进行综述，还可按不同观点进行比较综述。不管用哪一种格式进行综述，都要归纳、整理及分析所搜集到的文献资料，阐明有关主题的历史背景、现状和发展方向，并对这些问题进行评述。文献综述主题部分应特别注意引用和评述代表性强、具有科学性和创造性的文献。

（3）总结。与研究性论文的小结有些类似，文献综述也要进行扼要总结，对所综述的主题有研究的作者，最好能提出自己的见解。

（4）参考文献。文献综述要列出参考文献，这不仅是对被引用文献作者的尊重，而且可以为读者深入探讨有关问题提供文献查找线索。参考文献的内容应准确无误，编排应符合文献引用规范要求，条目清楚，便于查找。

3. 文献综述的基本技巧

进行文献综述应掌握以下基本技巧：

（1）瞄准主流文献。要搜集和阅读本研究领域的核心期刊、经典著作、专业部门和研究机构的研究报告等主流文献，这是进行文献综述的"必修课"。为此，应重点关注中外高水平学术期刊、专著、研究报告，以及博硕士学位论文数据库等。

（2）随时整理和记录文献。通常，撰写学位论文（特别是博士学位论文）的时间较长，有的文献在搜集和阅读时未必有用，但在需要时可能又找不到。因此，要随时整理和记录文献，对于特别重要的文献，可摘录其中重要观点和论述，这样在论文写作时便可随时享用平常积累的"干货"。

（3）按主题组织文献综述。进行文献综述要保持清醒头脑，不能在众多文献的丛林中迷失方向，或者将所阅读的所有文献都陈述出来，证明自己劳苦功高。要善于在文献丛林中开辟道路，围绕所要研究的主题，综述别人研究了哪些问题、是如何解决问题的，还有哪些问题值得深入研究。

4.3.2　文献引用

参考文献通常是指论文或著作撰写过程中引用或参考过的文献。但很多期刊又将参考文献分为文后参考文献和注释。文后参考文献是指为撰写或编辑论文和著作而引用的有关文献，而注释是指对正文中某一内容作进一步解释或补充说明的文字。注释通常排在当页地脚，或在文末与参考文献分列。

1. 参考文献标注方式

文后参考文献的标注可采用顺序编码制或著者-出版年制。

（1）顺序编码制。采用顺序编码制标注参考文献，是指按正文中引用的文献出现的先后顺序用阿拉伯数字连续编码，并将序号置于方括号中，以角标方式标注。正文引用的文献采用顺序编码制时，文献标注方式如下：

1）引用单篇文献。只引用一篇文献的示例如下（文后参考文献序号为［38］）：

……德国学者 N·克罗斯研究了瑞士巴塞尔市附近侏罗山中老第三纪断裂对第三系褶皱的控制[38]；之后，……

2）同一处引用多篇文献。同一处引用多篇文献时，只需将各篇文献的序号在方括号内全部列出，各序号间用逗号隔开。如遇连续序号，可标注起讫序号。

示例一：张三[25,46]提出……

示例二：李四[58-62]对于……的研究，……

3）同一文献被反复引用。多次引用同一文献时，应在正文中标注首次引用的文献序号，并在序号的方括号外标明引文页码。

（2）著者-出版年制。采用著者-出版年制标注参考文献，是指将各篇文献首先按文种集中，可分为中文、日文、西文、俄文、其他文种 5 部分；然后按著者字顺和出版年排列。中文文献可按汉语拼音字顺排列，也可按笔画顺序排列。

正文引用的文献采用著者-出版年制时，各篇文献的标注内容由著者姓氏和出版年构成，并置于圆括号内，字体字号与正文相同。如果只标注文献著者姓氏而无法识别该著者时，可标注著者姓名，如中国人著者、日本人著者等。

在正文中引用多著者文献时，对欧美著者只需标注第一个著者的姓氏，其后附"et al"即可；对中国著者应标注第一个著者姓名，其后附"等"字。如果在正文中引用同一著者在同一年出版的多篇文献时，应在出版年后用小写字母 a、b、c……区别。

多次引用同一著者的同一文献时，不仅要在正文中标注著者与出版年，还应在圆括号外以角标形式标注引文页码。

示例：……（张三，2014）[55]……

……（张三，2014）[98]……

2. 文后参考文献著录格式

采用顺序编码制时，需要按正文引用顺序用方括号列出文献序号；采用著者-出版年制时，则需要按著者字顺和出版年排列文献。采用顺序编码制时文后参考文献的具体著录格式如下：

（1）普通图书（含专著）。格式如下：

［序号］著者．图书名［M］．出版地：出版者，出版年（或出版年：起止页码）．

（2）论文集。格式如下：

［序号］编者．论文集名［C］．出版地：出版者，出版年．

（3）科技报告。格式如下：

［序号］研究者．科技报告名［R］．出版地：出版者，出版年．

（4）学位论文。格式如下：

［序号］作者．学位论文名［D］．保存地：保存单位，年份．引文起止页码．

（5）期刊中析出的文献。格式如下：

［序号］作者．文献题名［J］．期刊名，年，卷（期）：起止页码．

（6）报纸中析出的文献。格式如下：

［序号］作者．文献题名［N］．报纸名，出版日期（版次）．

（7）标准。格式如下：

［序号］标准代号（标准顺序号－发布年），标准名称［S］．

（8）电子文献。格式如下：

［序号］作者．电子文献题名［电子文献及载体类型标识］．电子文献的出处或可获得地址，发表或更新日期/引用日期（任选）．

第 5 章 案 例 研 究 法

案例研究法也称个案研究法，是指以典型案例为素材，通过具体分析、解剖，获得事物的一般性、普遍性规律，从而建立新的理论或对现存理论进行检验、发展或修正。此外，案例研究还是解决现存问题的一个重要手段。近年来国内管理学界的很多理论和方法创新大都来自管理实践和案例研究。

值得注意的是，案例研究法存在一定局限性，主要表现在以下三个方面：

（1）难以归纳对个案的发现。案例研究的归纳属于分析性归纳，而不是统计性归纳，这种归纳必然带有一定的随意性和主观性。

（2）数据分析方法的局限和研究者的偏见会影响数据分析结果。案例研究没有一种标准化数据分析方法，使得证据提出和数据解释带有可选择性。此外，研究者的意见分歧及偏见都会影响数据分析结果。

（3）需要耗费大量的人力和时间。案例研究通常适用于对复杂问题的研究，而对复杂问题的案例研究需要耗费大量的人力和时间。

5.1 案例研究类型及适用范围

5.1.1 案例研究类型

案例研究可从不同角度划分为不同类型。

1. 按研究目的不同进行划分

按研究目的不同，案例研究可分为规范性案例研究和实证性案例研究两类。

（1）规范性案例研究。强调回答"应是什么"的问题，为建立理论而进行的案例研究就属于规范性案例研究。

（2）实证性案例研究。强调通过观察或感觉获得知识，为检验理论而进行的案例研究就属于实证性案例研究。

2. 按案例选择数量不同进行划分

按案例选择数量不同，案例研究可分为单一案例研究和多案例研究两类。

（1）单一案例研究。单一案例研究主要用于证实或证伪已有理论假设的某一方面问题，也可用来分析一个极端、独特和罕见的管理情境，但通常不适用于系统构建新的理论框架。

（2）多案例研究。为了能更好、更全面地反映案例背景的不同方面，尤其是在多个案例同时指向同一结论时，应选择多个案例进行研究。在多案例研究中，应首先进行案例内分析，即将每一案例及其主题作为独立整体进行深入分析；然后再进行跨案例分析，即在案例内分析的基础上，对所有案例进行归纳、总结，从而得出抽象、精辟的研究结论。多案例研究将会显著提高案例研究的有效性。

3. 按研究任务不同进行划分

按研究任务不同，案例研究可分为探索性、描述性和解释性三类。

（1）探索性（Exploratory）案例研究。探索性案例研究往往会超越已有的理论体系，运用新的假设、观点和方法，从新的视角来解析社会经济现象。探索性案例研究侧重于提出假设，主要任务是寻找新理论（Theory-seeking），其特点是缺乏系统的理论体系支撑，相关研究成果非常不完善。例如，著名的霍桑试验即属于探索性案例研究。

（2）描述性（Descriptive）案例研究。当研究者希望在已有理论框架下对管理实践活动作出详尽描述时，可采用描述性案例研究法。描述性案例研究侧重于描述事例，主要任务是讲故事（Story-telling）或画图画（Picture-drawing）。例如，关于麦当劳、星巴克等的案例研究即属于描述性案例研究。

（3）解释性（Explanatory）案例研究。解释性案例研究旨在通过特定案例，运用已有理论假设对事物的因果关系进行分析和解释。解释性案例研究侧重于解释事情发生的缘由，主要任务是理论检验（Theory-testing）。例如，某一生产安全事故的分析即为解释性案例研究。

以上三种案例研究都适用于理论构建，但作用不同。探索性案例研究适合提出假设和探索新理论的萌芽；描述性案例研究适合描述构成理论的各个要素及相应证据；解释性案例研究可以检验和构建理论。

5.1.2　案例研究适用范围

无论是理论构建研究，还是理论检验研究，运用案例研究法都能达到一个较好效果。研究者可以通过案例研究来建构一些理论，提出一些理论模型；也可以通过案例研究来检验已有的理论、假设和命题。因此，案例研究对于推进理论创新、促进学术增长，具有非常重要的意义。

案例研究法具有广泛的适用性。既适合于大规模研究，又适合于小规模研究。但由于大规模研究可采用多种方法，而小规模研究则会受到诸多限制。由于案例研究可以将精力集中在一个或几个研究点上，因此，案例研究非常适合于小规模研究。这里的小规模研究既可指小型的团队研究，又可指研究者的个别研究。

选择案例研究法的决定性因素有三个方面，即：研究问题的性质、研究者对研究对象的控制能力以及研究问题的聚焦点。因此，案例研究法的适用范围也就体现在以下三个方面。

1. 情景一：研究的问题是回答"怎么样"或"为什么"

当研究的问题需要回答"怎么样"或"为什么"等探究性问题时，适合采用案例研究法。案例研究法特别适用于新的研究领域或现有理论似乎不充分的研究领域。

2. 情景二：研究者几乎不能控制研究对象

当研究者几乎不能控制研究对象时，案例研究法就特别适用。因为这种方法主要关注自然发生的事件，没有任何压力迫使研究者控制或改变环境。如果研究者能够控制研究对象，则可采用实验研究法。

3. 情景三：研究问题的聚焦点是当前现实问题

当研究问题的聚焦点是当前现实问题而不是过去事件时，适合采用案例研究法。

5.2 案例研究步骤及基本要素

5.2.1 案例研究步骤

案例研究一般包括选择案例、搜集和分析数据、撰写报告等步骤。

1. 选择案例

研究者可采用一个案例进行研究，也可采用多个案例进行研究。单一案例通常能说明某方面问题，但无法构建新的理论框架；多案例研究能使案例研究更全面、更有说服力，从而提高案例研究的有效性。研究者可根据具体研究对象的特点及要求选择案例。

2. 搜集和分析数据

搜集数据和分析数据常被认为是同步进行的，初步的数据搜集和分析将会产生一些初步的发现和假设，并进一步指导下一步的数据搜集。通过不断搜集和分析的循环过程，会使研究问题得到不断提炼，并带来更多有价值的数据和新的发现。

（1）搜集数据。搜集数据可根据实际选择不同的方法，包括：文献资料法、访谈法、观察法及档案记录法等。搜集数据应遵循三条原则，即：使用多种来源的资料；建立案例研究数据库；形成一个证据链。

（2）分析数据。分析数据包含检查、分类、列表或者对证据进行重组，从而印证研究者的主张。数据分析方法可分为以下三种：

1）解释性分析（Interpretational Analysis）。通过对数据的深入考察，找出其中的构造、主题和模式。由于解释性分析要求案例研究的结果能尽量客观，因此，一般要应用计算机技术对数据进行处理。

2）结构性分析（Structural Analysis）。通过对数据的考察，确认隐含在文件、事件或其他现象背后的模式。与解释性分析不同，结构性分析不需要理解每一个数据的意思并作出推断。作为一种常规分析，只需要考察文字或叙述上的数据。

3）反射性分析（Reflective Analysis）。依赖于研究者的直觉和判断对数据进行描述，因而是一种主观分析方法。与解释性分析中建立的数据类目不同，反射性分析中研究者对现象的解释和评价是完全不受约束的。因此，反射性分析比较适用于经验丰富的研究者的探索性研究。

3. 撰写报告

撰写案例研究报告的主要目的是通过对现实中复杂问题的描述和解释，使读者获得亲身体验般的经历。为此，研究者必须提供足够的证据来增加结论的可信度，明确定义案例边界，并从多个角度展现事物的正反两个方面。

5.2.2 案例研究基本要素

案例研究基本要素是决定其是否能更好地分析、解决所研究问题的关键，以下基本要素尤其体现在案例研究设计中。

1. 研究目的

案例研究的目的通常会具体落实到回答"怎么样"或"为什么"的问题上来，研究者应通过搜集和分析数据，得到指向这些问题的证据，并最终为案例研究作出结论。因此，确认案例研究要回答的问题非常重要。研究者可对以前曾经进行过的相关研究资料进行审查，从而提炼出更有意义和更具洞察力的问题。

2. 理论假设（研究者的主张）

除探索性案例研究外，案例研究提出理论假设（研究者的主张）是必不可少的。无论是建立新的理论还是对现有理论进行检验，理论假设（研究者的主张）是引导研究进行的线索，但这并不意味着一开始提出的理论假设就是客观正确的，随着研究的不断深化，原来的主张也许会被修改，以便能更好地引导研究的开展。但无论怎样改变，案例研究本身的理论倾向和研究目的都必须保持不变。

3. 研究单位

选定不同的案例研究单位，会导致使用不同的研究方法或数据搜集方法。案例研究单位可以是一个计划、一个实体、一个人、一个群体、一个组织等。每一个研究单位都可能与政治、经济、社会、技术等有着千丝万缕的联系，这既为研究问题的设计提供了各种可能性，也为案例研究增加了复杂性。

4. 数据与理论假设之间的逻辑关系

来自数据资料的一些信息可能会与理论假设有关，因此，为了将数据资料与理论假设联系起来，需要对理论假设进行明确描述。此外，在分析数据时，可以采用量化的解释性分析技术，也可以采用以定性为主的结构性分析技术和反射性分析技术。

5. 解释研究结果的标准

研究者可以针对研究对象提出解释，来响应原来的理论假设。鉴于目前尚没有明确的方法来设定解释研究结果的标准，因此，可用至少两个对立命题的方式来解释研究结果。

5.3　案例研究报告及有效性评价标准

5.3.1　案例研究报告

1. 案例研究报告的基本要求

案例研究报告的基本要求如下：

（1）报告中的数据是读者能在现实中接触到的；

（2）报告中的解释是读者能在现实中体验到的；

（3）报告中的结论是读者能在现实情景中应用的。

2. 案例研究报告的写作要点

案例研究报告没有固定格式，但应重点考虑以下三个方面：

（1）要以读者需求为导向；

（2）注意解释与描述的平衡；

（3）合理安排报告结构。

案例研究报告的写作通常比较繁琐，因此，要合理安排报告写作时间。由于案例研究方法及理论假设是在案例研究之前确定的，因而在案例研究过程中即可开始对研究方法及相关文献进行梳理和写作，而不必等到案例研究结束后再写作。

5.3.2　案例研究的有效性评价标准及常见问题

1. 有效性评价标准

任何研究都有评价其有效性的标准。案例研究不同于数理统计以及其他数量研究方法，其独特的有效性评价标准包括以下三个方面：

（1）构建的有效性（Construct Validity）。构建的有效性是指要保证搜集和整理的数据能充分反映被访问者的意思和知识。这需要采用以下策略实现：①通过不同数据源、证据链进行验证；②应用已有文献进行证明；③邀请关键被访问者评价案例研究报告。

（2）内部有效性（Internal Validity）。内部有效性是指数据分析中的推导要符合逻辑和正确的因果关系，防止产生不正确的结论。为此，需要分析和预计不同案例模式的差异性，并进行不同案例模式的横向比较。

（3）外部有效性（External Validity）。外部有效性是指概念、理论的可推广性。为此，案例研究要选取理论样本，而不是统计样本。为了摒弃行业影响因素，可从不同行业选择样本企业；在每一行业中也要尽量选择背景相似的企业。

案例研究的有效性是确保其研究结论可靠性的关键。

2. 案例研究常见问题

目前，案例研究存在的突出问题如下：

（1）研究问题不够明确，过于宽泛，难以指导后续研究。

（2）基于多案例的研究太少，使得研究结论缺乏坚实的论据支撑。

（3）数据搜集方法不规范，数据来源和搜集过程未能明确阐述。

（4）数据分析方法不规范，严重影响了研究结论的信度和效度。

第6章 社会调查法

社会调查是指运用科学方法,对有关社会现象进行有计划的系统调查,并对搜集到的大量资料进行分析、综合、比较、归纳,借以发现存在的社会问题,探索有关规律的研究过程。社会调查法主要包括三方面内容:①是什么?弄清社会问题;②为什么?寻找问题原因;③怎么办?寻找解决方法。

社会调查可从不同角度进行分类。根据调查对象的范围不同,社会调查可分为普遍调查、抽样调查、典型调查和个案调查。根据调查目的或作用不同,社会调查可分为描述性调查、解释性调查和预测性调查。根据搜集资料的方法不同,社会调查可分为问卷调查和访谈调查。这里着重阐述问卷调查法和访谈调查法。

6.1 问卷调查法

问卷调查法也称问卷法,是指通过设计调查问卷向被选取的调查对象以书面形式了解情况或征询意见的一种调查方法。问卷调查法的基本假设:被试者自己最了解自己,因为每个人可以随时观察自己。问卷调查法适用于描述性研究和解释性研究。

问卷调查可从不同角度进行分类。根据调查方式不同,问卷调查可分为邮寄调查、网上调查、电话调查和会议调查。根据填答方式不同,问卷调查可分为自填式调查和访问式调查。根据调查者对问卷的控制程度不同,问卷调查可分为结构型(也称封闭型)调查和非结构型(也称开放型)调查。

问卷调查法的运用,关键在于调查问卷的设计、发放与回收以及问卷调查结果的分析。

6.1.1 问卷设计

1. 问卷的基本结构

一份完整的调查问卷通常包括封面信、指导语、问题和答案、编码及其他资料四部分。

(1)封面信。封面信主要说明:问卷调查的目的、内容,调查对象的选取方法,对调查结果的保密措施,以及调查者身份。封面信一定要简明扼要,以200~300字为最好。

(2)指导语。指导语是指用来指导被试者正确填写问卷的各种解释和说明。有些问卷的填答方法比较简单,可在封面信中附带一两句说明即可,不单独成为一部分。有些问卷的指导语较长,一般集中在封面信之后,问题和答案之前,并标有"问卷填答说明"之类题名。

(3)问题和答案。问题和答案是指问卷调查的问题和回答方式等内容,是调查问卷的主要组成部分。调查问卷的问题有多种类型,选择题、判断题属于封闭式问题,在提出问题的同时给出若干答案选项,被试者只需在答案选项上打钩或画圈即可。问答题属于开放式问题，提出问题时不提供具体答案，需要被试者自由填答问题。有的问题要求填写数字，如收入、产量、劳动生产率等；还有的问题要求被试者根据重要性、喜好程度排序等。

（4）编码。编码是指将调查问卷中的调查项目变成数字的工作过程。大多数调查问卷均需加以编码，以便进行分类整理，易于应用计算机进行处理和统计分析。为此，在设计调查问卷时，应确定每一个调查项目的编号。

2. 设计问卷的基本原则

设计问卷应遵循以下基本原则：

（1）目的的明确性原则。任何问卷调查都是有目的的：证实或证伪某个结论。目的明确是调查问卷设计的基础，只有目的明确具体，才能提出明确的假设，并围绕假设来设计问题和答案。

（2）题项适当性原则。要紧紧围绕所研究的问题和所要测量的变量设计调查问卷，所选择的题项要与研究假设相符。同时，问卷所选题项在数量上要适当。问题不宜太多，更要避免被试者不愿意回答的敏感问题及个人隐私问题。

（3）语义理解一致性原则。要确保研究者与被试者、被试者之间对问卷题项语义理解的一致性；如果理解不一致，就达不到研究者所要测量的目的。此外，还要考虑被试者回答问题的可能性，超越或者低估被试者的实际能力都将不能正确反映实际情况。

（4）调查对象合适性原则。问卷设计要考虑被试者的职业、文化程度、性别、年龄等特点，问卷结构（开放型或封闭型）、题项形式及用语都要考虑被试者的合适性。

3. 设计问卷的基本步骤

（1）根据研究目的和假设，收集所需资料。然后在此基础上进行问题的设计和选择。

（2）确定问题顺序。问题的排列要合乎逻辑，先易后难，有利于被试者合作并产生兴趣。

（3）问卷测试与修改。选择 30～50 人作为测试样本进行调查问卷测试，然后基于信度和效度分析，修改、完善调查问卷。

4. 问题及答案设计

（1）问题设计。问题的语言要尽量简单，不要用否定形式提问；问题的陈述要尽可能简短，避免带有多重含义。提问方式应保持中立，不能带有诱导性。

对于结构型调查问卷，常用题型有以下几种：

1）填空式。例如：贵公司经营业务有多少板块？ ＿＿＿＿＿个。

2）是否式。例如：贵公司目前有海外业务吗？□有　　□没有

3）选择式。可分为单项选择式和多项选择式（多项限选式）。

①单项选择式。例如：你攻读的博士学位所在的学科是什么（针对攻读管理学博士学位的研究生）？ □管理科学与工程　　□工商管理　　□公共管理

②多项选择式。例如：贵公司的经营业务有哪些？（可多选）

□工程勘察　　□工程设计　　□工程施工　　□工程监理　　□其他（请写明）

4）多项排序式。例如：您认为我国建筑业劳务成本上涨的主要原因有哪些？（请按照重要性排序，最主要原因为 1，其他原因依次为 2、3）

（　　）劳动力短缺

（　　　）通货膨胀加剧

（　　　）国家对建筑业劳务工人合法权益的关注和保护

5）矩阵式（表格式）。例如：您认为我国建筑业违法招标承包现象是否多见？（请在每一行适当位置打√）

	非常多	比较多	不太多	几乎没有	不知道
① 转包	□	□	□	□	□
② 挂靠	□	□	□	□	□
③ 违法分包	□	□	□	□	□
④ 规避招标	□	□	□	□	□
⑤ 串通投标	□		□	□	□

6）相倚式。例如：贵公司有海外业务吗？

① 有。海外业务分布在哪里？□欧洲 □亚洲 □非洲 □美洲 □澳洲

② 没有。

（2）答案设计。调查问卷的答案设计应遵循以下原则：

1）相关性原则。问卷答案应与所提问题密切相关。例如：您认为领导干部应具有哪些能力？（可多选）

□调查研究能力　　□科学决策能力　　□组织指挥能力
□危机公关能力　　□风险应对能力　　□协调服务能力
□其他能力（请说明）

2）同层性原则。同一问题的答案应同处于一个层次。例如：您所攻读的博士或硕士学位所在一级学科是什么？

□管理科学与工程　　□工商管理　　□公共管理　　□其他（请说明）

3）穷尽性原则。问题的答案应穷尽，包含被试者各种可能的选择。例如：您目前所获得的最高学位是什么？

□博士　　□硕士　　□学士

4）互斥性原则。问题的各个答案之间应保持互斥关系，不能是包含关系。例如：您的职业是什么？

□工人　　□农民　　□军人　　□干部　　□商人　　□医生
□教师　　□自由职业者　　□其他（请说明）

6.1.2　问卷发放与回收

问卷设计完成后，即可展开正式调查。调查过程中需要注意问卷发放和回收两个方面的问题。

1. 问卷发放

问卷发放一般有三种方式，即：当面分发、邮寄分发和网上发放。

（1）当面分发。由调查者亲自将调查问卷分发给被试者，由被试者当面作答并收回是最有效的问卷发放和收集方式。这种方式由于有情感交流，容易取得被试者合作，有不明白的问题也可当面提问和解答。当面分发问卷的回收率较高，但取样范围和数量有限。

（2）邮寄分发。邮寄分发调查问卷简便易行，省时省力，但如果被试者对所研究的问题不关心或不感兴趣，或由于问卷的问题设计不太合理不便于回答，或因其他技术问题影

响被试者回答时，都可能影响问卷的回收率。为此，应在信封里附上一封感谢信或相关专家或有影响力人士的推荐信，以便提高问卷回收率。

（3）网上发放。网上发放问卷比邮寄分发问卷更为便捷，而且回收数据可立即进行计算机化，免去数据输入工作量及人工输入数据时可能出现的错误。但采用网上问卷调查时，由于被试者无法与研究者直接沟通，对问卷的回答会千差万别，在一定程度上会影响问卷的信度和效度。

2. 问卷回收

回收调查问卷时，应在剔除无效问卷后计算问卷回收率。保持较高的问卷回收率是获得真实可靠资料的保证。一般而言，如果问卷回收率仅有 30% 左右，则所得资料只能作为参考；如果问卷回收率达到 50%，则所得资料可以作为提出建议的依据；只有当问卷回收率在 70% 以上时，所得资料方可作为研究结论。因此，问卷回收率一般不应低于70%。如果问卷回收率确实低于 70%，可再次发放问卷进行补测，也可对回收率非常低的地区进行小范围跟踪调查，了解其中原因。如有可能，也可进行二次补救调查。

6.1.3　问卷调查结果分析

1. 数据预处理

对调查问卷回收数据进行预处理，是保证数据分析结论真实有效的重要环节。调查问卷数据预处理通常包括缺失值处理、异常值处理、信度与效度检验等。

（1）缺失值处理。调查问卷回收的数据经常会存在缺失值现象。数据缺失不仅会造成信息损失，也增加了研究者的工作量。造成调查问卷回收数据的缺失主要是指由于人的主观失误、历史局限或有意隐瞒造成的数据缺失。

缺失值的处理方法可分为删除缺失值个案和插补缺失值两种。

1) 删除缺失值个案法。删除含有缺失值个案是处理缺失值最原始的方法。这种方法简便易行，但对缺失值的假设条件要求较高，要求缺失值属于完全随机缺失，否则会产生估计偏差。当缺失值属于非完全随机缺失时，可通过对完整的数据加权来减小估计偏差。

2) 插补缺失值法。插补缺失值的思想来源是以最可能的值来插补缺失值比全部删除不完全样本所丢失的信息要少。在数据挖掘中，因一个属性值的缺失而放弃大量其他属性值，这种删除是对信息的极大浪费。为此，应以可能值对缺失值进行插补。常用的插补方法有以下几种：

① 均值插补法。如果缺失值属于定距型，则以相应属性存在值的均值插补缺失值；如果缺失值属于非定距型，则根据统计学的众数原理，用相应属性的众数（即出现频率最高的值）来插补缺失值。

② 同类均值插补法。首先利用层次聚类模型预测缺失变量的类型，再以该类型的均值插补缺失值。

③ 极大似然估计法。在随机缺失条件下，有效样本数量足够，能够保证极大似然估计值渐近无偏且服从正态分布时，可通过观测数据的边际分布对未知参数（缺失值）进行极大似然估计。这种方法比删除缺失值个案和单值插补（均值插补和同类均值插补）更有吸引力，但其计算比较复杂。

④ 多重插补法。多值插补的思想来源于贝叶斯估计，认为待插补的值是随机的，其值来自于已观测到的值。首先，估计出待插补的值；然后，再加上不同噪声，形成多组可

选插补值；最后，根据某种选择依据，选取最合适的插补值。

以上四种插补方法对于缺失值为随机缺失的插补有很好效果。相比而言，两种均值插补方法是最容易实现的，也是人们在之前经常使用的插补方法。但是，均值插补对样本存在极大干扰，尤其是当插补后的值作为解释变量进行回归时，参数的估计值与真实值的偏差很大。极大似然估计和多重插补是两种比较好的插补方法，与多重插补相比，极大似然缺少不确定成分，因此，越来越多的人倾向于使用多值插补方法。

（2）异常值处理。异常值是指在一批数据中，与其他数据相比存在明显不一致的部分数据，也称为异常数据或离群值。异常值是影响统计数据质量的一个非常重要的因素，异常值的存在，使得统计分析的误差大大增大，小则出现差错，大则可能发生事故，甚至可能会导致严重的宏观决策失误。为此，在利用已得数据进行统计分析之前，必须对异常值进行探测和检验。探测异常值的传统方法是采用最小二乘法。

（3）信度与效度检验。简而言之，信度就是可靠性，效度就是正确性。信度和效度只有程度上的差别，而不是全有或全无的差别。因此，调查问卷的信度与效度是相对的而非绝对的。

1）信度。信度是指采用同样方法对同一对象重复进行测量时，其所得结果相一致的程度，即测量数据的可靠程度。信度通常可分为再测信度、复本信度、分半信度和克朗巴哈（Cronbach）信度。再测信度是指在不同时间进行相同测量，如同一套心理调查问卷在期初和期末分别进行测量；复本信度是指在不同时间采用两套形式不同的等价量表进行测量；分半信度是指在相同时间将量表中的项目分成两半进行测量，并计算测量结果的相关系数，以测量内部一致性；克朗巴哈信度也称克朗巴哈系数（Cronbach's α），是指量表所有可能的项目划分方法得到的折半信度系数的平均值。

计算克朗巴哈系数（Cronbach's α）是最常用的信度检验方法。通常，Cronbach's α的值在 0 和 1 之间。如果 Cronbach's α 的值未超过 0.6，一般认为信度不足。不同研究者对信度系数的界限值有不同看法，有学者认为，在基础研究中，Cronbach α 至少应达到 0.8 才能接受；在探索研究中，Cronbach α 至少应达到 0.7 才能接受；在实务研究中，Cronbach α 只需达到 0.6 即可。

2）效度。效度是指所测量到的结果反映所想要考察内容的程度，即测量的有效程度。测量结果与要考察的内容越吻合，则效度越高；反之，则效度越低。一般而言，测量的效度受信度所制约，而且效度系数不会大于信度系数。效度高的测量，信度必定高；但信度高的测量，效度未必高。

效度可分为三种：内容效度、准则效度和建构效度。内容效度也称为表面效度或逻辑效度，是指测量内容与测量目标之间是否适合和相符，主要依据专家的主观判断。准则效度又称为效标效度或预测效度，是指量表所得到的数据与其他被选择的变量（准则变量）的值相比是否有意义。准则效度的检验方法是相关分析或差异显著性检验。建构效度是指测量结果体现出来的某种结构与测值之间的对应程度。有学者认为，建构效度最理想的检验方法是因子分析法。

2. 数据分析

问卷调查结果通过信度和效度检验后，即可进行数据分析。包括：探索性数据分析和描述性数据分析。

（1）探索性数据分析。探索性数据分析（Exploratory Data Analysis，EDA）是指通过作图、制表、方程拟合、计算特征量等手段对问卷调查数据进行分析，在尽量少的先验假定下探索数据的结构和规律。通过探索性数据分析，可以在杂乱无章的数据中有效地揭示隐含在其中的规律性。

（2）描述性数据分析。一般情况下，数据均可进行描述性分析。常用描述性分析指标如下：

1）描述数据集中趋势：均值、众数、中位数、频数。

2）描述数据离散趋势：最大值、最小值、极差、四分位差、方差与标准差。

3）描述数据分布：偏度、峰度。

6.1.4　问卷调查常见问题

问卷调查常见问题如下：

（1）问卷设计不够科学，测量内容不完整，而且与测量目标有偏差。

（2）初步设计的调查问卷未经测试，便直接发放。

（3）没有进行问卷调查而作假卷，包括没有进行全卷访问或故意跳问。

（4）调查不合格的被试者，或者没有合理选择被试者，而是全部或部分代答问卷。

（5）问卷调查结果未进行缺失值、异常值处理，更未进行信度和效度检验。

6.2　访　谈　调　查　法

访谈调查法是指研究者通过有目的地与被访谈者进行交谈或向被访谈者提出一系列问题，以了解被访谈者的认知、态度和行为的一种调查方法。访谈调查法具有交互性和灵活性特点，研究者可通过访谈得到特定研究的主要资料。

6.2.1　访谈调查法的类型

访谈调查法有多种类型，一般可分为结构式访谈、无结构式访谈和半结构式访谈，也可称为封闭式访谈、开放式访谈和半开放式访谈。也有学者将访谈分为定性访谈、定量访谈以及定性与定量相结合访谈。定性访谈包括无结构式访谈和半结构式访谈；定量访谈为结构式访谈。

1. 定性访谈

定性访谈只以提纲或粗略的问题来确定访谈范围。在访谈过程中，问题的询问顺序不固定，可根据情况进行调整，细节内容也可视情况由访谈者作适当处理。定性访谈可避免结构式访谈缺乏灵活性，难以对问题进行深入探讨等局限，但访谈者的技巧以及对访谈问题的熟知程度对访谈结果影响较大。

2. 定量访谈

定量访谈采用完全的结构式访谈，对所有被访者均采用统一的封闭式提问。问题的排列有严格的结构顺序，被访者需要按事先设置的问题类属选择答案，其目的是为了获得量化数据而不是文本信息，以便于进行统计分析。

3. 定性与定量相结合访谈

通常，人们一提到调查的科学性和准确性，就会立刻与定量调查联系起来，似乎只有定量调查才是唯一科学的调查方法，定性调查被人为地贬低，甚至将定性调查视为一种主观臆断而加以排斥。定性调查未能得到应有重视，而定量调查却被滥用。其结果常常是由于缺乏定性分析，没有定性的理论指导，无法对花费许多人力物力得到的大量数据进行科学分析，当然也就谈不上得到科学而合理的调查结论。

作为社会调查的主要方法之一，定性与定量相结合访谈旨在综合定性访谈和定量访谈的优点收集和分析数据。通过定性访谈，可以得到有关新事物的概念，指明事物发展的方向及趋势；通过定量访谈，则可研究事物的规模，分析事物发展的深度和广度。定性访谈和定量访谈决不可偏废，不可能完全由一个取代另一个。

6.2.2 定性访谈的实施步骤

定性访谈通常需要按以下步骤实施：

1. 访谈准备

（1）组建访谈研究团队。组建由主要研究者、访谈员、分析员等组成的访谈研究团队，进行相关培训，如熟悉研究课题、训练定性研究思维、培训访谈技巧、掌握资料整理和分析方法等。

（2）制定访谈日程。根据研究目的、研究问题及研究时间，制定访谈日程，包括准备阶段、访谈阶段及分析阶段所有安排。

（3）选择访谈场所。选择干扰少的地方作为访谈场所，确保被访者知晓访谈时间和地点。

（4）拟定访谈知情同意书。必要时，基于科学研究伦理，拟定访谈知情同意书。

2. 访谈计划拟定

（1）确定访谈提纲。围绕研究目的，结合被访者的个人背景拟定访谈提纲。为确保访谈提纲符合实际，可在正式访谈前通过预访谈形式征求专业人士意见，完善访谈提纲。

（2）确定访谈经费和时间。根据研究课题的总经费和时间，计划每次访谈的经费和时间。

（3）确定访谈对象及人数。根据研究目的，将那些消息灵通、能说会道、富有经验，并愿意提供有效信息的人士纳入访谈对象。同时，要结合研究内容，将年龄、性别、专业、岗位、社会背景等有可能影响访谈结果的因素作为分类依据。对于访谈对象的人数一般没有严格限制，主要取决于研究课题的需要、资源分配及"信息饱和"程度。

3. 访谈实施

主要包括：与访谈对象接触、进行提问、记录等。访谈者在访谈过程中应遵循以下原则：

（1）提问态度应真诚、自然，尊重对方；

（2）应循序渐进提问，并采用被访者能接受的方式进行提问；

（3）应围绕事先编制的访谈大纲进行提问，并保持中立方式，不应带有任何诱导和感情色彩。

4. 访谈结果整理和分析

每次访谈结束后，要对资料进行整理，以便搞清这次访谈是否已解决相应问题，是否有必要进行重访。如果发现访谈资料中有一些模糊地方，或发现有信息或问题有遗漏，则需要针对问题重新进行访谈或采取其他有效措施获得正确信息，以保证访谈资料的正确性和完整性。

6.2.3　访谈者的基本要求及技巧

1. 访谈者的基本要求

（1）个人背景要求。访谈者要有一定的访谈经验，有较高的文化程度并受过相关培训，有一定的人际交往能力，表达能力强，并与被访者有相近的文化背景。

（2）访谈技能要求。访谈者要善于倾听，给被访者足够的时间来表达自己，并在倾听的同时给予语言或肢体上的回应。对于被访者难以回答的问题，可以给予一定的思考时间或进行一定的引导；对于被访者不愿意回答的问题，则需要采取"迂回"方式进行试探和引导。有时，访谈者还需要采用追问方式深入了解被访者对研究问题的看法及其形成过程和原因。

2. 访谈实施技巧

访谈是否成功受多种因素影响。其中，访谈者的访谈技巧最为重要。访谈者需要掌握一定的访谈技巧，建立和谐的访谈关系，给予被访者充分自由的交流空间，既能控制主题又能探寻到尽可能多的信息。

（1）利用开场白获得良好的第一印象。开场白是访谈的首要步骤和内容。开场白主要包括介绍研究团队及访谈目的；说明被访者的权利和可能获得的益处、访谈结果的应用和保密性。此外，还需要征得被访者的同意并签署知情同意书。以友好的问候方式进行开场白，可以打消被访者的顾虑和不必要的紧张情绪，能够使被访者在访谈过程中畅所欲言，从而了解其真实的想法、态度和意愿。

（2）掌握访谈问题的基本要求。有学者提出，进行访谈时可以询问的基本问题包括 6 个：①背景或人口统计学问题，如被访者的年龄、受教育程度等；②知识问题，用以了解被访者所拥有的实际信息（意见和态度）；③经历或行为问题，用以了解被访者目前正在做或过去已做过的事情；④信念或价值观问题，用以了解被访者对某些话题或问题的想法；⑤感受问题，是指被访者对其经历的情感反应；⑥感觉问题，用以了解访谈者所接触到的内容。

（3）注意控制主题。通常情况下，一次访谈的时间是有限的，当被访者的回答偏离主题时，访谈者应使用合适的语言予以打断，并引导被访者自然地回到主题或者从一个话题过渡到另一个话题。

6.2.4　访谈调查法常见问题

访谈调查法与观察法、问卷调查法不同，有其独特的适用范围。在管理问题调查研究中，一般而言，针对基层作业人员，多采用观察法为主、访谈调查法为辅的调查方法；针对一般管理人员，多采用问卷调查法为主、访谈调查法为辅的调查方法；针对高级管理人员，直接采用访谈调查法搜集数据更为适宜。

采用访谈调查法常见问题如下：

（1）访谈准备工作不充分，正式访谈前对被访者缺乏了解。

（2）未能拟定访谈提纲，或未能提前将访谈提纲送达被访者，致使被访者缺乏准备。

（3）选择在被访者办公室进行访谈，经常会受到电话及其他拜访人的干扰。

（4）访谈过程中未能对被访者进行引导，不注重细节，对有关信息的深度挖掘不够。

（5）提问时语气不够委婉，使被访者感到不舒服或有压力。

（6）在被访者回答问题的过程中抢问问题，或与被访者进行辩论，或对被访者的回答给出评论。

（7）未能对获得的信息进行实时的总结回述。

（8）未能如实记录被访者的回答。

第7章 实 验 研 究 法

实验研究法是指针对某一问题，根据一定的理论或假设进行有计划的实践，从而得出一定科学结论的方法。实验研究法原本是自然科学、经济、工程技术领域广泛采用的一种研究方法，较适用于验证因果关系之类的假设。管理学领域采用实验研究法，常用来确认某种判断或证明某种假设。

7.1 实验研究法的特点及适用条件

7.1.1 实验研究法的基本要素和特点

实验研究是一种受控研究方法，通过一个或多个变量的变化来评估其对一个或多个变量产生的效应。实验的主要目的是建立变量间因果关系，通常做法是研究者预先提出一种因果关系的尝试性假设，然后通过实验操作进行检验。

1. 实验研究法的基本要素

实验研究法有以下 3 对基本要素：

（1）自变量与因变量。自变量是指实验研究中的刺激因素，故又称为实验刺激。因变量是一种由自变量所引起的状况，往往是研究所测量的变量，是要被解释的现象和研究的关键点。自变量与因变量构成了实验研究所具有的独特语言。

（2）实验组与控制组。在实验研究中，通常将接受自变量刺激的一组对象称为实验组；而将不接受自变量刺激的一组对象称为控制组。设置控制组的主要目的是为了区分研究本身对实验对象的影响与实验刺激的影响。

（3）前测与后测。在实施实验刺激之前对实验对象进行的测量称为前测；而在实施实验刺激后对实验对象进行的测量称为后测。

2. 实验研究法的特点

（1）实验研究法的主要优点：

1）研究者具有独立自主性。实验研究者可以完全按照自己提出的假设来决定变量及其水平，而不用完全遵循现实环境的"自然状态"。

2）可实施纵贯式动态研究。采用实验研究法时，实验在一段时间内进行，可在多个时点进行测量，从而可以研究变量的动态变化。

3）更容易估计变量之间的因果关系。研究者可以通过操纵自变量来观察因变量的变化，还可以通过设立控制组来判断操纵的强度。同时，还可更有效地控制外源变量的影响。

4）研究成本较低且实验方法可重复。由于控制变量、样本数都比较小，研究时间也比较短，故研究成本较低。特别是实验方法可重复，能够确保研究的科学性。

（2）实验研究法的主要缺点：

1）研究者人为地营造实验条件，特别是当研究样本不具有代表性时，容易远离现实情境中的"自然状态"，从而降低实验效度。

2）实验研究只能限于当前问题，不适用于研究过去问题和未来问题。

3）当研究变量增多时，研究成本会急剧增加。

4）管理领域的实验研究大多以人为对象，不仅由于人类行为变异大而较难控制，而且经常面临许多伦理和法律等方面的限制。

7.1.2　实验研究法的适用条件

由实验研究法的特点所决定，采用实验研究法研究的问题在不违反伦理和法律规范的前提下，应满足以下条件：外部环境和内部因素可控、实验程序和操作可重复进行、内在机理或因果关系无法直接获得。

1. 外部环境和内部因素可控

由于实验研究对象的外部环境和内部因素对所需探究的内部机理有影响，研究者需要对研究的变量、条件和环境加以控制，才能在复杂的逻辑关系中找出关键变量，剔除多余的、能够对研究过程或者结果产生影响的额外变量。著名的"霍桑实验"就是以实验可控为前提，历时 8 年，通过一系列比较、验证，最终创立了人际关系学派。在大多数现代管理实验中，都将实验分为控制组和实验组，以便反复比较验证，最终得出科学、贴近现实的结论。

2. 实验程序和操作可重复进行

实验作为管理领域研究中与自然科学方法最接近的一种研究方法，其程序和操作的可重复性是必须具备的重要条件之一。如果管理领域的实验研究是一次性、无法重复的，则无法通过对比、检验方式来验证管理实验方法的使用是否正确、实验条件控制是否适当、实验结果是否真实等。实验程序和操作的可重复性是实验结果具有高确定性的重要基础。

3. 因果关系或内在机理无法直接获得

管理领域的多数实验研究需要深入探讨管理活动或对象的内在机理和所涉及的因果关系，这些内在机理或因果关系并非通过直觉、经验、预感等感知就能直接剖析。同时，由于管理活动或对象内部因素之间存在错综复杂的关系，往往会对实验研究的有效实施造成障碍，这就要求用实验研究方法深层次剖析其内在机理和作用，进而建立因果关系模型。

7.2　实验研究法的基本逻辑和程序

7.2.1　实验研究法的基本逻辑

在实验研究中，首先通过理论假设建立自变量与因变量之间的因果关系，并对因变量进行前测；然后借助实验手段操纵控制实验因素，引入被看作自变量和原因的实验刺激，并对因变量进行后测；最后，通过比较前后两次测量结果来判断变量之间是否存在因果关系。实验研究法的基本逻辑如图 7-1 所示。

7.2.2　实验研究法的一般程序

实验研究一般可分为准备、实施和总结三个阶段。

1. 实验准备

实验准备阶段的主要工作有：确定研究问题和研究目的；提出理论假设和工作假设；

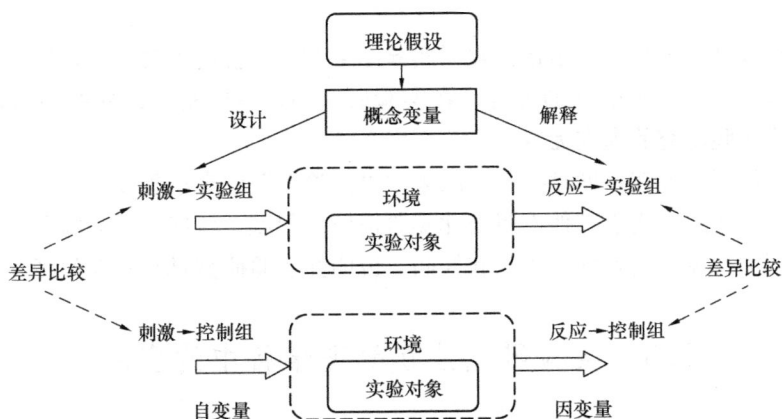

图 7-1　实验研究法的基本逻辑

进行实验方案设计，包括选定实验形式、实验对象，确定实验时间及进度安排，明确实验方法等。

2. 实验实施

根据实验研究方案，采用拟定的实验研究方法和手段对选取的实验研究对象进行实验，并对实验过程进行控制与观测，做好数据收集和实验记录。实验的实施可分为两步：预实验和正式实验。在正式实验之前，一般要先进行预实验，从而为正式实验确定可行的实验方法和步骤。在正式实验过程中，要依据实验的变化及时调整实验方案。

3. 实验总结

实验总结的主要工作有：整理、归纳和分类实验数据；对实验数据进行统计学分析，使理论假设与实验数据按逻辑规律结合起来；对实验结果进行解释和总结，形成实验研究报告。

7.2.3　实验研究的信度与效度

1. 实验研究的信度

实验研究的信度是指实验结论的可靠性和前后一致性程度。如果在重复的实验研究中产生不同的研究结果，说明实验研究的信度很低，结论不可信。因此，研究结论的可靠性和一致性是保证实验研究科学性的重要先决条件。

影响实验研究信度的主要因素有以下几个方面：

（1）观察量的大小。实验观察量越大，样本的代表性越好，多次得到的结果就越可靠。

（2）研究方法和手段的可靠性。研究方法和手段的可靠性是确保实验研究具有较高信度的重要基础。

（3）实验研究者和实验对象的随机影响。如：实验研究者不按规定程序实施实验、制造紧张气氛、评判不客观等；实验对象身心健康状况、动机、注意力、对待实验研究的态度等，均会影响研究结果的信度。

（4）实验研究环境的影响。有的研究环境存在难以控制的条件等。

2. 实验研究的效度

实验研究的效度是指实验是否有效、明确达到实验目的的程度。实验效度分为内在效度和外在效度。

（1）内在效度。内在效度是指排除对实验结果产生干扰的无关因素，使研究者相信实验结果确实是由实验变量引起的程度。在实验研究中，只要实验以外的因素影响了因变量，就会造成实验研究的内在无效度。

（2）外在效度。外在效度是指实验结果"可推论性"的大小程度，即自变量与因变量之间的关系可以普遍应用于其他不属于此实验情境的程度。任何一项实验研究结果能够推广应用，对同类现象作出解释、预测和控制，说明此实验研究具有外在效度。

7.3　实验研究法在管理学科中的应用

7.3.1　管理实验的发展历程

采用实验方法进行管理研究由来已久，甚至可以说贯穿管理学整个发展史。真正使管理学成为一个独立的科学领域，用科学管理思想和方法将经验管理上升为管理理论，正是从 F・W・泰罗等人的一系列实验研究开始的。

按其发展脉络，可将管理实验的发展历程从时间上划分为四个阶段。

1. 19 世纪末期至 20 世纪 50 年代

这一阶段管理所面临的环境相对比较稳定，研究者关注的焦点通常是如何提高效率、增加产量、解决日常管理问题，如提高员工积极性、设计合理工序等。作为管理实验的起步时期，这一阶段的管理实验主要是实物实验，主要采用心理学、统计学等方法，以人和工作为研究对象，归纳、提炼出一些管理思想和原则。这一阶段比较著名的实验有：F・W・泰罗的铲掘实验、金属切割实验；F・B・吉尔布雷斯夫妇的动作分析实验；G・E・梅奥的霍桑实验等。

2. 20 世纪 50 年代至 20 世纪 70 年代

随着市场竞争日益加剧，这一阶段的组织（尤其是企业）所面临的环境日益复杂，企业对管理的要求也日益提高。在此背景下，管理实验开始注重企业管理的整体流程和具体职能，而不仅仅关注人和具体工作。同时，由于计算机的出现，为管理实验模拟提供了基本条件。这一阶段比较著名的实验有：C・阿吉里斯的"成熟-不成熟人"实验；J・J・莫尔斯和 J・W・洛希导致超 Y 理论产生的管理实验——X 理论与 Y 理论实验；R・J・豪斯的领导实验；韦伯的群体决策与个人决策绩效比较实验；费约的社会性动机比较实验；C・C・波特开发的早期企业经营管理模拟系统（Business Simulation）等。

3. 20 世纪 80 年代至 21 世纪初

这一阶段管理所面临的环境以竞争加剧和全球化为时代特色，在此背景下，迫使管理研究开始重视战略管理和跨国经营。同时，随着计算机技术的飞速发展，前两个阶段所采用的实地实验方式被一大批计算机管理模拟软件所取代，管理实验也由以人和工作为中心开始转向以组织和流程为中心。

尽管这一阶段开发出许多计算机管理模拟软件，但大多是基于 DOS 操作系统的单机版本或局域网版本，且主要处于实验室阶段，没有被广泛运用到管理实践中。

4. 20 世纪 90 年代至今

这一阶段由于经济和科技的快速发展，给各类组织（尤其是企业）带来前所未有的机遇和挑战，特别是计算机技术的飞速发展和互联网络的高度发达，为计算机管理模拟平台的实现提供了良好技术条件。国外很多管理软件公司推出了企业资源计划、市场营销、企业流程分析与再造等模拟软件，用户可以直接通过互联网进行管理模拟实验。

7.3.2　实验研究在管理领域的主要作用

纵观各个阶段的管理实验，其主要作用可概括为理论研究、教育培训和实际应用三个方面。

1. 理论研究

早期的管理实验通常是研究者以心理学、统计学为主要研究方法，将管理实验作为印证和发现某一管理原则和管理理论的主要途径。如 F·W·泰罗的科学管理原理、G·E·梅奥的社会人假说、C·阿吉里斯的"不成熟-成熟"理论等实验研究均属于这一类。

2. 教育培训

将管理实验应用于教育培训十分广泛。早在 20 世纪 50 年代，美国管理学会就推荐教育培训者在培训经理时采用模拟方法，并得到积极响应。如今，在国内外工商管理（MBA）教育中大量采用了管理模拟手段。GMC（国际企业管理挑战赛应用软件）、BOSS（企业营运管理仿真模拟教学软件）等均属于教育培训中管理实验的运用。

3. 实际应用

早期的管理实验研究本身就是面向企业管理实际问题的，现代管理实验研究中比较流行的计算机模拟实验也被广泛应用于企业管理实践。按照管理的三个层次（操作层、战术层和战略层），计算机管理模拟软件系统可分为三类：操作层模拟软件系统可用于优选工艺流程、生产计划等；战术层模拟软件系统可用于仓库选址、运输路线优化设计、资源优化配置、目标控制等；战略层模拟软件系统可用于战略管理、市场营销、企业流程再造等。

第3篇 数理分析方法及工具

数理分析方法是定量分析管理问题的基本方法，研究者通常需要根据研究对象选择某一种或组合使用几种数理分析方法进行分析。随着计算机技术的迅猛发展，统计分析工具已成为管理科学定量分析研究的重要支撑。

第8章 定量评价方法

评价是人类社会一项经常性、极为重要的认识活动。随着经济社会发展和信息交流的加快，被评价对象的属性差异越来越小，越来越体现出同质性。单纯依靠定性评价已不能满足人们对事物精细化认识的需求。因此，定量评价方法日益引起人们的重视，成为评价的发展方向。所谓定量评价，是指应用数量分析方法，从客观量化角度对评价对象进行评价。管理科学领域进行定量评价时，常采用的方法有：层次分析法、主成分分析法、模糊综合评价法、数据包络分析法等。

8.1 层次分析法

8.1.1 问题的提出

在管理实践中，经常存在决策问题可分为若干层次，需要决策者基于一定准则在各种方案中进行选择。例如，某企业在年终时要确定如何合理使用一笔留成利润，经讨论认为，判定使用留成利润是否合理的准则有：①调动职工劳动积极性；②提高企业技术水平；③改善职工物质文化生活水平。

使用留成利润可选择的方案有：①发奖金；②扩建集体福利设施；③设立职工业余学校；④建设图书馆、俱乐部；⑤引进新设备。

于是，可得企业合理使用留成利润的层次分析模型如图8-1所示。

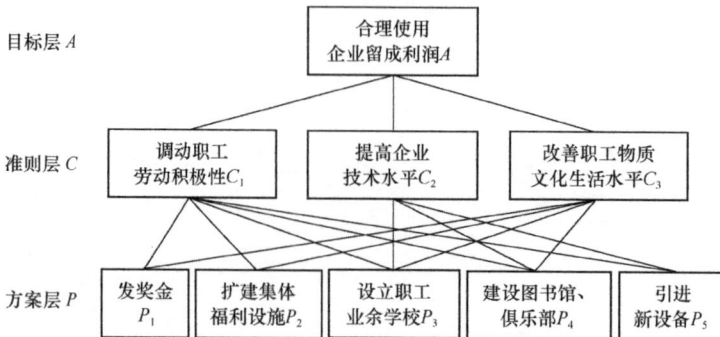

图8-1 企业合理使用留成利润的层次分析模型

对于这类具有层次结构的决策问题，可采用层次分析法（Analytic Hierarchy Process，AHP）确定可选择方案的优先顺序。

8.1.2 基本原理

层次分析法（AHP）是美国运筹学家 T. L. Saaty 在 20 世纪 70 年代中期提出来的一种定性与定量相结合的决策分析方法。AHP 常常被用于分析评价多目标、多准则、多要素、多层次的非结构化复杂决策问题，其优点在于：首先将复杂问题分解为递阶层次结构，然后通过逐层比较各种关联因素的重要程度来建立判断矩阵，最后通过一套定量计算方法将人的主观判断用数量形式来表达和处理，从而为决策提供依据。

1. 应用 AHP 的基本步骤

（1）建立递阶层次结构模型。应用 AHP 分析评价问题时，首先需要深入分析所研究的问题，将问题中所包含的因素划分为不同层次，如目标层、准则（或指标）层和方案（或措施）层，并绘制如图 8-2 所示的递阶层次结构。

1）目标层。这一层次中只有一个元素，一般是所研究问题的预定目标或理想结果。

2）准则（或指标）层。这一层次中包含了为实现目标所涉及的中间环节，可以由若干个层次组成，包括所需考虑的准则、子准则或用于评价的各级指标。

3）方案（或措施）层。这一层次包括了为实现目标可供选择的各种方案或措施。

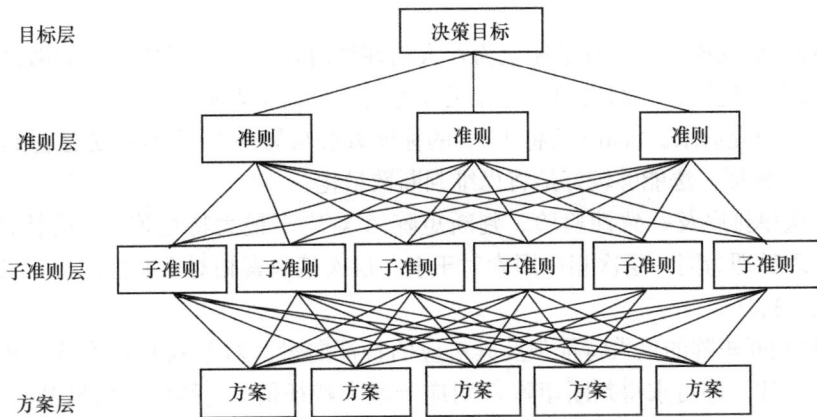

图 8-2 AHP 递阶层次结构示意图

递阶层次结构中的层次数量与问题的复杂程度及需要分析的详尽程度有关，问题越复杂、分析越详尽，层次数量就越多。

（2）构造判断矩阵。层次结构只反映了各因素之间的关系，但准则层中各准则在目标决策中所占的比重并不一定相同。为确定某一层次各因素之间相对于上一层次某一因素的相对重要程度时，就需要通过构造判断矩阵来表示。

设 A 层因素 a_k 与下一层次 B 中的因素 B_1，B_2，…，B_n 有联系，则可以构造如下判断矩阵：

a_k	B_1	B_2	$\cdots$	B_n
B_1	b_{11}	b_{12}	$\cdots$	b_{1n}
$\cdots$	$\cdots$	$\cdots$	$\cdots$	$\cdots$
B_n	b_{n1}	b_{n2}	$\cdots$	b_{nn}

其中，b_{ij} 表示相对于上一层次因素 a_k，因素 B_i 对 B_j 的相对重要性，其值可以用数字 $1\sim9$ 及其倒数表示，这些数字称为判断矩阵标度。判断矩阵标度首先由 Saaty 给出。判断矩阵标度及其含义见表8-1。

判断矩阵标度及其含义   表 8-1

标度	含义	标度	含义
1	表示两个因素相比，具有相同重要性	9	表示两个因素相比，前者比后者极端重要
3	表示两个因素相比，前者比后者稍重要	2, 4, 6, 8	表示上述相邻判断的中间值
5	表示两个因素相比，前者比后者明显重要		
7	表示两个因素相比，前者比后者强烈重要	倒数	相邻两因素交换次序比较的重要性

选择标度为 $1\sim9$ 是基于以下事实和科学依据的：

1) 人们的习惯行为。人们在估计事物的区别时，常用 5 种判断来表示，即相等、较强、强、很强、绝对强。当需要更高精度时，还可在相邻判断之间作出比较。这样就会有 9 个数字。

2) 心理学研究成果。心理学家认为，人们在同时比较若干对象时，能够区别差异的极限为 7 ± 2 个，这样，它们之间的差异正好可用 9 个数字表示。

3) Saaty 研究成果。Saaty 还将 $1\sim9$ 的标度方法与另外 26 种标度方法进行比较，结果表明，$1\sim9$ 标度方法能够较好地将思维判断数量化。

（3）层次单排序及一致性检验。判断矩阵 A 对应于最大特征值 $\lambda_{\max}$ 的特征向量 W，经归一化处理后即为同一层次相应因素对于上一层次某因素相对重要性的排序权值，该过程称为层次单排序。

1) 计算判断矩阵的最大特征根及其对应的特征向量。对于判断矩阵 A，利用计算公式：$AW=\lambda_{\max}W$，即可求得判断矩阵 A 对应于最大特征值 $\lambda_{\max}$ 的特征向量 W，W 的分量 W_i 即为对应元素单排序的权重值。

2) 检验判断矩阵 A 的一致性。如果判断矩阵 A 满足：

$$a_{ji} \cdot a_{jk}=a_{ik} \qquad i, j, k=1, 2, \cdots, n$$

则称 A 为一致性判断矩阵。显然，如果决策者给出的判断矩阵 A 是一致的，则意味着决策者对各个因素所进行的两两比较是可以传递的，即决策者在两两成对比较时，其判断思维是一致的。然而，由于人的判断思维难以保持绝对一致，因此，通过两两成对比较得到的判断矩阵 A 不一定满足矩阵的一致性条件。

通过数学证明可知，n 阶正互反矩阵 $A=(a_{ij})_{n\times n}$ 为一致性矩阵的充要条件是其最大特征根 $\lambda_{\max}=n$。但在一般情况下，判断矩阵 A 不可能具有完全一致性。为了检查判断矩阵的一致性，需要计算其一致性指标：

$$CI = \frac{\lambda_{\max} - n}{n-1}$$

当 $CI=0$ 时，判断矩阵具有完全一致性；反之，CI 愈大，就表示判断矩阵一致性愈差。为了检验判断矩阵是否具有令人满意的一致性，需要将 CI 与平均随机一致性指标 RI 进行对比。对 $n=1$，$\cdots$，9，Saaty 给出了 RI 值，见表 8-2。

平均随机一致性指标值 表 8-2

n	1	2	3	4	5	6	7	8	9
RI	0.00	0.00	0.58	0.90	1.12	1.24	1.32	1.41	1.45

令 $CR=CI/RI$，称为一致性比率。当 $CR<0.1$ 时，可认为判断矩阵的一致性是可以接受的，否则，需要调整判断矩阵，使之具有满意的一致性。

（4）层次总排序及一致性检验。层次单排序只能得到一组元素对其上一层中某元素的权重向量。为了得到各个因素（特别是最低层各方案）对于决策目标的排序权重，从而进行方案选择，就需要进行层次总排序。

总排序权重需要自上而下地将单准则下的权重进行合成。设上一层次 A 包含 m 个因素，该层次总排序的权值分别为 a_1，a_2，$\cdots$，a_m；下一层次 B 包含 n 个因素，它们对于因素 A_j 的层次单排序权值分别为 b_{1j}，b_{2j}，$\cdots$，b_{nj}，则 B 层次总排序权值可按表 8-3 计算。

层次总排序合成表 表 8-3

层次 A ＼ 层次 B	A_1	A_2	$\cdots$	A_m	B 层次总排序权值
	a_1	a_2	$\cdots$	a_m	
B_1	b_{11}	b_{12}	$\cdots$	b_{1m}	$\sum\limits_{j=1}^{m} a_j b_{1j}$
B_2	b_{21}	b_{22}	$\cdots$	b_{2m}	$\sum\limits_{j=1}^{m} a_j b_{2j}$
$\cdots$	$\cdots$	$\cdots$	$\cdots$	$\cdots$	$\cdots$
B_n	B_{n1}	B_{n2}	$\cdots$	B_{nn}	$\sum\limits_{j=1}^{m} a_j b_{nj}$

对层次总排序也需要进行一致性检验。层次总排序一致性检验需要像层次总排序一样由低层到高层逐层进行。这是因为虽然各层次均已通过层次单排序一致性检验，但当综合考察时，各层次的非一致性仍有可能积累起来，引起最终分析结果较严重的非一致性。

设 B 层次中与 A_j 相关的因素的成对比较判断矩阵在单排序中已通过一致性检验，求得的单排序一致性指标为 CI_j（$j=1$，$\cdots$，m），相应的平均随机一致性指标为 RI_j，则 B 层次总排序随机一致性比率为：

$$CR = \frac{\sum\limits_{j=1}^{m} a_j \cdot CI_j}{\sum\limits_{j=1}^{m} a_j \cdot RI_j}$$

当 $CR<0.10$ 时，可认为层次总排序具有较满意的一致性，总排序结果可以接受。否

则，需要重新调整判断矩阵。

2. 应用 AHP 需注意的问题

AHP 作为一种系统分析问题的方法，可以对人们的思维过程进行加工整理，从而为科学管理和决策提供了较有说服力的依据。但 AHP 也有其局限性，应用时应注意以下问题：

（1）AHP 在很大程度上依赖于人们的经验，主观因素影响很大。AHP 虽然能排除思维过程中的严重非一致性，却无法排除决策者个人可能存在的严重片面性。为此，在实际应用中，对于问题所涉及的各种要素及其层次结构模型的建立，往往需要多部门、多领域的专家共同协商、集体决定；在构造判断矩阵时，对于各个因素之间重要程度的判断，也应综合各个专家不同意见，如取各个专家判断值的平均数、众数或中位数等。

（2）AHP 比较判断过程较为粗糙，不能用于精度要求较高的决策问题。AHP 至多只能算是一种半定量（或定性与定量相结合）的方法。

8.1.3　应用示例

建设工程实施前，通常需要分析和评价工程风险，以便于采取有效措施应对风险。这里以 BT（Build-Transfer）项目为例，应用 AHP 进行风险分析和评价。

1. 建立风险评价指标体系

应用 AHP 建立的 BT 项目风险评价指标体系见表 8-4。

风险评价指标体系　　　　　　　　　　　　　　　表 8-4

目标层	准则层	指标层
BT 项目风险 U	政治风险 U_1	政策风险 U_{11}
		法律风险 U_{12}
		获准风险 U_{13}
		诚信风险 U_{14}
	经济风险 U_2	融资风险 U_{21}
		利率变动风险 U_{22}
		通货膨胀风险 U_{23}
		宏观经济恶化风险 U_{24}
	建设风险 U_3	建设成本失控风险 U_{31}
		建设工期拖延风险 U_{32}
		建设质量失控风险 U_{33}
		工程完工风险 U_{34}
	回购风险 U_4	政府不予回购风险 U_{41}
		回购价格风险 U_{42}
		回购资金来源风险 U_{43}
	不可抗力风险 U_5	社会风险 U_{51}
		自然风险 U_{52}

2. 构造判断矩阵

以二级指标（准则层）政治风险为例，通过专家组对风险因素进行分析比较，用 1～

9 标度构造判断矩阵，见表 8-5。

U_1	U_{11}	U_{12}	U_{13}	U_{14}
U_{11}	1	1	1/3	1/2
U_{12}	1	1	1/4	1
U_{13}	3	4	1	3
U_{14}	2	1	1/3	1

3. 层次单排序及一致性检验

仍以二级指标政治风险为例，通过判断矩阵可求得对应元素单排序的权重值 $W =$ （0.1360，0.1505，0.5213，0.1922）。

对其进行一致性检验得：$RI = 0.89$，$CR = CI/RI = 0.0266 < 0.1$。可见，该判断矩阵的一致性良好，说明所得到的权重是令人满意的。

同理，可得到其他二级指标及一级指标的判断矩阵及权重。

4. 层次总排序及一致性检验

从一级指标开始，自上而下地将单准则下的权重进行合成，便可得到指标的总排序权重，见表 8-6。

以 BT 项目风险为准则的判断矩阵及权重　　　　　　　表 8-6

一级指标		二级指标		
名称	权重	名称	总准则权重	总排序权重
政治风险 U_1	0.0592	U_{11}	0.1360	0.008051
		U_{12}	0.1505	0.008910
		U_{13}	0.5213	0.030861
		U_{14}	0.1922	0.011378
经济风险 U_2	0.2419	U_{21}	0.3545	0.085754
		U_{22}	0.3545	0.085754
		U_{23}	0.1308	0.031641
		U_{24}	0.1602	0.038752
建设风险 U_3	0.2020	U_{31}	0.2608	0.052682
		U_{32}	0.2356	0.047591
		U_{33}	0.4189	0.084618
		U_{34}	0.0847	0.017089
回购风险 U_4	0.4463	U_{41}	0.5815	0.259523
		U_{42}	0.3090	0.137907
		U_{43}	0.1095	0.04887
不可抗力风险 U_5	0.0506	U_{51}	0.6667	0.033735
		U_{52}	0.3333	0.016865

通过对层次总排序结果进行检验，发现符合一致性要求，说明层次总排序结果可接

受。根据 BT 项目待评价方案各指标得分，计算加权平均值，即可得到 BT 项目风险综合总得分。综合总得分越高，表示方案风险越大。

此外，还可根据计算所得二级指标的综合权重，将 BT 项目风险因素划分为不同等级，风险分级标准见表 8-7。

风险因素分级标准　　　　　　　　　　　　　　　　　　表 8-7

风险等级	权重范围	关注程度
Ⅰ（严重等级）	$0.1 < 权重 \leqslant 1$	重点防范
Ⅱ（一般等级）	$0.01 < 权重 \leqslant 0.1$	足够重视
Ⅲ（轻微等级）	$0 < 权重 \leqslant 0.01$	一般关注

由表 8-7 可知，BT 项目风险中：政府不予回购风险和回购价格风险属于严重等级风险，需要重点防范；政策风险和法律风险属于轻微等级风险，需要一般关注；其他风险则属于一般等级风险，需要引起足够重视。

8.1.4　AHP 的扩展—ANP

应用 AHP 分析问题时，要求同一层级评价因素之间不能存在相互影响。但在管理学科领域研究中，经常会遇到同一层级评价因素之间存在复杂影响关系的评价问题。例如，桥梁工程建设者在评价桥梁设计方案时，通常会考虑下列评价因素：①安全可靠性；②经济性；③耐久性；④可建造性。这些评价因素不是孤立存在的，而是存在着相互影响关系的。如果提高桥梁工程的安全可靠性，其经济性就会降低；如果增强桥梁工程的经济性，其安全可靠性和耐久性都会受到影响。此外，安全可靠性、经济性、耐久性与可建造性之间也存在着相互影响关系。这样，桥梁设计方案评价问题就无法应用 AHP 来解决。而网络层次分析法（Analytic Network Process，ANP）正好可以处理元素之间的相互支配问题，弥补了 AHP 的不足。

ANP 是在 AHP 的基础上由 Saaty 教授提出的。随着 ANP 的逐步发展和完善，已被许多学者应用到各种复杂系统决策领域，有效地处理了元素之间相互影响支配的决策问题。

1. 典型 ANP 网络结构模型

ANP 的原理与 AHP 基本相同，唯一不同的是 ANP 建立的是网络结构模型，而 AHP 建立的是层次结构模型。由于网络结构模型远比层次结构模型复杂，因此在权重合成方面，ANP 会应用到更加高深的数学知识，其中比较重要的是超矩阵的应用和分析。

典型 ANP 网络结构模型由两大部分组成，即：控制层和网络层，如图 8-3 所示。

（1）控制层。控制层包括决策目标及决策准则。所有决策准则均被认为是彼此独立的，且只受决策目标支配。控制层可以没有决策准则，但至少应有一个目标，控制层中每一项准则的权重均可用传统 AHP 获得，如图 8-3 中点划线上方部分。

（2）网络层。网络层是由所有受控制层支配的元素组成，元素之间互相依存、互相支配，元素与层次间内部不独立，递阶层次结构中每一项准则支配的不是一个简单的内部独立元素，而是一个互相依存的反馈网络结构，如图 8-3 中点划线下方部分。

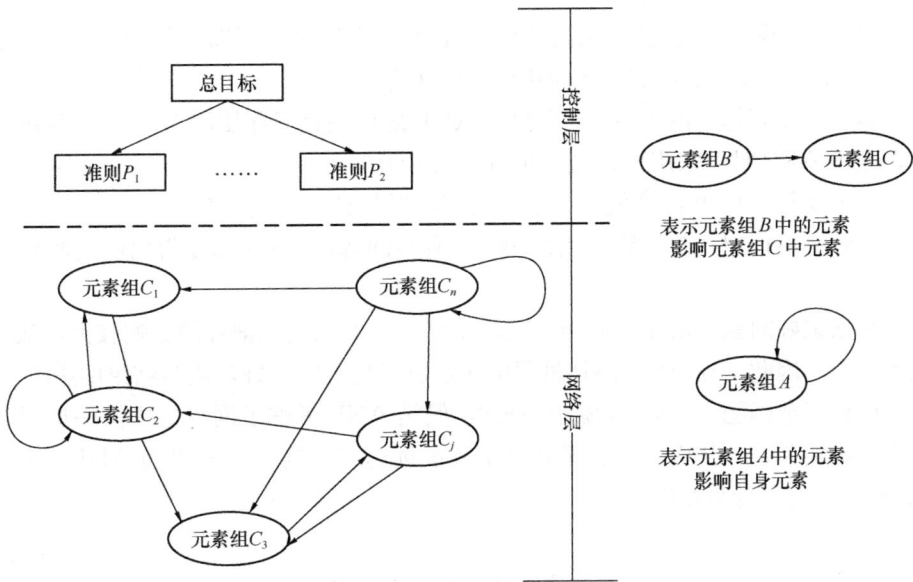

图 8-3　典型 ANP 网络结构图

2. ANP 应用步骤

（1）分析问题。将决策问题进行系统分析、论证、组合，形成元素或元素集，这一步至关重要。分类要正确合理，判断元素层次是否内部独立，是否存在内部依存和反馈关系，确定哪些是准则，哪些是元素。这种分析过程与 AHP 基本相同。

（2）构建网络层次结构。首先构造控制层，设定决策目标及决策准则，此外，每一项准则还可以有子准则。如果控制层中有多项准则，则这些准则对上隶属于决策目标，对下分别控制着一个网络结构。如果控制层只有一项准则，则该准则实际上就是决策目标。

控制层构建完成之后，便可开始构建网络层次。确定每一个元素集，分析其网络结构和相互影响关系。在网络结构中，元素组之间的关系是由组内元素决定的。两组元素之间只要有一对元素具有相关性，则这两组元素之间就有联系。

（3）构造超级矩阵计算权重及最终排序结果。先进行各相关组判断矩阵的两两比较，并计算权重，对组内和组与组之间的相关元素逐个进行两两比较，计算每一个判断矩阵的相对权重，按顺序结构构造初始矩阵和极限超矩阵，然后即可计算最终排序结果。计算流程如图 8-4 所示。

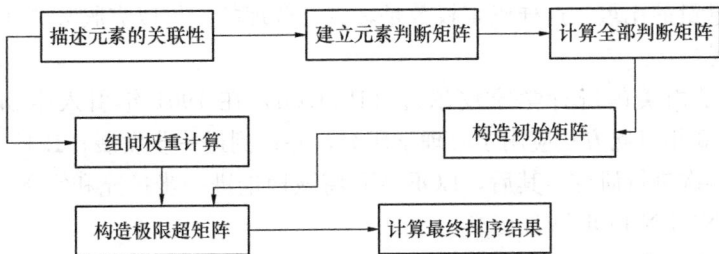

图 8-4　ANP 计算流程图

3. 应用 ANP 需注意的问题

虽然 ANP 考虑了网络层各元素之间的相互影响问题，可以弥补 AHP 的不足，但 ANP 自身也存在一些不足，需要在应用中予以注意。

（1）标度选择问题。由于 Satty 在提出 AHP 之后一直倡导使用 1～9 比较标度，目前大多数人应用 ANP 时也采用该标度，但在实际应用中，许多学者发现 1～9 标度法存在一些不足，主要是：1～9 标度值的大小与语言习惯估计值之间的偏差较大；1～9 标度的一致性检验效果不理想，与思维一致性相悖；有些问题用 1～9 标度得出的判断结果与事实相反。

（2）专家偏好问题。由于判断矩阵的构造受单个专家主观偏好的影响较大，从而容易造成决策失误。因此，在应用 ANP 过程中应注意避免专家偏好对决策结果的影响。

（3）计算复杂问题。ANP 起源于 AHP，但是 ANP 考虑了网络层中同一层级各元素之间的相互影响关系，从而使计算量和复杂程度远远高于同样多元素的 AHP，无形中增加了 ANP 的实施和计算难度。

8.2　主成分分析法

8.2.1　问题的提出

在管理科学评价中，多变量问题是常见问题。变量太多，无疑会增加分析问题的难度与复杂性，而且在许多实际问题中，多个变量之间是具有一定相关关系的。为简化评价的复杂程度，如何用尽可能少的变量反映多个变量表示的实际问题就成为值得研究的重要问题。

美国统计学家斯通（Stone）在 1947 年研究国民经济时，曾利用美国 1929—1938 年各年数据，得到 17 个反映国民收入与支出的要素变量，如：雇主补贴、消费资料和生产资料、纯公共支出、净增库存、股息、利息等。通过计算、分析后，竟以 97.4% 的精度，用 3 个新变量取代了原来 17 个变量。根据经济学知识，斯通将这 3 个新变量分别命名为总收入、总收入变化率和经济发展或衰退趋势，大大简化了对国民经济评价的复杂度。

由此可见，进行多变量问题评价时，如果多个变量之间具有一定相关关系，可将其进行简化。而主成分分析（Principal Components Analysis，PCA）则是多变量分析的常用简化方法。PCA 将原指标综合成较少几个主成分，再以这几个主成分的贡献率为权数进行加权平均，构造一个综合评价函数。主成分的贡献率反映了该主成分包含原始数据的信息量占全部信息量的比重，这样确定权数是客观、合理的，可以克服某些评价方法中人为确定权数的不足。

PCA 最早是由美国统计学家皮尔逊（Pearson）在 1901 年引入生物学理论研究，Hotelling 在 1933 年将此方法应用于心理学研究，并得到进一步发展；1947 年，Karhunen 以概率论形式再次进行研究。其后，LOE'VE 将该理论进一步扩充和完善，故 PCA 方法也称为 KAHRNUEN-LOE'VE 变换。

8.2.2　基本原理

假定有 n 个样本，每个样本共有 p 个变量，构成一个 $n \times p$ 阶的数据矩阵 X。

$$X = \begin{bmatrix} x_{11} & x_{12} & \cdots & x_{1p} \\ x_{21} & x_{22} & \cdots & x_{2p} \\ \vdots & \vdots & \vdots & \vdots \\ x_{n1} & x_{n2} & \cdots & x_{np} \end{bmatrix}$$

当 p 较大时，在 p 维空间中考察问题比较麻烦。为了克服这一困难，就需要进行降维处理，即用较少的几个综合指标代替原来较多的变量指标，而且这些较少的综合指标既能尽量多地反映原来较多变量指标所反映的信息，同时这些综合指标之间又是彼此独立的。

设 x_1，x_2，$\cdots$，x_p 为原变量指标，z_1，z_2，$\cdots$，z_m（$m \leqslant p$）为新变量指标，有：

$$\begin{cases} z_1 = l_{11}x_1 + l_{12}x_2 + \cdots + l_{1p}x_p \\ z_2 = l_{21}x_1 + l_{22}x_2 + \cdots + l_{2p}x_p \\ \qquad\qquad\qquad \vdots \\ z_m = l_{m1}x_1 + l_{m2}x_2 + \cdots + l_{mp}x_p \end{cases}$$

其中，系数 l_{ij} 的确定原则如下：

① z_i 与 z_j（$i \neq j$；i，$j = 1$，2，$\cdots$，m）相互无关；

② z_1 是 x_1，x_2，$\cdots\cdots$，x_p 的一切线性组合中方差最大者；z_2 是与 z_1 不相关的 x_1，x_2，$\cdots$，x_p 的所有线性组合中方差最大者；$\cdots\cdots$；z_m 是与 z_1，z_2，$\cdots$，z_{m-1} 都不相关的 x_1，x_2，$\cdots$，x_p 的所有线性组合中方差最大者。

新变量指标 z_1，z_2，$\cdots$，z_m 分别称为原变量指标 x_1，x_2，$\cdots$，x_p 的第一，第二，$\cdots$，第 m 主成分。

从以上分析可以看出，主成分分析的实质就是确定原来变量 x_j（$j = 1$，2，$\cdots$，p）在诸主成分 z_i（$i = 1$，2，$\cdots$，m）上的荷载 l_{ij}（$i = 1$，2，$\cdots$，m；$j = 1$，2，$\cdots$，p）。

从数学上可以证明，l_{ij} 实质上是相关矩阵的 m 个较大的特征值所对应的特征向量。

1. PCA 计算步骤

（1）计算相关系数矩阵 R：

$$R = \begin{bmatrix} r_{11} & r_{12} & \cdots & r_{1p} \\ r_{21} & r_{22} & \cdots & r_{2p} \\ \vdots & \vdots & \vdots & \vdots \\ r_{p1} & r_{p2} & \cdots & r_{pp} \end{bmatrix}$$

r_{ij}（i，$j = 1$，2，$\cdots$，p）为原变量 x_i 与 x_j 的相关系数，$r_{ij} = r_{ji}$，其计算公式为：

$$r_{ij} = \frac{\sum\limits_{k=1}^{n}(x_{ki} - \bar{x}_i)(x_{kj} - \bar{x}_j)}{\sqrt{\sum\limits_{k=1}^{n}(x_{ki} - \bar{x}_i)^2 \sum\limits_{k=1}^{n}(x_{kj} - \bar{x}_j)^2}}$$

（2）计算特征值与特征向量：

1）解特征方程 $|\lambda I - R| = 0$。常用雅可比法（Jacobi）求出特征值，并使其按大小顺序排列：$\lambda_1 \geqslant \lambda_2 \geqslant \cdots \geqslant \lambda_p \geqslant 0$。

2）分别求出对应于特征值 λ_i 的特征向量 e_i（$i = 1, 2, \cdots, p$），要求 $\| e_i \| = 1$，即：

$\sum_{j=1}^{p} e_{ij}^2 = 1$，其中，$e_{ij}$ 表示向量 e_i 的第 j 个分量。

（3）计算主成分贡献率及累计贡献率：

1）贡献率：

$$\frac{\lambda_i}{\sum_{k=1}^{p} \lambda_k} \quad (i = 1, 2, \cdots, p)$$

2）累计贡献率：

$$\frac{\sum_{k=1}^{i} \lambda_k}{\sum_{k=1}^{p} \lambda_k} \quad (i = 1, 2, \cdots, p)$$

一般取累计贡献率达 85％～95％的特征值 λ_1，λ_2，$\cdots$，λ_m 所对应的第一、第二、$\cdots$、第 m（$m \leqslant p$）个主成分。

（4）计算主成分载荷：

$$l_{ij} = p(z_i, x_j) = \sqrt{\lambda_i} e_{ij} (i, j = 1, 2, \cdots, p)$$

（5）计算各主成分的得分：

$$Z = \begin{bmatrix} z_{11} & z_{12} & \cdots & z_{1m} \\ z_{21} & z_{22} & \cdots & z_{2m} \\ \vdots & \vdots & \vdots & \vdots \\ z_{n1} & z_{n2} & \cdots & z_{nm} \end{bmatrix}$$

2. 应用 PCA 需注意的问题

（1）主成分分析依赖于原始变量，也只能反映原始变量的信息。因此，应注重原始变量的选择。

（2）如果原始变量在本质上都是独立的，那么，降维就可能失败，因为很难将许多独立变量用少数综合变量概括。因此，数据越相关，降维效果就越好。

（3）主成分分析得到的结果并不一定会很清楚，这与问题的性质、选取的原始变量及数据质量等都有密切关系。

8.2.3　应用示例

经分析得到某农业生态经济系统各区域单元有关数据见表 8-8。

某农业生态经济系统各区域单元的有关数据　　　　　　表 8-8

样本序号	x_1：人口密度（人/km²）	x_2：人均耕地面积（hm²）	x_3：森林覆盖率（%）	x_4：农民人均纯收入（元/人）	x_5：人均粮食产量（kg/人）	x_6：经济作物占农作物播种面积比例（%）	x_7：耕地占土地面积比率（%）	x_8：果园与林地面积之比（%）	x_9：灌溉田占耕地面积之比（%）
1	363.912	0.352	16.101	192.11	295.34	26.724	18.492	2.231	26.262
2	141.503	1.684	24.301	1752.35	452.26	32.314	14.464	1.455	27.066
3	100.695	1.067	65.601	1181.54	270.12	18.266	0.162	7.474	12.489
4	143.739	1.336	33.205	1436.12	354.26	17.486	11.805	1.892	17.534

样本序号	x_1：人口密度（人/km²）	x_2：人均耕地面积（hm²）	x_3：森林覆盖率（%）	x_4：农民人均纯收入（元/人）	x_5：人均粮食产量（kg/人）	x_6：经济作物占农作物播种面积比例（%）	x_7：耕地占土地面积比率（%）	x_8：果园与林地面积之比（%）	x_9：灌溉田占耕地面积之比（%）
5	131.412	1.623	16.607	1405.09	586.59	40.683	14.401	0.303	22.932
6	68.337	2.032	76.204	1540.29	216.39	8.128	4.065	0.011	4.861
7	95.416	0.801	71.106	926.35	291.52	8.135	4.063	0.012	4.862
8	62.901	1.652	73.307	1501.24	225.25	18.352	2.645	0.034	3.201
9	86.624	0.841	68.904	897.36	196.37	16.861	5.176	0.055	6.167
10	91.394	0.812	66.502	911.24	226.51	18.279	5.643	0.076	4.477
11	76.912	0.858	50.302	103.52	217.09	19.793	4.881	0.001	6.165
12	51.274	1.041	64.609	968.33	181.38	4.005	4.066	0.015	5.402
13	68.831	0.836	62.804	957.14	194.04	9.11	4.484	0.002	5.79
14	77.301	0.623	60.102	824.37	188.09	19.409	5.721	5.055	8.413
15	76.948	1.022	68.001	1255.42	211.55	11.102	3.133	0.01	3.425
16	99.265	0.654	60.702	1251.03	220.91	4.383	4.615	0.011	5.593
17	118.505	0.661	63.304	1246.47	242.16	10.706	6.053	0.154	8.701
18	141.473	0.737	54.206	814.21	193.46	11.419	6.442	0.012	12.945
19	137.761	0.598	55.901	1124.05	228.44	9.521	7.881	0.069	12.654
20	117.612	1.245	54.503	805.67	175.23	18.106	5.789	0.048	8.461
21	122.781	0.731	49.102	1313.11	236.29	26.724	7.162	0.092	10.078

进行主成分分析的步骤如下：

（1）对表 8-8 中的数据进行标准化处理，并通过计算相关系数得到相关系数矩阵，见表 8-9。

相关系数矩阵 表 8-9

	x_1	x_2	x_3	x_4	x_5	x_6	x_7	x_8	x_9
x_1	1	−0.327	−0.714	−0.336	0.309	0.408	0.79	0.156	0.744
x_2	−0.327	1	−0.035	0.644	0.42	0.255	0.009	−0.078	0.094
x_3	−0.714	−0.035	1	0.07	−0.74	−0.755	−0.93	−0.109	−0.924
x_4	−0.34	0.644	0.07	1	0.383	0.069	−0.046	−0.031	0.073
x_5	0.309	0.42	−0.74	0.383	1	0.734	0.672	0.098	0.747
x_6	0.408	0.255	−0.755	0.069	0.734	1	0.658	0.222	0.707
x_7	0.79	0.009	−0.93	−0.046	0.672	0.658	1	−0.03	0.89
x_8	0.156	−0.078	−0.109	−0.031	0.098	0.222	−0.03	1	0.29
x_9	0.744	0.094	−0.924	0.073	0.747	0.707	0.89	0.29	1

（2）由相关系数矩阵计算特征值及各个主成分的贡献率和累计贡献率（表 8-10）。

特征值及主成分贡献率　　　　　　　　　　　　　　　表 8-10

主成分	特征值	贡献率（%）	累积贡献率（%）
z_1	4.661	51.791	51.791
z_2	2.089	23.216	75.007
z_3	1.043	11.589	86.596
z_4	0.507	5.638	92.234
z_5	0.315	3.502	95.736
z_6	0.193	2.14	97.876
z_7	0.114	1.271	99.147
z_8	0.0453	0.504	99.65
z_9	0.0315	0.35	100

由表 8-10 可知，第一、第二、第三主成分的累计贡献率已高达 86.596%（大于 85%），故只需求出第一、第二、第三主成分 z_1，z_2，z_3 即可。

（3）对于特征值 4.6610，2.0890，1.0430 分别求出其特征向量 e_1，e_2，e_3，再计算各变量 x_1，x_2，$\cdots$，x_9 在主成分 z_1，z_2，z_3 上的载荷（表 8-11）。

主成分载荷　　　　　　　　　　　　　　　　　　　表 8-11

	z_1	z_2	z_3	占方差的百分数（%）
x_1	0.739	-0.532	-0.0061	82.918
x_2	0.123	0.887	-0.0028	80.191
x_3	-0.964	0.0096	0.0095	92.948
x_4	0.0042	0.868	0.0037	75.346
x_5	0.813	0.444	-0.0011	85.811
x_6	0.819	0.179	0.125	71.843
x_7	0.933	-0.133	-0.251	95.118
x_8	0.197	-0.1	0.97	98.971
x_9	0.964	-0.0025	0.0092	92.939

注：以上计算过程可借助 SPSS 或 MATLAB 软件系统实现。

（4）结论：

1）第一主成分 z_1 与 x_1，x_5，x_6，x_7，x_9 呈现出较强的正相关，与 x_3 呈现出较强的负相关，而这几个变量综合反映了生态经济结构状况，因此可以认为，第一主成分 z_1 代表了生态经济结构。

2）第二主成分 z_2 与 x_2，x_4，x_5 呈现出较强的正相关，与 x_1 呈现出较强的负相关，其中，除 x_1 为人口总数外，x_2，x_4，x_5 都反映了人均占有资源量情况，因此可以认为，第二主成分 z_2 代表了人均资源量。

3）第三主成分 z_3 与 x_8 呈现出的正相关程度最高，其次是 x_6，而与 x_7 呈负相关，因此可以认为，第三主成分 z_3 在一定程度上代表了农业经济结构。

此外，表 8-11 中最后一列（占方差的百分数）在一定程度上反映了三个主成分 z_1、z_2、z_3 包含原变量（x_1，x_2，$\cdots$，x_9）的信息量多少。

显然，用三个主成分 z_1（生态经济结构）、z_2（人均资源量）、z_3（农业经济结构）代替原来 9 个变量（x_1，x_2，$\cdots$，x_9）描述农业生态经济系统，可使问题得到进一步简化。

8.3　模糊综合评价法

8.3.1　问题的提出

在管理决策评价中，人们通常会考虑多种因素，而有些因素只能用"大、中、小"；"高、中、低"；"优、良、差"等模糊语言来描述。如某厂家对其生产的产品质量进行调查，共调查 100 人，其中 30 人认为产品质量较好；50 人认为产品质量一般；20 人认为产品质量较差。那么，该厂家生产的产品质量到底如何？

模糊综合评价法提出了一种试图运用数学工具解决模糊问题的思路。模糊综合评价法以模糊数学为基础，应用模糊关系合成原理，将一些边界不清、不易定量的因素定量化，可从多个因素对评价对象隶属等级状况进行综合评价。

8.3.2　基本原理

模糊综合评价是模糊数学的一种具体应用。进行模糊综合评价，首先需要确定被评价对象的因素（指标），称之为因素集；再分别确定各评价因素的隶属度向量及权重，获得模糊关系矩阵；最后将模糊评判矩阵与因素权向量进行模糊运算，经归一化即可获得模糊综合评价结果。

1. 应用模糊综合评价法的基本步骤

（1）确定评价对象的因素集。设评价对象有 n 个相关因素，则评价对象的因素集可用 $U = \{u_1, u_2, \cdots, u_n\}$ 表示。

（2）确定评判集。设评价因素所有可能出现的评语有 m 个，则评判集可用 $V = \{v_1, v_2, \cdots, v_m\}$ 表示。具体评价等级可依据评价内容用适当语言进行描述，如评价产品的竞争力可用 $V = \{强，中，弱\}$，评价地区社会经济发展水平可用 $V = \{好，较好，一般，较差，差\}$ 等。

（3）建立模糊关系矩阵 R。进行单因素模糊评价，以确定评价对象对评价集 V 的隶属度，从而得到模糊关系矩阵：

$$R = \begin{bmatrix} r_{11} & r_{12} & \cdots & r_{1m} \\ r_{21} & r_{22} & \cdots & r_{2m} \\ \vdots & \vdots & & \vdots \\ r_{n1} & r_{n2} & \cdots & r_{nm} \end{bmatrix}$$

其中，r_{ij}（$i = 1, 2, \cdots, n$；$j = 1, 2, \cdots, m$）表示某被评价对象从因素 u_i 来看对 v_j 等级模糊子集的隶属度。被评价对象在某因素 u_i 方面的表现是通过模糊向量 $r_i = (r_{i1}, r_{i2}, \cdots, r_{im})$ 来刻画的，r_i 称为单因素评价矩阵，可以看作是因素集 U 和评价集 V 之间的一种模糊关系，即影响因素与评价对象之间的"合理关系"。

在确定隶属关系时，通常由专家或与评价问题相关的专业人员依据评判等级对评价对象进行打分，然后统计打分结果并根据绝对值减数法求得 r_{ij}，即：

$$r_{ij} = \begin{cases} 1, (i = j) \\ 1 - c \sum_{k=1}^{Q} |x_{ik} - x_{jk}|, (i \neq j) \end{cases}$$

其中，c 可适当选取，使得 $0 \leqslant r_{ij} \leqslant 1$；$Q$ 为评价专家数。

（4）确定评价因素的模糊权向量。为反映各评价因素的重要程度，应对各评价因素 U 分配给一个相应权重 $a_i(i = 1, 2, \cdots, n)$。通常要求 a_i 满足 $a_i \geqslant 0$；$\sum a_i = 1$，于是，由各权重便组成一个权重集 $A = \{a_1, a_2, \cdots, a_n\}$。

在进行模糊综合评价时，权重对最终评价结果会产生很大影响，不同的权重有时会得到完全不同的结论。

（5）进行多因素模糊综合评价。利用合适的合成算子将权重集 A 与模糊关系矩阵 R 合成得到被评价对象的模糊综合评价结果向量 $B = \{b_1, b_2, \cdots, b_n\}$。$R$ 中的不同行反映了被评价对象的不同评价因素对各等级模糊子集的隶属度。

模糊综合评价模型为：

$$B = A \cdot R = (a_1, a_2, \cdots, a_n) \cdot \begin{bmatrix} r_{11} & r_{12} & \cdots & r_{1m} \\ r_{12} & r_{22} & \cdots & r_{2m} \\ \vdots & \vdots & \ddots & \vdots \\ r_{n1} & r_{n2} & \cdots & r_{nm} \end{bmatrix}$$

其中，$b_j(j = 1, 2, \cdots, n)$ 是由 A 与 R 的第 j 列运算得到的，表示被评价对象从整体上看对 v_i 等级模糊子集的隶属度。

这里，常用的算子主要有五种：

1）模型 Ⅰ：$M(\wedge, \vee)$ ——主因素决定型。运算法则为：

$$b_j = \max\{(a_i \wedge r_{ij}), i = 1, 2, \cdots, n\}(j = 1, 2, \cdots, m)$$

采用模型 Ⅰ，评价结果只取决于综合评判中起主要作用的那个因素，其余因素均不影响评价结果。模型 Ⅰ适用于单项评价最优即可认为综合评价最优的情形。

2）模型 Ⅱ：$M(\cdot, \vee)$ ——主因素突出型。运算法则为：

$$b_j = \max\{(a_i \cdot r_{ij}), i = 1, 2, \cdots, n\}(j = 1, 2, \cdots, m)$$

模型 Ⅱ比较接近与模型 Ⅰ，但比模型 Ⅰ更精细，不仅突出了主要因素，而且能兼顾其他因素。适用于模型 Ⅰ失效，即不可区别主要因素而需要进一步细化的情形。

3）模型 Ⅲ：$M(\cdot, +)$ ——加权平均型。运算法则为：

$$b_j = \sum_{i=1}^{n} a_i \cdot r_{ij}(j = 1, 2, \cdots, m)$$

模型 Ⅲ依权重大小兼顾所有评价因素，比较适用于要求总和最大的情形。

4）模型 Ⅳ：$M(\wedge, \oplus)$ ——取小上界和型。运算法则为：

$$b_j = \min\left\{\left(1, \sum_{i=1}^{n} (a_i \wedge r_{ij})\right)\right\}(j = 1, 2, \cdots, m)$$

采用模型 Ⅳ时需要注意：各个 a_i 不能取得偏大，否则会出现 b_j 均等于 1 的情形；a_i 也不能取得太小，否则会出现 b_j 均等于 a_i 之和的情形，这将使单因素评价的有关信息丢失。

5）模型 Ⅴ：$M(\wedge, +)$ ——均衡平均型。运算法则为：

$$b_j = \sum_{i=1}^{n} \left(a_i \wedge \frac{r_{ij}}{r_0} \right) (j=1, 2, \cdots, m), \text{ 其中}, r_0 = \sum_{k=1}^{n} r_{kj}$$

模型 V 适用于模糊关系矩阵 R 中的元素偏大或偏小的情形。

（6）分析模糊综合评价结果。模糊综合评价结果是被评价对象对各等级模糊子集的隶属度，一般是一个模糊向量，而不是一个点值。因此，模糊综合评价法能提供的信息比其他评价方法更丰富。为了对多个评价对象进行比较并排序，就需要进一步处理，即计算每个评价对象的综合分值，按大小排序择优。

处理模糊综合评价向量 B 的常用方法有以下两种：

1）最大隶属度原则。若模糊综合评价结果向量 $B = (b_1, b_2, \cdots, b_n)$ 中的 $b_r = \max_{1 \leqslant j \leqslant n} \{b_j\}$，则被评价对象总体上来讲隶属于第 r 等级，即为最大隶属度原则。

2）加权平均原则。将等级看作一种相对位置，使其连续化。为了进行定量处理，用"1，2，3，$\cdots$，m"依次表示各等级，并称其为各等级的秩。然后用向量 B 中对应分量将各等级的秩加权求和，从而得到被评价对象的相对位置，其表达方式如下：

$$A = \sum_{j=1}^{n} b_j^k \cdot j / \sum_{j=1}^{n} b_j^k$$

其中，k 为待定系数（$k=1$ 或 2），目的是控制较大的 b_j 所引起的作用。当 $k \to \infty$ 时，加权平均原则即为最大隶属原则。

2. 应用模糊综合评价法需注意的问题

模糊综合评价法计算比较复杂，指标权重向量的确定主观性较强。应用模糊综合评价法时需要注意以下问题：

（1）模糊综合评价的数据是模糊数而不是随机数。数据来源于评价者依据评判因素集对评价对象的属性进行的全面描述，各种状态的描述可构成模糊数，即每一种状态都有隶属度为 1 的理想形式。模糊综合评价的指标不宜太多（否则会出现超模糊现象，无法区分隶属度），同层次指标之间尽可能独立，权重的分配要合理，否则容易导致最大隶属度原则评判失效。

（2）模糊运算模型的选择是否恰当，对评价结果有着重要影响。不同的模型决定着评价指标的权重是否在运算过程中起到实质性作用，决定着决策者是考虑所有因素对评价结果的影响，还是突出小影响因素或主要影响因素对评判结果的作用。

（3）要对模糊综合评价结果作出合理解释。按照最大隶属度原则和加权平均原则考虑评判结果集，得到的结论有时会有差异。此时需要针对实际问题，选择合适的方法，从而得出全面准确的评价结论。

8.3.3 应用示例

如何对高校教师进行评价，是一个比较复杂的问题。下面以高校教师评价为例，应用模糊综合评价法进行评价。

1. 确定评价对象的因素集

根据高校教师特点，将评价因素集确定为：$U = \{u_1, u_2, u_3, u_4\}$。其中：$u_1$ 表示政治表现及工作态度；u_2 表示教学水平；u_3 表示科研水平；u_4 表示外语水平。

2. 确定评判集

评判集确定为：$V = \{v_1, v_2, v_3, v_4, v_5\}$。其中：$v_1$ 表示优秀；v_2 表示良好；v_3 表示

一般；v_4 表示较差；v_5 表示差。

3. 建立模糊关系矩阵

假定由学科评审组 7 位专家组成评审组对本学科每位教师通过打分或投票方式进行评价。其中，对教师 Z 的评价结果见表 8-12。其中 c_{ij}（$i=1$，2，3，4；$j=1$，2，3，4，5）是赞成第 i 项因素 u_i（$i=1$，2，3，4）为第 j 种评价 v_j（$j=1$，2，3，4，5）的票数。

学科评审组评价结果　　　　　　　　　　　表 8-12

评价因素集 U	评判集 V				
	v_1（优秀）	v_2（良好）	v_3（一般）	v_4（较差）	v_5（差）
u_1（政治表现及工作态度）	4（c_{11}）	2（c_{12}）	1（c_{13}）	0（c_{14}）	0（c_{15}）
u_2（教学水平）	6（c_{21}）	1（c_{22}）	0（c_{23}）	0（c_{24}）	0（c_{25}）
u_3（科研水平）	0（c_{31}）	0（c_{32}）	5（c_{33}）	1（c_{34}）	1（c_{35}）
u_4（外语水平）	2（c_{41}）	2（c_{42}）	1（c_{43}）	1（c_{44}）	1（c_{45}）

隶属度：$r_{ij} = \dfrac{c_{ij}}{\sum\limits_{j=1}^{5} c_{ij}}$（$i=1,2,3,4$）

其中，$\sum\limits_{j=1}^{5} c_{ij} = 7$ 为学科评审组人数。由此得出模糊关系矩阵（也称单因素评判矩阵）：

$$R = \begin{bmatrix} 0.57 & 0.29 & 0.14 & 0 & 0 \\ 0.86 & 0.14 & 0 & 0 & 0 \\ 0 & 0 & 0.71 & 0.14 & 0.14 \\ 0.29 & 0.29 & 0.14 & 0.14 & 0.14 \end{bmatrix}$$

4. 确定评价因素的模糊权向量

由于高校有的教师是以教学为主，有的教师是以科研为主，因此，在评价不同教师时应有所侧重。下面给出两种不同侧重的权重：

（1）对于以教学为主的教师，教学水平的权重应较大，故给出权重：

$$A_1 = (0.2, 0.5, 0.1, 0.2)$$

（2）对于以科研为主的教师，科研水平的权重应较大，故给出权重：

$$A_2 = (0.2, 0.1, 0.5, 0.2)$$

5. 进行多因素模糊综合评价

采用模型 $M(\wedge, \vee)$ 计算得：

$$B_1 = A_1 \cdot R = (0.5, 0.2, 0.14, 0.14, 0.14)$$

$$B_2 = A_2 \cdot R = (0.2, 0.2, 0.5, 0.14, 0.14)$$

将 B_1，B_2 归一化得：

$$B'_1 = (0.46, 0.18, 0.12, 0.12, 0.12)$$

$$B'_2 = (0.17, 0.17, 0.42, 0.12, 0.12)$$

6. 分析模糊综合评价结果

显然，评价对象——教师 Z 属于教学型教师，按照以教学为主的权重进行评价时，获得"优秀"和"良好"的评价占总数的 64%。而如果按照以科研为主的权重进行评价，获得"优秀"和"良好"的评价仅占总数的 34%。

8.4　数据包络分析法

8.4.1　问题的提出

有时，需要评价多投入、多产出的多个决策单元（同类型企业或部门）的经营绩效，即对各个同类型企业或部门投入一定数量的资金、劳动力等资源后，其产出的效益（经济效益和社会效益）进行一个相对有效性评价。

示例一：某专业银行需要对其所属 N 个分行进行绩效评价。评价对象的输入指标和输出指标如下：

（1）输入指标：①银行职工工作时间（包括加班时间）；②银行各项费用开支；③银行使用面积；④银行使用的计算机数量。

（2）输出指标：①A 类业务（一般存、取款业务）交易额；②B 类业务（国内贷款）交易额；③C 类业务（国外业务）交易额。

示例二：某集团公司需要对其下属 N 个企业进行绩效评价。评价对象的输入指标和输出指标如下：

（1）输入指标：①固定资产总净值；②流动资金；③职工人数。

（2）输出指标：①总产值；②利税总值。

数据包络分析（Data Envelopment Analysis，DEA）法为此类问题提供了有效解决方案。DEA 法是应用数学规划模型，评价具有多个输入、特别是多个输出的"部门"或"单位"间相对有效性的一种系统分析方法。

8.4.2　基本原理

数据包络分析（DEA）法是由美国运筹学家 A. Charnes 等人在 1978 年以相对效率概念为基础发展起来的一种绩效评价方法。这种方法是以决策单元（Decision Making U-nit，DMU）的投入、产出指标的权重系数为变量，借助于数学规划模型进行综合绩效评价。DEA 的基本思路是"通过对投入产出数据的综合分析，得出每个 DMU 综合相对效率的数量指标，确定各 DMU 是否为 DEA 有效"。

1. DEA 基本模型——C^2R 模型

C^2R 模型是 DEA 法的第一个基本模型，也是学习 DEA 法必须首先掌握的基础知识。假设有 n 个待评价对象（也即 n 个决策单元 DMU），每一个决策单元都有 m 种类型的投入及 s 种类型的产出，所对应的权重向量分别记为 $v = (v_1, v_2, \cdots, v_m)^T$ 和 $u = (u_1, u_2, \cdots, u_s)^T$。

在 n 个决策单元中，第 j 个决策单元对第 i 种类型输入的投入总量和第 j 个决策单元对第 r 种类型输出的产出量分别记为：$x_{ij} = (x_{1j}, x_{2j}, \cdots, x_{mj})^T$ 和 $y_{rj} = (y_{1j}, y_{2j}, \cdots, y_{sj})^T$，$x_{ij}$、$y_{rj} > 0$，则各决策单元的输入和输出数据可用图 8-5 表示。

由于在生产过程中，各种输入和输出的地位和作用不同，在评价某一决策单元 DMU_j

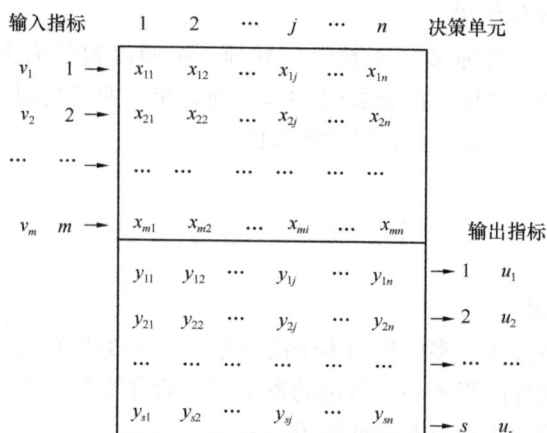

图 8-5　决策单元的输入、输出指标

相对于其他决策单元的绩效时，必须对每个决策单元 DMU 的输入和输出进行综合，也即将每个决策单元 DMU 看作只有一个总体输入和一个总体输出的生产过程。这样，就需要对 m 个输入和 s 个输出赋予恰当的权重。然而在一般情况下，由于人们对输入、输出之间的信息结构了解甚少或他们之间的相互替代性比较复杂，以及尽量避免分析者主观意志的影响，一般不事先给定 m 个输入和 s 个输出的权重，而是将输入、输出权重看作是变量，然后在分析过程中根据某种原则来确定。

为了衡量决策单元 DMU_j 的投入产出效果，可将决策单元的绩效评价指数 h_j 定义为：

$$h_j = \frac{\sum\limits_{r=1}^{s} u_r y_{rj}}{\sum\limits_{i=1}^{m} v_i x_{ij}}$$

从上述定义可知，h_j 值越大，表示决策单元 DMU_j 能够用相对较少的输入得到相对较多的输出。在假设所有决策单元绩效评价指数均不超过 1 的条件下，应当尽可能地变化 u 和 v，通过使决策单元 DMU_{j0} 的绩效评价指数 h_{j0} 最大，即可构造最优化模型，也称为 C^2R 模型（分式规划模型）：

$$\max \frac{u^{\mathrm{T}} y_0}{v^{\mathrm{T}} x_0} = V_p$$

$$\begin{cases} \dfrac{u^{\mathrm{T}} y_j}{v^{\mathrm{T}} x_j} \leqslant 1, j = 1, 2, \cdots, n \\ u \geqslant 0, v \geqslant 0 \end{cases}$$

为了便于计算，通过 Charnes-Cooper 变换，可将上述模型转换为一个等价的线性规划模型。为此，令：

$$t = \frac{1}{v^{\mathrm{T}} x_0}, \ w = tv, \ \mu = tu$$

则有：

$$\max \mu^{\mathrm{T}} y_0 = V_p$$

$$\begin{cases} w^{\mathrm{T}}x_j - \mu^{\mathrm{T}}y_j \geqslant 0, j = 1,2,\cdots,n \\ w^{T}x_0 = 1 \\ w \geqslant 0, \mu \geqslant 0 \end{cases}$$

根据对偶理论，可选择对偶变量 λ_1，λ_2，$\cdots$，λ_n 分别对应上述线性规划前 n 个约束方程，设约束变量 θ 对应第 $n+1$ 个约束方程，对线性规划分别引入松弛变量 s^- 和剩余变量 s^+，便可获得如下对偶规划：

$$\min\theta = V_p$$

$$\begin{cases} \sum_{j=1}^{n} x_j\lambda_j + s^- = \theta x_0 \\ \sum_{j=1}^{n} y_j\lambda_j - s^+ = y_0 \\ \lambda_j \geqslant 0, j = 1,2,\cdots,n \\ s^- \geqslant 0, s^+ \geqslant 0 \end{cases}$$

通过求解上述对偶规划模型，即可求得最优解 λ_0，s_0^-，s_0^+，θ_0，则有：

(1) 若 $\theta_0 = 1$，则决策单元 j_0 为弱 DEA 有效；

(2) 若 $\theta_0 = 1$，且 $s_0^- = 0$，$s_0^+ = 0$，则决策单元 j_0 为 DEA 有效。

2. DEA 应用步骤

应用 DEA 法进行评价时，为获得比较可靠的评价结果，需要分以下几个阶段，即：明确问题、建模计算和分析结果。

(1) 明确问题阶段。为使 DEA 法所提供的信息更具准确性和科学性，该阶段需要完成下列工作：

1) 明确评价目标，并围绕评价目标分析评价对象。包括：识别主目标和子目标以及影响目标的因素，并建立一个层次结构。

2) 确定各种因素的性质。例如，可将因素分为可变因素或不变因素、可控因素或不可控因素以及主要因素或次要因素等。

3) 考虑各因素之间可能的定性与定量关系。

4) 明确决策单元的边界。由于有些决策单元是开放性的，因此，要辨明决策单元的边界，并分析决策单元的结构和层次。

5) 对评价结果进行定性分析和预测。

(2) 建模计算阶段。该阶段需要完成下列工作：

1) 建立评价指标体系。确定能够全面反映评价目标的指标体系，并将指标之间的一些定性关系反映到权重约束中。同时，还可考虑输入、输出指标体系的多样性，比较研究每种情形下的分析结果，然后获得比较合理的管理信息。

2) 选择决策单元 DMU。DMU 的选取应满足以下基本特征，即：具有相同的目标、任务、外部环境和输入输出环境。此外，决策单元的选取要具有一定代表性。

3) 收集相关数据，并根据分析目的和实际问题背景选择适当的 DEA 模型进行计算。

(3) 分析结果阶段。该阶段需要完成下列工作：

1) 对 DEA 模型计算结果进行分析比较，找出决策单元无效的原因，并提出改进措施。

2) 根据定性分析预测结果考察评价结果的合理性。必要时可应用 DEA 模型的不同方案进行评价，也可结合其他评价方法进行综合分析。

总之，要根据具体情况灵活应用 DEA 法，深刻理解问题的本质，并深入思考 DEA 模型与问题的匹配程度，切不可机械地模仿和使用 DEA 模型。有时为得到比较可靠的结果，可能需要在前述步骤上进行多次反复。

3. 应用 DEA 法需注意的问题

DEA 法是以传统的工程效率概念和生产函数理论为基础来评价决策单元之间的相对绩效，不仅可以度量决策单元的有效性，而且可以指出决策单元非有效的程度和原因，为决策者提供管理信息。应用 DEA 法需注意下列问题：

（1）选取的决策单元 DMU 应具有：相同的目标和任务；相同的外部环境；相同的输入指标和输出指标。

（2）DEA 模型的输入、输出指标要能反映资源消耗及资源消耗后获得的效益，并考虑指标间的相对独立性及指标数据的可获得性。

（3）对某些评价对象而言，输入指标和输出指标的性质会有冲突，为此，应充分考虑输入指标与输出指标之间的关系。

（4）决策单元的相对绩效只能通过输入、输出测算进行评价，当判断决策单元的有效性有困难时，需要引入非阿基米德无穷小数 ε 进行判断。

8.4.3 应用示例

已知甲、乙、丙三家同行企业，为评价其相对有效性，取投入要素为固定资产 x_1（亿元）与工人数 x_2（千人），产出要素为净产值 y（亿元），有关数据见表 8-13。

三家同行企业输入输出指标

表 8-13

指标 \ 部门			甲	乙	丙
输入	x_1	v_1	1.5	1	3
	x_2	v_2	4	3	7
输出	y	u_1	5	4	8

根据已知数据，甲、乙、丙三家企业的 DEA 模型及其求解结果如下：

（1）企业甲的 DEA 模型为：

$$\min \theta = V_D$$
$$S.t. \begin{cases} 1.5\lambda_1 + \lambda_2 + 3\lambda_3 + s_1^- = 1.5\theta \\ 4\lambda_1 + 3\lambda_2 + 7\lambda_3 + s_2^- = 4\theta \\ 5\lambda_1 + 4\lambda_2 + 8\lambda_3 - s_3^+ = 5 \\ \lambda_j \geqslant 0, j = 1,2,3; s_1^- \geqslant 0; s_2^- \geqslant 0; s_3^+ \geqslant 0 \end{cases}$$

最优解为：$\lambda_0 = (0, 1.25, 0)^T$，$\theta_0 = 0.93$，$s_{10}^- = 0.15$，$s_{20}^- = s_{30}^+ = 0$，因 $\theta_0 < 1$，说明企业甲不是 DEA 有效。

（2）企业乙的 DEA 模型为：

$$\min\theta = V_D$$

$$S.\,t. \begin{cases} 1.5\lambda_1 + \lambda_2 + 3\lambda_3 + s_1^- = \theta \\ 4\lambda_1 + 3\lambda_2 + 7\lambda_3 + s_2^- = 3\theta \\ 5\lambda_1 + 4\lambda_2 + 8\lambda_3 - s_3^+ = 4 \\ \lambda_j \geqslant 0, j = 1,2,3; s_1^- \geqslant 0; s_2^- \geqslant 0; s_3^+ \geqslant 0 \end{cases}$$

最优解为：$\lambda_0 = (0,1,0)^T$，$\theta_0 = 1$，$s_{10}^- = 0.15$，$s_{10}^- = s_{20}^- = s_{30}^+ = 0$，说明企业乙是 DEA 有效。

（3）企业丙的 DEA 模型为：

$$\min\theta = V_D$$

$$S.\,t. \begin{cases} 1.5\lambda_1 + \lambda_2 + 3\lambda_3 + s_1^- = 3\theta \\ 4\lambda_1 + 3\lambda_2 + 7\lambda_3 + s_2^- = 7\theta \\ 5\lambda_1 + 4\lambda_2 + 8\lambda_3 - s_3^+ = 8 \\ \lambda_j \geqslant 0, j = 1, 2, 3; s_1^- \geqslant 0; s_2^- \geqslant 0; s_3^+ \geqslant 0 \end{cases}$$

最优解为：$\lambda_0 = (0,2,0)^T$，$\theta_0 = 0.85$，$s_{10}^- = 0.57$，$s_{20}^- = s_{30}^+ = 0$，因 $\theta_0 < 1$，说明企业丙也不是 DEA 有效。

由此可见，甲、乙、丙三家企业相比，企业乙的相对绩效最高，企业丙的相对绩效最低。

第9章　统计分析方法及工具

当今世界已进入瞬息万变的信息时代，人们已不再满足于事物表观所带来的信息，更期待通过分析事物内在联系来掌握其发展规律。统计学作为收集和分析数据、研究事物数量表现和变化规律、预测事物发展趋势的科学，正表现出前所未有的价值。尤其是随着大数据时代的到来，"数据"日益成为科学决策的重要依据，掌握数据分析方法和数据分析工具是科学决策的有效手段。

9.1　最　小　二　乘　法

9.1.1　问题的提出

进行统计分析时，经常需要根据观测或实验获得的数据总结归纳成数学模型。现假定通过观测或实验得到一组数据 (x, y)，见表 9-1，那么，采用什么样的数学表达式来表示这些数据之间的关系呢？

观测或实验得到的某组数据　　　　　　　　　　　　表 9-1

k	1	2	3	4	5	6	7	8
x_k	0	1	2	3	4	5	6	7
y_k	1.4	1.3	1.4	1.1	1.3	1.8	1.6	2.3

从表 9-1 中数据可以看出，(x, y) 所代表的点差不多分布在一条直线上，因此，可用线性函数 $y = a + bx$ 表示这些数据之间的关系。为此，需要确定参数 a 和 b 的值，这实际上就是多余观测问题。最小二乘法起源于以测量和观测为基础的天文学。Gauss 在 1794 年利用最小二乘法解决了多余观测问题。

9.1.2　基本原理

最小二乘法（又称最小平方法）可以简便地求得未知数据，并使得这些求得的数据与实际数据之间误差的平方和为最小，即通过最小化误差的平方和来寻求数据的最佳函数匹配。最小二乘法还可用于曲线拟合。其他一些优化问题也可通过最小化能量或最大化熵用最小二乘法来表达。

1. 最小二乘法函数情形

（1）单项式情形。假定用某方法可以确定 a_0 和 a_1，则根据 $y = a_0 + a_1 x$，给出一个 x，便可算出一个 y。记：

$$\bar{y}_k = a_0 + a_1 x_k (k = 1, \cdots, n)$$

$\bar{y}_k$ 称为 y_k 的估计值，显然，$\bar{y}_k$ 与 y_k 不会完全相同，它们的差（通常称为残差）$\varepsilon_k = y_k - \bar{y}_k (k = 1, \cdots, n)$ 无疑是衡量被确定的参数 a_0 和 a_1（也即近似多项式 $y = a_0 + a_1 x$）好坏的重要标志。

为了确定参数 a_0 和 a_1，需要使残差的平方和 $\sum_{k=1}^{n}\varepsilon_k^2$ 最小，这就是通常所说的最小二乘法。概率理论已证明，只有使残差的平方和最小，才能使观测或实验的偶然误差对于所作的近似式有最小影响。

（2）多项式情形。当存在多个自变量时，设物理量 y 与 l 个变量 $x_1, x_2, \cdots, x_l$ 间的依赖关系式为 $y = f(x_1, x_2, \cdots, x_l; a_0, a_1, \cdots, a_n)$，其中 $a_0, a_1, \cdots, a_n$ 是方程中需要确定的 $n+1$ 个参数。

最小二乘法就是通过 $m(m > n+1)$ 个实验点 $(x_{i1}, x_{i2}, \cdots, x_{il}, y_i)(i = 1, 2, \cdots, m)$ 确定出一组参数值 $(a_0, a_1, \cdots, a_n)$，使得由这组参数得出的函数值 $\tilde{y} = f(x_{i1}, x_{i2}, \cdots, x_{il}; a_0, a_1, \cdots, a_n)$ 与实验值 y_i 之间的偏差平方和 $s(a_0, a_1, \cdots, a_n) = \sum_{i=1}^{m}(y_i - \tilde{y}_i)^2$ 取得极小值。

在设计实验时，为了减小随机误差，一般进行多点测量方程式个数大于待求参数的个数，即 $m > n+1$。这时，构成的方程组称为矛盾方程组。通过用最小二乘法进行统计处理，将矛盾方程组转换为未知数个数与方程个数相等的正规方程组，再进行求解即可得 $a_0, a_1, \cdots, a_n$。

2. 最小二乘法应用步骤

应用最小二乘法解决实际问题，包括如下两个基本环节：

（1）选择函数类型。通常做法是将数据点 (x_j, y_j) 描绘在坐标纸上，然后根据这些点的分布情况来选择函数形式。这里以单项式情形为例，若发现这些点在一条直线附近，则可令这条直线方程为：

$$y = a_0 + a_1 x$$

其中：a_0 和 a_1 为常数。

（2）求最小二乘解。即求满足：

$\sum_{i=1}^{n}(y_i - \bar{a}_0 - \bar{a}_1 x_i)^2 = \min\limits_{a_0, a_1}\sum_{i=1}^{n}(y_i - a_0 - a_1 x_i)^2$ 的近似函数 $\bar{y} = \bar{a}_0 + \bar{a}_1 x$。

其中，$\bar{a}_0$ 和 $\bar{a}_1$ 作为 a_0 和 a_1 的估计，称为最小二乘估计。

下面推导最小二乘估计公式。记：

$$\varphi(a_0, a_1) = \sum_{i=1}^{n}(y_i - a_0 - a_1 x_i)^2$$

对于给定的样本观测值 $(x_i, y_i)(i = 1, 2, \cdots, n)$，$\varphi(a_0, a_1)$ 是 a_0 和 a_1 的函数。分别对 a_0 和 a_1 求偏导并令其为零，得：

$$\begin{cases} \dfrac{\partial \varphi}{\partial a_0} = -2\sum_{i=1}^{n}(y_i - a_0 - a_1 x_i) = 0 \\ \dfrac{\partial \varphi}{\partial a_1} = -2a_1\sum_{i=1}^{n}(y_i - a_0 - a_1 x_i) = 0 \end{cases}$$

解该方程组，并将 a_0 和 a_1 的解表示为 $\bar{a}_0$ 和 $\bar{a}_1$，得：

$$a_1 = l_{xy}/l_{xx}$$
$$a_0 = \bar{y} - a_1\bar{x}$$

其中，

$$l_{xx} = \sum_{i=1}^{n} (x_i - \bar{x})^2 = \sum_{i=1}^{n} x_i^2 - n\bar{x}^2$$

$$l_{xy} = \sum_{i=1}^{n} (x_i - \bar{x})(y_i - \bar{y}) = \sum_{i=1}^{n} x_i y_i - n\bar{x}\,\bar{y}$$

$$\bar{x} = \frac{1}{n} \sum_{i=1}^{n} x_i, \ \bar{y} = \frac{1}{n} \sum_{i=1}^{n} y_i$$

最小二乘法作为一种传统的参数估计方法，不能将其理解为简单的线性参数估计。最小二乘法在各类参数估计、系统辨识及预测、预报等众多领域都有着广泛应用。

3. 应用最小二乘法需注意的问题

最小二乘法虽然在数据处理方面具有显著效果，但如果使用不当会导致很大误差，甚至出现错误结果。因此，在应用时必须注意以下几个问题：

（1）慎重选择拟合关系式。在实际问题中，适当选择拟合关系式是一项十分谨慎的工作，这将直接影响计算工作量和结论。

（2）自变量的选择。在实际工作中，对一组实验数据 (x_i, y_i) 按不同的拟合形式，结果会不一样。特别注意当两个变量都有一定误差时，应当使用双变量最小二乘法进行处理。

（3）适当采用加权最小二乘法。这是应用于实验测量值 y_i 非常精确的情况下的拟合方法。可不同程度地消除误差因素，使结果更加准确可靠。

9.1.3　应用示例

经观测获得一组数据见表 9-2 中第 2 列和第 3 列，试构建一函数式拟合这组数据。

待拟合数据　　　　　　　　　　　　　　　　　　　　　表 9-2

i	0	1	2	3	4	5	6	7	8
x_i	1	3	4	5	6	7	8		10
y_i	2	7	8	10	11	11	10	9	8

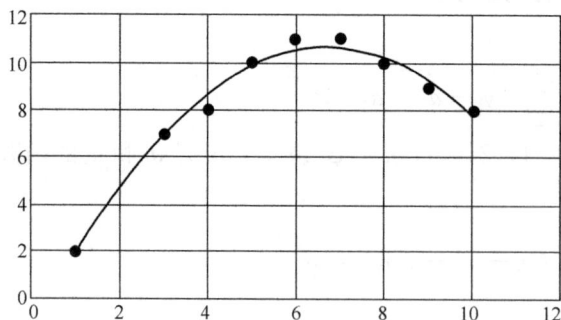

图 9-1　拟合曲线图

通常可按下列顺序求解：

（1）制作草图，如图 9-1 所示。从图 9-1 可以看出，这组数据形成的图形近似为一抛物线。

（2）函数选型。设拟合曲线函数为二次多项式：

$$y = a_0 + a_1 x + a_2 x^2$$

（3）建立含未知数 a_0、a_1、a_2 的正规方程组，为此，应先计算下列各量：

$$\sum_{i=0}^{8} x_i, \ \sum_{i=0}^{8} y_i, \ \sum_{i=0}^{8} x_i y_i, \ \sum_{i=0}^{8} x_i^2, \ \sum_{i=0}^{8} x_i^2 y_i, \ \sum_{i=0}^{8} x_i^3, \ \sum_{i=0}^{8} x_i^4$$

计算结果见表 9-3。

拟合数据计算表 表 9-3

i	x_i	y_i	$x_i y_i$	x_i^2	$x_i^2 y_i$	x_i^3	x_i^4
0	1	2	2	1	2	1	1
1	3	7	21	9	63	27	81
2	4	8	32	16	128	64	256
3	5	10	50	25	250	125	625
4	6	11	66	36	396	216	1296
5	7	11	77	49	539	343	2401
6	8	10	80	64	640	512	4096
7	9	9	81	81	729	729	6561
8	10	8	80	100	800	1000	10000
合计	53	76	489	381	3547	3017	25317

根据表 9-3 中计算数据，可写出正规方程组：

$$\begin{cases} 9a_0 + 53a_1 + 381a_2 = 76 \\ 53a_0 + 381a_1 + 3017a_2 = 489 \\ 381a_0 + 3017a_1 + 25317a_2 = 3547 \end{cases}$$

（4）求解正规方程组，得拟合多项式：

$$a_0 = -1.4597, \ a_1 = 3.6053, \ a_2 = -0.2676$$

$$y = -1.4597 + 3.6053x - 0.2676x^2$$

原数据表示的点和拟合多项式曲线如图 9-1 所示。

9.2 回 归 分 析 法

9.2.1 问题的提出

社会经济现象之间的相关关系往往难以用确定性函数关系来描述，它们大多是随机性的，需要通过统计观察才能找出其中规律。下面先看两个例子：

【例 1】英国著名生物学家兼统计学家法兰西斯·高尔顿（Francis Galton）为了研究父代与子代身高之间的关系，搜集了 1078 对父亲及其儿子的身高数据。他发现这些数据的散点图大致呈直线状态，也就是说，总的趋势是父亲的身高增加时，儿子的身高也倾向于增加。那么，父代与子代身高之间的关系如何用数学模型表达呢？

【例 2】在美国纽约州北部地区的奶牛改进合作组织（Dairy Herd Improvement Cooperative，DHI）收集并分析牛奶产量数据，希望建立一个合适的数学模型，通过一些可测量的变量值来预测牛奶产量。

为解决上述问题，就需要应用回归分析。回归分析（Regression Analysis）是确定两种或两种以上变量间相互依赖的定量关系的一种统计分析方法。回归分析法运用十分广泛。按照涉及的变量多少，回归分析可分为一元回归分析和多元回归分析。在线性回归分析中，按照自变量多少，又可分为简单回归分析和多重回归分析；按照自变量和因变量之间的关系类型，又可分为线性回归分析和非线性回归分析。在回归分析中，如果只包括一个自变量和一个因变量，且二者关系可用一条直线近似表示，则称为一元线性回归分析。如果回归分析中包括两个或两个以上的自变量，且因变量和自变量之间是线性关系，则称为多元线性回归分析。否则，则为非线性回归分析。

9.2.2　基本原理

1. 回归分析模型的一般形式

以一元回归分析为例，回归分析模型的一般形式记为：

$$\eta(x) = \beta_0 + \beta_1 x$$

并设观测值为 y，则：$y = \beta_0 + \beta_1 x + \varepsilon$

其中，β_0, β_1 是未知的待定常数，称为回归系数；x 是回归变量，可以是随机变量，也可以是一般变量；ε 是随机因素对响应变量 y 所产生的影响——随机误差，也是随机变量。为了便于进行估计和假设检验，假设 $E(\varepsilon) = 0, D(\varepsilon) = \sigma^2$，亦即随机变量：$y \sim N(\beta_0 + \beta_1 x, \sigma^2)$，$\varepsilon \sim N(0, \sigma^2)$。

若用 $\hat{\beta}_0, \hat{\beta}_1$ 分别表示 β_0, β_1 的估计值，则称 $\hat{y} = \hat{\beta}_0 + \hat{\beta}_1 x$ 为 y 关于 x 的一元线性回归方程。需要研究的问题是：

(1) 如何根据 $(x_i, y_i)(i = 1, 2, \cdots, n)$ 来求 β_0, β_1 的估计值？

(2) 如何检验回归方程的可信度？

要解决第一个问题，通常采用最小二乘估计；要解决第二个问题，需要采用统计检验方法。本章 9.1 已对最小二乘法进行了详细阐述，因此，这里只介绍回归方程的显著性检验和拟合检验。

2. 回归方程的检验

以下仍以一元线性回归分析为例。

(1) 回归方程的显著性检验。前面是根据回归方程 $y = \beta_0 + \beta_1 x$ 求出估计值 $\hat{\beta}_0, \hat{\beta}_1$，从而有 $\hat{y} = \hat{\beta}_0 + \hat{\beta}_1 x$。现在的问题是 y 与 x 之间是否确实存在这种关系？即回归方程是否一定有意义？这就需要对回归方程进行显著性检验。

实际上，只要检验 $\beta_1 = 0$ 是否为真即可，为此，需要建立一个检验统计量。

先考虑总偏差平方和 $SS_T = \sum\limits_{i=1}^{n}(y_i - \bar{y})^2$，即表示 $y_1, y_2, \cdots, y_n$ 之间的差异，将其分解为两个部分，即：

$$
\begin{aligned}
SS_T &= \sum_{i=1}^{n}(y_i - \bar{y})^2 = \sum_{i=1}^{n}(y_i - \hat{y}_i + \hat{y}_i - \bar{y})^2 \\
&= \sum_{i=1}^{n}(y_i - \hat{y}_i)^2 + \sum_{i=1}^{n}(\hat{y}_i - \bar{y})^2 + 2\sum_{i=1}^{n}(y_i - \hat{y}_i)(\hat{y}_i - \bar{y}) \\
&= SS_E + SS_R
\end{aligned}
$$

事实上，由正规方程组知：

$$
\begin{aligned}
\sum_{i=1}^{n}(y_i - \hat{y}_i)(\hat{y}_i - \bar{y}) &= \sum_{i=1}^{n}(y_i - \hat{\beta}_0 - \hat{\beta}_1 x_i)(\hat{\beta}_0 + \hat{\beta}_1 x_i - \bar{y}) \\
&= \sum_{i=1}^{n}(y_i - \hat{\beta}_0 - \hat{\beta}_1 x_i)(\hat{\beta}_0 - \bar{y}) + \hat{\beta}_1 \sum_{i=1}^{n}(y_i - \hat{\beta}_0 - \hat{\beta}_1 x_i)x_i
\end{aligned}
$$

$$= 0$$

即回归平方和为：$SS_R = \sum_{i=1}^{n} (\hat{y_i} - \bar{y})^2$，残差平方和为：$SS_E = \sum_{i=1}^{n} (y_i - \hat{y_i})^2$。

实际上，SS_R 是由回归变量 x 的变化引起的误差，其大小反映了 x 的重要程度，而 SS_E 是由随机误差和其他未加控制的因素引起的。因此，主要考虑回归平方和 SS_R 在 SS_T 中所占比重，记 $R = \dfrac{SS_R}{SS_T}$，称为复相关系数。那么，R 为多大才能认为函数关系存在？为此，引进 F 统计量。

由于每一个平方和都有一个自由度，以 f 表示。则总偏差平方和的自由度 $f_T =$ 总观测个数 $-1 = n-1$；回归平方和的自由度 $f_R =$ 回归系数个数 $-1 = 2-1 = 1$；残差平方和的自由度 $f_E = f_T - f_R = n-2$，于是，SS_E 的均方 $MS_E = \dfrac{SS_E}{n-2}$。由 $\hat{\beta_0}, \hat{\beta_1}$ 的性质可以证明：当 $\beta_1 = 0$ 时，$E(SS_R) = \sigma^2, E(MS_E) = E\left(\dfrac{SS_E}{n-2}\right) = \sigma^2$，即说明当 $\beta_1 = 0$ 时，MS_E 是残差的无偏估计。回归均方 $MS_R = SS_R$ 与残差均方的比值 $F = \dfrac{MS_R}{MS_E} = \dfrac{SS_R}{SS_E/(n-2)}$ 是 F 统计量，即 $F \sim F(f_R, f_E) = F(1, n-2)$。

在 $\beta_1 = 0$ 的假设下，给定一个模型的显著水平 α，可以查表得到 F 分布的值，记为 $F_\alpha(1, n-2)$。若 $P\{F \leqslant F_\alpha(1, n-2) \mid \beta_1 = 0\} = 1-\alpha \geqslant 0.95$，则表明 $F > F_\alpha(1, n-2)$ 是小概率事件，在一次检验中是不会发生的。若 $F > F_\alpha(1, n-2)$，则说明 $\beta_1 = 0$ 的假设不成立，即模型中一次项 $\beta_1 x$ 是必要的，换言之，模型对水平 α 是显著的。

（2）回归方程的拟合检验。通过对回归方程显著性检验，在显著情况下，即说明 x 对 y 的影响是主要的，但不能肯定 y 与 x 的关系一定是线性的，或存在其他影响因素，为此，需在同一个 x_i 下进行重复试验，检验回归方程的拟合问题。

假设对同一个 x_i 进行 m_i 次试验，得到观测数据 $(x_i, y_{ij}), j = 1, 2, \cdots, m_i$，即共有 $N = \sum_{i=1}^{n} m_i$ 组独立观测数据，由此检验 $\eta(x) = \beta_0 + \beta_1 x$ 是否为真。

为了建立统计量，考虑相应的残差平方和：

$$SS_E = \sum_{i=1}^{n} \sum_{j=1}^{m_i} (y_{ij} - \hat{y_i})^2 = \sum_{i=1}^{n} \sum_{j=1}^{m_i} (y_{ij} - \bar{y_i})^2 + \sum_{i=1}^{n} m_i (\bar{y_i} - \hat{y_i})^2$$
$$= SS_e + SS_{Me}$$

其中，$\bar{y_i} = \dfrac{1}{m_i} \sum_{j=1}^{m_i} y_{ij}$ 为第 i 组试验数据的平均值。

$SS_e = \sum_{i=1}^{n} \sum_{j=1}^{m_i} (y_{ij} - \bar{y_i})^2$ 表示随机误差平方和，自由度 $f_e = N-n$。

$SS_{Me} = \sum_{i=1}^{n} m_i (\bar{y_i} - \hat{y_i})^2$ 表示其他因素产生的误差平方和，称为模型误差平方和或失拟平方和，自由度 $f_{Me} = n-2$。

在回归方程为真的假设下，则有：$y_{ij} = \beta_0 + \beta_1 x_i + \varepsilon_{ij}, i = 1, 2, \cdots, n; j = 1, 2, \cdots, m_i$
其中，ε_{ij} 是相互独立的，且 $\varepsilon_{ij} \sim N(0, \sigma^2), i = 1, 2, \cdots, n; j = 1, 2, \cdots, m_i$，则 $E(SS_{Me}) =$

$(n-2)\sigma^2$，$E(SS_e)=(N-n)\sigma^2$，即：$E\left(\dfrac{SS_{Me}}{n-2}\right)=\sigma^2$，$E\left(\dfrac{SS_e}{N-n}\right)=\sigma^2$，而 SS_{Me} 与 SS_e 是相互独立的。由 χ^2 分布的性质可知：

$$\frac{SS_{Me}}{n-2}\sim\chi^2(n-2),\frac{SS_e}{N-n}\sim\chi^2(N-n)$$

因此，$F=\dfrac{MSS_{Me}}{MSS_e}=\dfrac{SS_{Me}/(n-2)}{SS_e/(N-n)}\sim F(f_{Me},f_e)=F(n-2,N-n)$ 可作为检验模型拟合的统计量，即给定一个显著水平 $\alpha(0.01\sim0.05)$，对应地可查表得到 F 分布值 $F_\alpha(n-2,N-n)$。

如果计算出 $F(n-2,N-n)<F_\alpha(n-2,N-n)$，说明模型拟合是好的，即其他因素所产生的误差不明显，是不显著的。否则，说明模型拟合是不好的，即其他因素所产生的误差超过试验误差，是显著的，需改进模型。这有两种可能：一种可能为 y 不是 x 的线性关系；另一种可能是回归变量个数不够，需增加新变量。

以上讨论了一元线性回归分析模型估计、显著性和拟合性检验方法，对于多元线性回归分析模型也是类似的。

3. 回归分析法应用步骤

（1）根据自变量与因变量的现有数据关系，初步设定回归方程；

（2）求出合理的回归系数；

（3）进行相关性检验，确定相关系数；

（4）在符合相关性要求后，即可根据已获得的回归方程与具体条件相结合，来确定事物的未来状况，并计算预测值的置信区间。

4. 应用回归分析法需注意的问题

为达到预期效果，应用回归分析法时应注意以下问题：

（1）有效性。用回归分析法进行预测，首先要对各个自变量做出预测。若各自变量可由人工控制或易于预测，且回归方程也较为符合实际，则应用回归预测是有效的，否则就很难应用。

（2）实际性。为使回归方程较能符合实际，首先应尽可能定性判断自变量的可能种类和个数，并在观察事物发展规律的基础上定性判断回归方程的可能类型；其次，力求掌握较充分的高质量统计数据，然后再运用统计工具和相关软件进行定量计算。

（3）应用条件。在线性回归分析中，自变量与因变量之间的关系应是线性的；自变量取不同值时，因变量的分布是正态的且方差相等。当资料不满足正态性和方差齐性时，可建立多重线性回归方程。

（4）方程与变量的检验。回归方程有统计学意义，并不表示方程中每个自变量均有统计学意义，因此，除对方程进行检验外，还要对每个自变量的作用进行检验。

（5）样本含量。有学者认为，进行多元回归分析需要的样本数量一般是所研究变量数的 $10\sim20$ 倍。这一要求在复相关系数大于 0.5 时尚可，而复相关系数较小时可能仍然偏小。

9.2.3　应用示例

一家大型商业银行在多个地区设有分行，其主要业务是进行基础设施建设、国家重点项目建设、固定资产投资等项目的贷款。近年来，银行贷款额平稳增长，但不良贷款额也有较大比例提高。为探究不良贷款的形成原因，管理者希望利用银行业务有关数据进行定量分析。银行所属的 25 家分行一年来有关业务数据见表 9-4。

某商业银行一年来主要业务数据　　　　　　　　　　表 9-4

	A	B	C	D	E	F
1	分行编号	不良贷款（亿元）	各项贷款余额（亿元）	本年累计应收贷款（亿元）	贷款项目个数（个）	本年固定资产投资额（亿元）
2	1	0.9	67.3	6.8	5	51.9
3	2	1.1	111.3	19.8	16	90.9
4	3	4.8	173.0	7.7	17	73.7
5	4	3.2	80.8	7.2	10	14.5
6	5	7.8	199.7	16.5	19	63.2
7	6	2.7	16.2	2.2	1	2.2
8	7	1.6	107.4	10.7	17	20.2
9	8	12.5	185.4	27.1	18	43.8
10	9	1.0	96.1	1.7	10	55.9
11	10	2.6	72.8	9.1	14	64.3
12	11	0.3	64.2	2.1	11	42.7
13	12	4.0	132.2	11.2	23	76.7
14	13	0.8	58.6	6.0	14	22.8
15	14	3.5	174.6	12.7	26	117.1
16	15	10.2	263.5	15.6	34	146.7
17	16	3.0	79.3	8.9	15	29.9
18	17	0.2	14.8	0.6	2	42.1
19	18	0.4	73.5	5.9	11	25.3
20	19	1.0	24.7	5.0	4	13.4
21	20	6.8	139.4	7.2	28	64.3
22	21	11.6	368.2	16.8	32	163.9
23	22	1.6	95.7	3.8	10	44.5
24	23	1.2	109.6	10.3	14	67.9
25	24	7.2	196.2	15.8	16	39.7
26	25	3.2	102.2	12.0	10	97.1

管理者想知道，银行不良贷款是否与贷款余额、累计应收贷款、贷款项目数、固定资产投资额等因素有关？如果有关系，又是一种什么关系？关系强度如何？如何进行检验？

（1）绘制散点图。如图 9-2～图 9-5 所示。

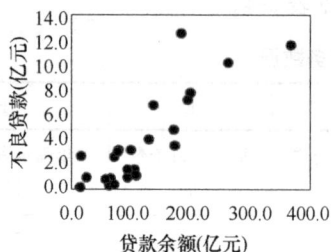

图 9-2　不良贷款与贷款余额的散点图

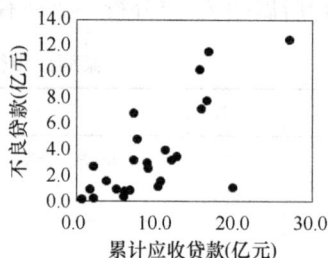

图 9-3　不良贷款与累计应收贷款的散点图

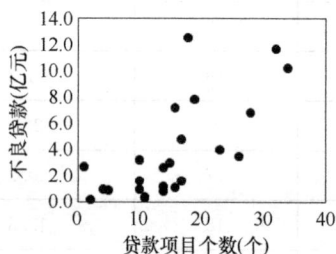

图 9-4　不良贷款与贷款项目数的散点图

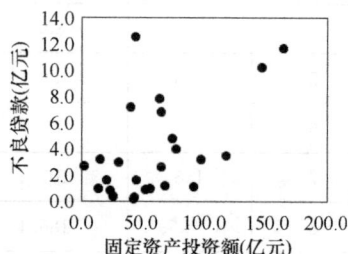

图 9-5　不良贷款与固定资产投资额的散点图

从各散点图可以看出，不良贷款与贷款余额、累计应收贷款、贷款项目数、固定资产投资额之间都具有一定线性关系。但从各散点图的分布情况来看，不良贷款与贷款余额的线性关系比较密切，而与固定资产投资额的关系最不密切。

（2）建立不良贷款对贷款余额的回归方程。由最小二乘法原理可知：

$$\begin{cases} \hat{\beta}_1 = \dfrac{n\sum\limits_{i=1}^{n} x_i y_i - \sum\limits_{i=1}^{n} x_i \sum\limits_{i=1}^{n} y_i}{n\sum\limits_{i=1}^{n} x_i^2 - (\sum\limits_{i=1}^{n} x_i)^2} \\[2em] \hat{\beta}_0 = \bar{y} - \hat{\beta}_1 \bar{x} \end{cases}$$

因此，在求不良贷款对贷款余额的估计方程时：

$$\begin{cases} \hat{\beta}_1 = \dfrac{25 \times 17080.14 - 3006.7 \times 93.2}{25 \times 516543.37 - 3006.7^2} = 0.03789 \\[1.5em] \hat{\beta}_0 = 3.728 - 0.037895 \times 120.268 = -0.8295 \end{cases}$$

即不良贷款对贷款余额的估计方程为：$\hat{y} = -0.8295 + 0.037895x$。回归系数 $\hat{\beta}_1 = 0.037895$ 表示贷款余额每增加 1 亿元，不良贷款平均增加 0.037895 亿元。在回归分析中，对截距 $\hat{\beta}_0$ 常常不能赋予任何真实意义，例如在不良贷款与贷款余额的回归中，$\hat{\beta}_0 = -0.8295$，如果要解释，是指当贷款余额为 0 时，不良贷款的平均值为 -0.8295 亿元。但是，当贷款余额为 0（没有贷款）时，自然也就不会有不良贷款。因此，在回归分析中，

对截距 $\hat{\beta}_0$ 通常不作实际意义上的解释。

将 x_i 的各个取值代入上述估计方程，可得到不良贷款的各个估计值 $\hat{y}_i$。由图 9-6 可以看出散点图与回归直线之间的关系。

（3）对回归方程进行显著性检验。回归分析中的显著性检验主要包括两个方面：一是线性关系检验；二是回归系数检验。

1）检查不良贷款与贷款余额之间线性关系的显著性（$\alpha = 0.05$）：

第 1 步：提出假设。$H_0 : \beta_1 = 0$，两个变量之间的线性关系不显著。

第 2 步：计算检验统计量 F。

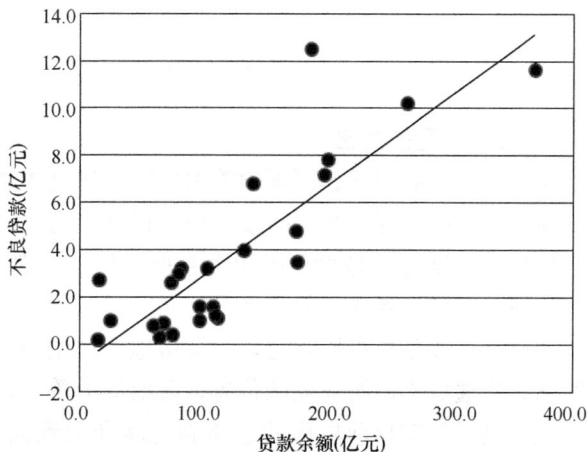

图 9-6　不良贷款对贷款余额的回归直线

$$F = \frac{SSR/1}{SSE/(n-2)} = \frac{222.48598/1}{90.164421/(25-2)} = \frac{222.48598}{3.920192} = 56.75384$$

第 3 步：进行决策。根据显著性水平 $\alpha = 0.05$，分子自由度 $df_1 = 1$ 和分母自由度 $df_2 = 25 - 2 = 23$。查 F 分布表，找到相应临界值 $F_\alpha = 4.28$。由于 $F > F_\alpha$，拒绝 H_0，表明不良贷款与贷款余额之间的线性关系是显著的。

2）检验回归系数的显著性（$\alpha = 0.05$）：

第 1 步：提出假设。$H_0 : \beta_1 = 0$，$H_1 : \beta_1 \neq 0$

第 2 步：计算检验的统计量 t。

$$t = \frac{\hat{\beta}_1}{s_{\hat{\beta}_1}} = \frac{0.037895}{0.005030} = 7.533797$$

第 3 步：进行决策。根据给定显著性水平 $\alpha = 0.05$，自由度 $= n - 2 = 25 - 2 = 23$，查 t 分布表，得 $t_{\alpha/2} = t_{0.025} = 2.0687$。由于 $t = 7.533793 > t_{0.025} = 2.0687$，拒绝原假设 H_0。这意味着贷款余额是影响不良贷款的一个显著性因素。

（4）对回归方程进行拟合度检验。计算不良贷款对贷款余额回归的判定系数时，通过分析数据可知，总平方和 $SST = \Sigma(y_i - \bar{y})^2 = 312.6504$，回归平方和 $SSR = \Sigma(\hat{y}_i - \bar{y})^2 = 222.4860$，则：

$$R^2 = \frac{SSR}{SST} = \frac{222.4860}{312.6504} = 0.7116 = 71.16\%$$

判定系数的实际意义是：在不良贷款取值的变差中，有 71.16% 可以由不良贷款与贷款余额之间的线性关系来解释，或者说，在不良贷款取值的变动中，有 71.16% 是由贷款余额所决定的。不良贷款取值的差异有 2/3 以上是由贷款余额决定的，由此可见，二者之间有较强的线性关系。

9.3　结　构　方　程　模　型

9.3.1　问题的提出

在社会学、心理学、管理学等领域中，研究人员经常会遇到涉及的变量并不能准确、直观地测量，必须通过某些间接手段进行估算的问题。例如，研究人员认为房地产区位特征与住户满意度之间是存在因果关系的，但二者都是构成概念，不能直接进行测量，那么，如何来验证二者之间的关系呢？

通过进一步分析可以知道，表征房地产区位特征的具体因素包括：交通便利程度、出行时间、交通成本、距商业区位置、升值潜力等，这些指标可通过一定方法进行测量；住户满意度则可用对目前住房的总体满意度和与预期相比对住房的满意程度两个指标来表征，这两个指标也可通过一定方法进行观测。各构成概念与观测变量之间的关系可以建立因子分析模型，而区位特征与住户满意度之间的关系可以建立一元回归模型。上述构成概念则被称为潜变量。

采用传统的分析方法不能解决这种涉及潜变量的关系分析，有时即使能分析，其分析结果也是不可靠的。将因子分析与回归分析有机地整合在一起进行统一分析，正是结构方程模型（Structural Equation Modeling，SEM）的主要特征。从上述模型中取出一部分变量进行因子分析或回归分析也是适用的。此外，再引入影响住户满意度的一个构成概念"建筑特征"，又可构建更为复杂的模型。而结构方程模型为这种复杂问题提供了最好的解决办法。

9.3.2　基本原理

结构方程模型又称协方差结构模型，主要是在心理学、行为学、教育学和社会学等领域实际应用中发展起来的。到 20 世纪 80 年代，结构方程模型作为一种统计数据分析工具用以分析数据、检验假设，已在社会科学等领域得到广泛应用。

1. SEM 变量及基本模型

（1）变量。SEM 所研究的变量，从可测性角度可分为两类：显变量和潜变量。显变量（Manifest Variable）是指可直接观察并测度的变量，又称观测变量；潜变量（Latent Variable）则是指不能直接观察的变量，需要通过显变量进行间接测量。从变量生成角度不同，SEM 所研究的变量又可分为外生变量（Exogenous Variable）和内生变量（Endogenous Variable）。外生变量是指在模型中不受其他变量的影响，无"前因"并作为其他变量的"因"存在，其值由模型外部输入；内生变量受模型中其他变量的影响，其值由其他变量而定。

（2）测量模型和结构模型。SEM 包括两类基本模型，即：测量模型（Measurement Model）和结构模型（Structural Model）。

1）测量模型。测量模型可用下列两个方程式表示：

$$x = \Lambda_x \xi + \delta$$
$$y = \Lambda_y \eta + \varepsilon$$

测量模型用来描述显变量与潜变量之间的关联，表明一个潜变量是由哪些观察变量来度量的，单纯的测量模型就是确认型因子分析模型。测量模型包括双向曲线箭头连接的各对潜变量，单向直线箭头连接的潜变量和一组显变量，以及指向各个变量的反映误差项的直线箭头。

在测量模型方程式中，x 为外生显变量，ξ 为外生潜变量，Λ_x 为外生显变量与外生潜变量之间的关系，是外生显变量在外生潜变量上的因子载荷矩阵，δ 是外生变量的误差项。类似地，y 为内生显变量，η 为内生潜变量，Λ_y 为内生显变量与内生潜变量之间的关系，是内生显变量在内生潜变量上的因子载荷矩阵，ε 为内生变量的误差项。

2）结构模型。结构模型可用下列方程式表示：

$$\eta = B\eta + \Gamma\xi + \zeta$$

结构模型用来描述潜变量之间的关联，是一组类似多元回归中描述外生变量与内生变量间定量关系的模型。结构模型包括在路径图用直线箭头连接的潜变量以及潜变量的误差项。在结构模型方程式中，B 和 Γ 都是路径系数，B 表示内生潜变量之间的关系，Γ 表示外生潜变量对于内生潜变量值的影响，ζ 为结构方程的误差项。

2. SEM 应用步骤

（1）模型设定。根据研究假设建立 SEM，用来表示研究假设所要求证的变量之间的关系。SEM 可以是路径图，也可以是数学方程式，但一般都采用路径图来表示。路径图由测量模型和结构模型两部分内容构成。

1）测量模型部分：需要研究者选用一些显变量（观测变量）来间接测量潜变量。SEM 通常采用确认型因子分析的思路来选择观测变量，即：先选定两个或多个观察变量从属于某个潜变量，然后验证这种变量设计的信度和效度。

2）结构模型部分：设计的变量虽然是根据研究假设演绎而来的，但各变量之间存在的相关联系需要在构建路径图的过程中进行自主判断。

（2）模型识别。模型设定后，需要确定模型中估计的参数，以图 9-7 为例。

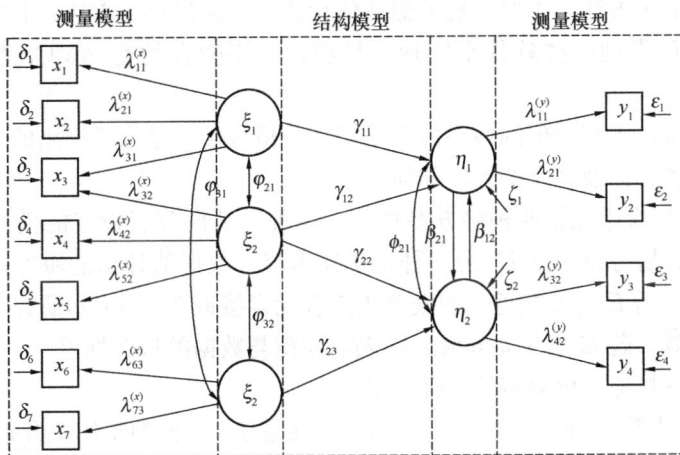

图 9-7　SEM 路径图

在图 9-7 所示路径图中，需要估计的参数有：

1）内、外生潜变量指向观测变量的路径系数 $\lambda^{(x)}$，$\lambda^{(y)}$，共 12 个；

2）观测变量的残差 δ、ε，共 11 个；

3）外生潜变量指向内生潜变量的路径系数，共 4 个；

4）内生潜变量之间的路径系数 β，共 2 个；

5）外生潜变量之间的协方差 ϕ，共 3 个；

6）内生潜变量的残差 ζ，共 2 个；

7）内生潜变量残差的协方差 ϕ，共 1 个。

模型中需估计的参数确定后，便可进行模型识别的主要内容，即判断所设定的模型是否能求出唯一的参数估计值，或者说模型能否被识别。自由度是判断模型能否被识别的必要条件。对于设定的模型，其自由度 df 等于最大可能的自由度 $(p+q)(p+q+1)/2$ 减去模型中需要估计的参数个数，即：

$$df = [(p+q)(p+q+1)/2] - t$$

式中，df 为自由度，p 为外生观测变量个数，q 为内生观测变量个数，t 为需要估计的参数个数。

如果 $df \geqslant 0$，说明模型可能被识别；若 $df < 0$，说明模型一定不能识别。上例中，$df > 0$，说明模型有可能被识别。

SEM 识别分两个阶段进行：首先，对测量模型部分按验证性因子分析模型的识别方法进行判断，如可以识别，然后再对结构模型部分进行判断，如果通过，则说明整个模型可识别。

（3）模型估计。模型估计也称为模型参数估计，就是设法求出模型的解，使模型隐含的协方差矩阵与样本协方差矩阵之间的"距离"最小。这个"距离"称为拟合函数。通过从样本求得显变量的协方差阵 S，推导出一个引申的方差和协方差矩阵 Σ，使矩阵 Σ 的每一个元素都尽可能地接近样本中显变量的协方差矩阵 S 中的相应元素。如果模型设定正确的话，Σ 将非常接近于 S。因此，模型估计就是采用合适的拟合函数使 Σ 与 S 的"距离"尽可能地小的过程。

模型估计有多种方法，主要有最大似然估计法、广义最小二乘法、非加权最小二乘法等。实际应用中可借助一些软件来实现，目前，应用较多的有 AMOS 软件和 LISREL 软件。

（4）模型评价。模型评价的核心内容是模型的拟合性，是指所提出的变量间关联模式是否与实际数据拟合以及拟合的程度如何。

SEM 在模型拟合中比较两种协方差矩阵：一种是从研究者设定的模型估计出的协方差矩阵，称为估计协方差矩阵 E。另一种是从样本统计数据估计出的协方差矩阵，称为样本协方差矩阵 S。若 E 与 S 接近，即残差矩阵各元素接近 0，则表示研究者设定的模型拟合性好，模型有效；若 E 与 S 差异大，则表示模型与数据的拟合性差。

通常采用以下指标评价模型的拟合效果：

1）相对拟合指数（CFI）：取值于 0～1，越接近于 1，模型整体拟合越好；

2）近似误差均方根指数（RMSEA）：其值越小越好。一般认为，RMSEA 低于 0.1 表示拟合得好，低于 0.05 表示拟合得非常好。

3）调整后的拟合优度指数（AGFI）：取值于 0～1，越接近于 1，模型整体拟合越好。评价设定的理论模型需要运用多种拟合优度指标来检验，不能只用其中一个指标。

（5）模型修正。通过对设定的理论模型进行拟合性检验，如发现模型偏离数据所显示的实际情况，则需要进行模型修正，然后再检验，如此不断重复，直至获得一个拟合性好、各估计参数合理的模型为止。

模型修正可用 SEM 软件输出的残差分析（Residual Analysis）。所谓残差，是指实际协变量与估计协变量之差。若残差为正值，表示模型低估两变量之协方差；反之，表示高估两变量之协方差。在正残差情况下，可考虑增加路径；在负残差情况下，则考虑减少路径。

3. 应用 SEM 需注意的问题

随着 SEM 理论的不断成熟，其应用领域越来越广泛。但因 SEM 建模的复杂性，在实际应用中常有不合理之处需特别注意：

（1）采用 SEM 进行分析时，为获得准确的参数估计值和有意义的结果，需要有较大的样本容量作保证。如果样本观测数据不符合正态分布要求，样本量也不够，就会影响数据分析结果的信度和效度。目前，虽然对样本容量并无统一规定，但为保证分析结果的可靠性，建议在实际应用中样本容量应大于 200。

（2）在模型评价过程中虽有多个拟合指数，但没有一个指标可以作为完全确定的标准来检验理论模型拟合成功与否。NNFI、CFI、AGFI 及 RMSEA 等指标相对应用较多，但在应用过程中应结合多个指标报告结果，而不能只依赖一种选择。

（3）SEM 常被看作是一种因果分析方法，有些文献将 SEM 看作是因果模型。但是，SEM 除分析数据关联外，并未提供任何方法来推断原因事件。SEM 与其他统计分析方法一样，用来定量分析各变量间的关联程度，并非判断变量间的因果关系。SEM 的统计检验合格，只说明此模型未被证伪，事实上，一定还存在其他可通过检验的模型。通过检验的模型只能是众多竞争模型中的一个，并非最优模型。

（4）利用确认型因子分析思路确定测量模型时，会产生相应问题。因为研究者所选定的多个观测变量与一个潜变量之间的一组从属关系并无把握是唯一关系，研究者无法提出唯一的测量模型，因而有多种选择，需要通过模型修正达到最合理状态。此外，测量模型中各潜变量与显变量之间的从属关系的选定，直接指导着调查问卷设计。因此，在构建测量模型过程中，要清晰地设定观测变量和潜变量的属性和量度。

9.3.3　应用示例

为了应对能源危机和气候变化，低碳经济发展日益受到普遍重视。由于影响低碳经济发展的因素比较复杂，且相互之间存在相关关系。为此，采用结构方程模型进行分析。

1. 模型设定

结合低碳经济发展理论及国内外研究成果，提炼出低碳经济、低碳技术、低碳生活、低碳生态四个方面作为影响低碳经济发展的因素，并基于这四个维度构建如表 9-5 所示的指标体系。由于低碳经济、低碳技术、低碳生活和低碳生态相互之间会产生一定影响，因此，提出如下假设：

假设 H_1：低碳经济与低碳技术之间存在相关关系。

假设 H_2：低碳经济与低碳生活之间存在相关关系。

假设 H_3：低碳经济与低碳生态之间存在相关关系。

假设 H_4：低碳技术与低碳生活之间存在相关关系。

假设 H_5：低碳技术与低碳生态之间存在相关关系。

假设 H_6：低碳生活与低碳生态之间存在相关关系。

结构方程模型中的观测变量　　　　　　　　　　　　　　　表 9-5

潜变量		观测变量
外生潜变量	低碳经济 (ξ_1)	人均 GDP (X_1)
		居民人均收入 (X_2)
		第三产业比重 (X_3)
		对外开放度 (X_4)
	低碳技术 (ξ_2)	单位 GDP 能耗 (X_5)
		单位 GDP 废气量 (X_6)
		碳排放强度 (X_7)
		清洁能源比重 (X_8)
内生潜变量	低碳生活 (η_1)	燃气普及率 (Y_1)
		每万人拥有公交车数量 (Y_2)
	低碳生态 (η_2)	建成区绿化覆盖率 (Y_3)
		人均公园绿地面积 (Y_4)
		森林覆盖率 (Y_5)
		自然保护区占辖区面积 (Y_6)

2. 数据收集与处理

根据上述指标体系设计调查问卷（问卷具体内容略）。问卷中选项根据李克特量表（Likert Scale）法进行设计，采用受访者易于接受的 5 点评分法，即依据影响低碳经济的主要因素按照"完全不影响"、"影响不大"、"有一定影响"、"有比较大影响"、"完全影响"分别给予 1、2、3、4、5 的评分。

通过发放调查问卷（超过 300 份），处理后获得的有效问卷率达到 90%，符合社会调查要求。

（1）数据的信度分析。对问卷中第二层次指标利用 AMOS 软件进行信度分析，检验结果见表 9-6。Cronbach's α 系数为 0.857>0.7，说明调查问卷所取得的数据具有较好信度。

观测变量信度检验结果　　　　　　　　　　　　　　　表 9-6

Cronbach's α	项数
0.857	14

对问卷中第一层次指标进行信度分析，检验结果见表 9-7。

潜变量信度检验　　　　　　　　　　　　　　　表 9-7

潜变量	可测变量个数	Cronbach's α
低碳经济	4	0.896
低碳技术	4	0.837
低碳生活	2	0.843
低碳生态	4	0.923

由表 9-7 可以看出，4 个潜变量的 Cronbach's α 都超过 0.7，因此可以认为，各研究变量测量条款具有较高的内在一致性，调查数据是较为可靠的。

（2）数据的效度分析。调查问卷效度分析结果见表 9-8。

低碳经济指标体系因子负荷 表 9-8

一级指标	二级指标	因子负荷
低碳经济	人均 GDP	0.836
	居民人居收入	0.842
	第三产业比重	0.803
	对外开放度	0.870
低碳技术	单位 GDP 能耗	0.744
	单位 GDP 废气量	0.867
	碳排放强度	0.849
	清洁能源比重	0.812
低碳生活	燃气普及率	0.757
	每万人拥有公交车数量	0.881
低碳生态	建成区绿化覆盖率	0.900
	人均公园绿地面积	0.797
	森林覆盖率	0.839
	自然保护区占辖区面积	0.767

由表 9-8 可以看出，各指标的因子负荷值均大于 0.5，说明调查问卷效度很好。

3. 模型拟合与评价

根据表 9-5 中确定的潜变量和观测变量，建立低碳经济发展影响因素分析的测量方程与结构方程，将数据输入 AMOS 软件中，经计算得到的低碳经济发展影响因素路径系数及模拟结果如图 9-8 所示，潜变量之间路径系数见表 9-9，各项拟合指数见表 9-10。

潜变量之间路径系数 表 9-9

假设	Estimate	S. E.	t	P
低碳经济←→低碳技术	0.89	0.070	12.660	＊＊＊
低碳经济←→低碳生活	0.53	0.058	9.146	＊＊＊
低碳经济←→低碳生态	0.83	0.092	9.007	＊＊＊
低碳技术←→低碳生活	0.20	0.086	2.313	＊＊＊
低碳技术←→低碳生态	0.47	0.081	5.820	＊＊＊
低碳生活←→低碳生态	0.38	0.087	4.348	＊＊＊

结构方程模型拟合指数 表 9-10

拟合指数	NFI	RFI	IFI	TLI	CFI	近似误差均方根	标准化残差均方根
拟合值	0.939	0.967	0.966	0.900	0.953	0.036	0.055

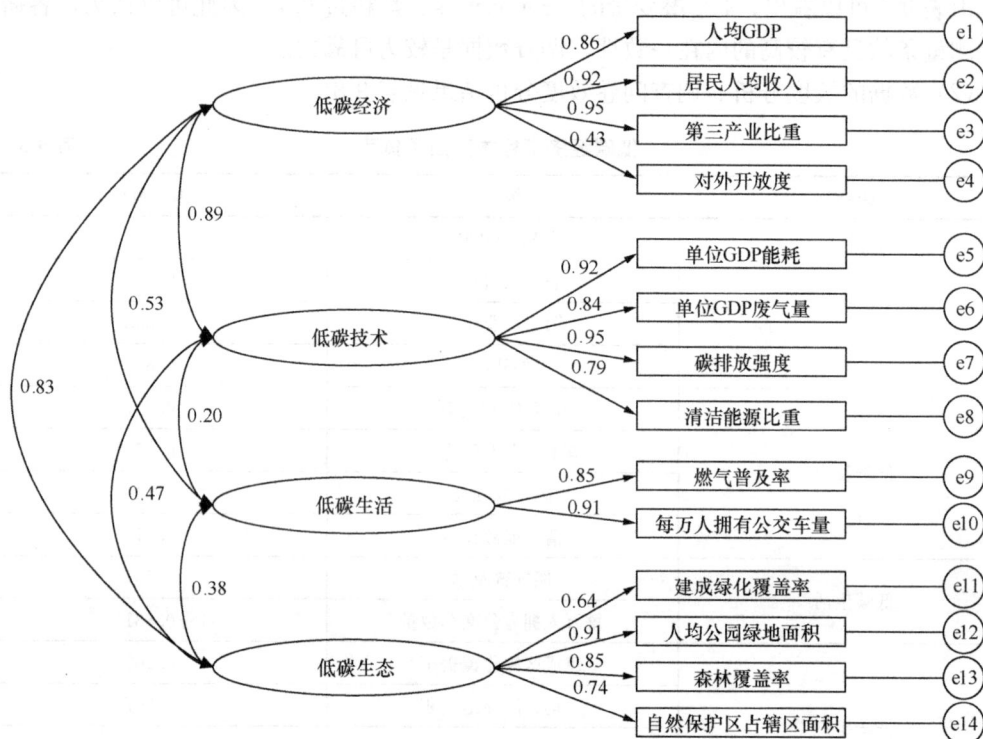

图 9-8　低碳经济发展影响因素路径系数及模拟结果

由表 9-10 可以看出，拟合指数 NFI、RFI、IFI、TLI、CFI 均大于等于 0.9，说明模型拟合较好。近似误差均方根和标准化残差均方根分别为 0.036 和 0.055，均小于 0.1，说明所建立的低碳经济发展结构方程模型是可以接受的，能够很好地反映低碳经济发展各项指标之间的关系。

4. 结果分析

从上述计算结果可以看出，结构方程模型的假设都被证实：低碳经济与低碳技术的路径系数高达 0.89，t 值为 12.660，说明低碳经济与低碳技术之间具有显著的正向关系；低碳经济与低碳生活的路径系数为 0.53，t 值为 9.146，说明低碳经济与低碳生活之间具有正向关系；低碳经济与低碳生态之间的路径系数 0.83，两者相关性比较高，t 值为 9.007，说明低碳经济与低碳生态之间也具有显著的正向关系。同理，低碳技术与低碳生活之间的路径系数为 0.20，说明两者之间具有正相关关系，但相关性不高；低碳技术与低碳生态之间的路径系数为 0.47，说明两者之间具有正相关关系，但相关性一般。低碳生活与低碳生态之间的路径系数为 0.38，说明两者之间具有正向关系，但相关性也一般。

此外，低碳经济维度下的 4 个观测变量对低碳经济的影响都比较大，相关系数都在 0.6 以上，其中，居民人均收入和第三产业比重的影响最大，两者与低碳经济之间的相关系数分别为 0.92 和 0.95。同理，对低碳技术影响最大的是碳排放强度，其次是单位 GDP 能耗；对低碳生活影响最大的因素是每万人公交车拥有量；对低碳生态影响最大的因素是人均公园绿地面积。

上述研究还可以表明，低碳经济发展的影响因素之间是相互影响、相互关联的，片面提高某一指标水平并不一定能直接提升低碳经济发展水平，甚至可能适得其反。为此，把握各指标之间的相互影响与因果关系，准确定位关键影响因素，才能有效促进低碳经济发展。

9.4　SPSS 软件

SPSS 是世界上最早的统计分析软件，它与 SAS、BMDP 并称为国际上最有影响的三大统计软件，SPSS 的原意为 Statistical Package for the Social Sciences，即"社会科学统计软件包"。但随着 SPSS 产品服务领域的扩大和服务深度的增加，SPSS 公司已于 2000年正式将英文全称更改为 Statistical Product and Service Solutions，意为"统计产品与服务解决方案"，标志着 SPSS 的战略方向正在作出重大调整。

9.4.1　软件简介

SPSS 软件由美国斯坦福大学的三位研究生 Norman H. Nie、C. Hadlai (Tex) Hull 和 Dale H. Bent 于 1968 年研究开发成功，同时成立了 SPSS 公司，并于 1975 年在芝加哥组建 SPSS 总部。2009 年，IBM 公司收购 SPSS 公司。如今，SPSS 的最新版本为 25.0，而且更名为 IBM SPSS Statistics。

SPSS 是世界上最早采用图形菜单驱动界面的统计软件，其突出特点是操作界面极为友好，输出结果美观漂亮。SPSS 软件将几乎所有的功能都以统一、规范的界面展现出来，用户只要掌握一定的 Windows 操作技能，精通统计分析原理，即可使用该软件为特定的科研工作服务。SPSS 是非专业统计人员的首选统计软件。

SPSS 软件的主要特点如下：

（1）操作简便。SPSS 软件的界面非常友好，除数据录入及部分命令程序等需要键盘键入外，大多数操作可通过鼠标拖曳、点击"菜单"、"按钮"和"对话框"来完成。

（2）编程方便。SPSS 软件具有第四代语言的特点，告诉系统要做什么，无需告诉怎样做。只要了解统计分析原理，无需通晓统计分析的各种算法，即可得到需要的统计分析结果。对于常见的统计方法，SPSS 的命令语句、子命令及选择项的选择绝大部分可由"对话框"的操作完成。因此，用户无需花大量时间记忆大量的命令、过程、选择项。

（3）功能强大。SPSS 软件具有完整的数据输入、编辑、统计分析、报表、图形制作等功能。自带 11 种类型 136 个函数。SPSS 提供了从简单的统计描述到复杂的多因素统计分析方法，如数据的探索性分析、统计描述、列联表分析、二维相关、秩相关、偏相关、方差分析、非参数检验、多元回归、生存分析、协方差分析、判别分析、因子分析、聚类分析、非线性回归、Logistic 回归等。

（4）全面的数据接口。SPSS 软件能够读取及输出多种格式的文件。如由 dBASE、FoxBASE、FoxPRO 产生的 *.dbf 文件，文本编辑器软件生成的 ASCⅡ数据文件，Excel 的 *.xls 文件等均可转换为可供分析的 SPSS 数据文件。SPSS 软件能将 SPSS 图形转换为 7 种图形文件。结果可保存为 *.txt，word，PPT 及 html 格式的文件。

（5）灵活的功能模块组合。SPSS for Windows 软件分为若干功能模块。用户可根据自己的分析需要和计算机的实际配置情况灵活选择。

当然，SPSS 软件也有其不足。SPSS 致力于简便易行，在统计分析功能方面不如

SAS 和 BMDP 软件强大。SPSS 软件的扩展性和灵活性较差，录入速度慢，数据错误不容易修改。此外，SPSS 软件的输出结果虽然漂亮，但是很难与一般办公软件（如 Office 或 WPS2000）直接兼容，也不能用 Excel 等常用表格处理软件直接打开，只能采用拷贝、粘贴的方式进行数据交互。在撰写研究报告时，往往需要用电子表格软件或专业制图软件来重新绘制相关图表。

9.4.2　基本功能及应用步骤

1. 基本功能

SPSS for Windows 是一个组合式软件包，它集数据录入、整理、分析功能于一身。用户可根据实际需要和计算机的功能选择模块，以降低对系统硬盘容量的要求。SPSS 的主要功能如图 9-9 所示。

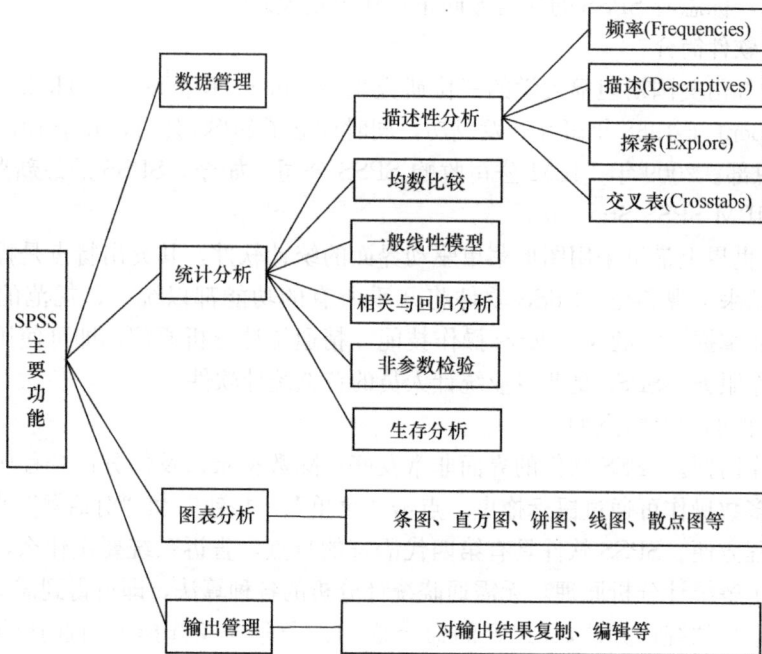

图 9-9　SPSS 的基本功能

（1）数据管理。统计分析离不开数据，因此，数据管理是 SPSS 的重要组成部分。数据管理包括：数据输入、数据编辑、数据文件管理。SPSS 的数据管理是借助于数据管理窗口和主窗口的 File、Data、Transform 等菜单来完成的。

（2）统计分析。SPSS 统计分析过程包括：描述性统计、均值比较、一般线性模型、相关分析、回归分析、对数线性模型、聚类分析、数据简化、生存分析、时间序列分析、多重响应等几大类，每类中又分若干统计过程，如回归分析又分为线性回归分析、曲线估计、Logistic 回归、Probit 回归、加权估计、两阶段最小二乘法、非线性回归等多个统计过程，而且每个过程中又允许用户选择不同的方法及参数。统计分析功能是 SPSS 窗口分析的重要功能，也是统计工作的出发点。用户可根据窗口的菜单指示，调用 SPSS 统计分析的各个过程，最终按用户规定的格式输出分析结果。

（3）图表分析。SPSS 软件有专门的绘图系统，常用的统计图表有条图、饼图、线图、直方图、折线图、箱图、误差图、概率图、高低图及列序图等。用户可根据需求，在 SPSS 软件图表分析菜单中按指示绘制相应图表。

（4）输出管理。SPSS 的分析结果清晰、直观，而且可直接读取 EXCEL 及 DBF 数据文件。SPSS 软件输出结果可直接转换为 WORD 形式或 PDF 格式，对于纯文本结果，可直接拷贝粘贴到 WORD 等软件中。对于统计表格或统计图结果，直接拷贝粘贴到 WORD 等软件时会丢失大部分数据，但如果将其拷贝为特殊图片，格式与以前完全一样，只是不能进行修改。

2. 应用步骤

一般可按下列流程应用 SPSS 软件：

（1）数据录入，必要时进行数据转换；

（2）进行描述性统计，对特征量进行计算；

（3）了解数据内部信息，可进行 t 检验、方差检验并进行多重比较、非参数检验（如卡方检验）；

（4）分析因素间关系，可进行相关分析；

（5）根据需要可进行更深入的分析（如聚类分析、主成分分析等）。

在 SPSS 软件系统中，操作步骤和统计结果都以指令行或图表形式显示在输出文件（Output）中，对于原始数据和统计结果可分别进行保存。

9.4.3 应用示例

在市场经济条件下，企业间的竞争越来越激烈，产品质量成为影响企业竞争力的关键因素，更多的企业采用科学方法来辅助控制产品质量，SPSS 软件分析工具就是其中之一。

某公司质量管理人员通过观察产品生产过程，获得 800 个观察数据，标准差为 0.21。为分析产品生产过程是否在受控状态下，从中抽取 30 样本量，样本抽取数据见表 9-11。

样本抽取数据　　　　　　　　　　　　　　表 9-11

样本 1	样本 2	样本 3	样本 4
11.55	11.62	11.91	12.02
11.62	11.69	11.36	12.02
11.52	11.59	11.75	12.05
12	12.07	11.6	12.3
12	12.11	11.95	12.27
12	12.05	11.96	12.29
12.13	12.2	12.12	12.11
12.09	12.16	11.61	11.9
11.93	12	12.21	12.22
11.75	11.82	11.95	12.18
11.9	11.97	12.14	12.11
11.64	11.71	11.72	12.07
11.8	11.89	11.61	12.05
12.03	12.1	11.85	11.64

续表

样本 1	样本 2	样本 3	样本 4
11.94	12.01	12.16	12.39
11.92	11.99	11.91	11.65
12.3	12.37	12.22	12.47
12.2	12.25	11.75	12.03
12	12.04	11.96	12.17
12.2	12.24	11.95	11.94
11.9	11.92	11.89	11.97
12.3	12.37	11.88	12.23
12.2	12.22	11.93	12.25
12.21	12.28	11.56	11.88
12.32	12.39	11.95	12.03
11.93	12	12.01	12.35
11.85	11.92	12.06	12.09
11.76	11.83	11.76	11.77
12.16	12.23	11.82	12.2
11.77	11.84	12.12	11.79

要求样本数据的标准差是 0.21，设计规格要求产品生产过程的平均值为 12，试分析产品生产过程是否属于受控状态。

现假设：H_0：$\mu=12$，H_1：$\mu \neq 12$。每当 H_0 被拒绝的情况下，就必须对生产过程采取纠偏行动。

以 0.01 的显著性水平，检验每组样本是否需要采取纠偏行动。根据问题描述，解决样本均值和总体均值的比较问题，且过程设计规格要求平均值为 12，因此，选择单样本 t 检验方法。

在 SPSS 软件系统中，根据给出的数据建立数据文件，然后在数据编辑窗口进行检验，具体操作如下：

第一步，单击"分析"—"比较均值"，打开"单样本 T 检验"对话框。

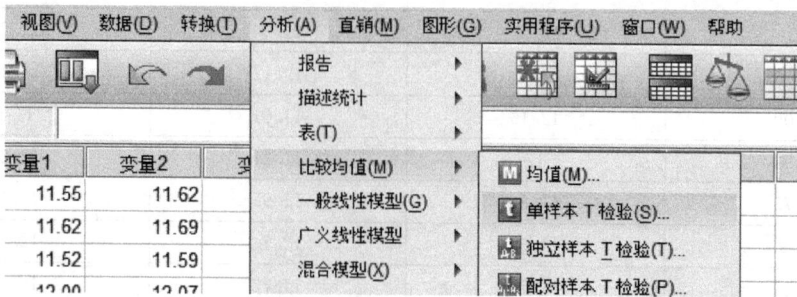

第二步，选择检验的变量进入检验框中，单击"选项"，进行置信区间设置，并将检验值设置为 12。

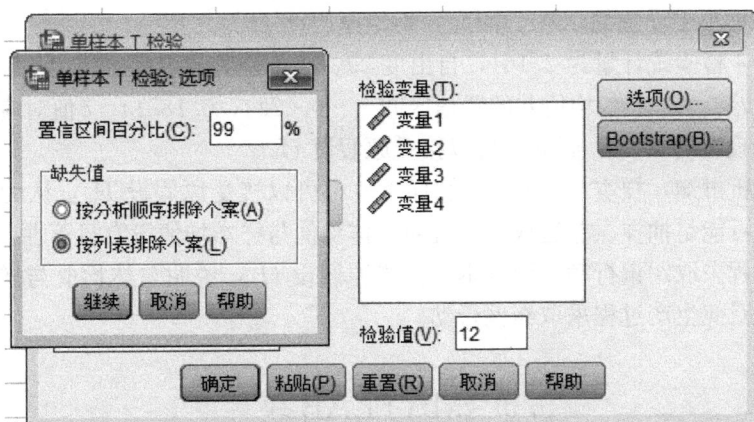

第三步，单击"确定"，得到输出结果，分别见表 9-12 和 9-13。

单个样本统计量　　　　　　　　　　　　　　　　　　　表 9-12

变量	N	均值	标准差	均值误差
变量 1	30	11.9640	.22294	.04070
变量 2	30	12.0293	.21989	.04015
变量 3	30	11.8890	.20717	.03782
变量 4	30	12.0813	.20611	.03763

样本统计结果显示：4 组样本中所有样本都参与了分析，样本 2 和样本 4 的平均值大于 12，样本 1 和样本 2 的标准差大于 0.21，样本 1 和样本 2 的均值误差较大。

单样本 t 检验　　　　　　　　　　　　　　　　　　　表 9-13

变量	检验值＝12					
	t	df	$Sig.$（双侧）	均值差值	差分的 99% 置信区间	
					下限	上限
变量 1	−.884	29	.384	−.03600	−.1482	.0762
变量 2	.731	29	.471	.02933	−.0813	.1400
变量 3	−2.935	29	.006	−.11100	−.2153	−.0067
变量 4	2.161	29	.039	.08133	−.0224	.1851

由单样本 t 检验结果可知：

（1）样本 1 检验统计量为 −0.884，自由度 29，双侧检验的置信水平 0.384，样本均值和总体均值之差 −0.03600，均值差的置信区间（−0.1482，0.0762）。t 值对应的显著性水平 0.384 远大于设置的 0.01，因此，可以接受原假设 H_0。

（2）样本 2 检验统计量为 0.731，自由度 29，双侧检验的置信水平 0.471，样本均值与总体均值之差 0.02933，均值差的置信区间（−0.0813，0.1400）。t 值对应的显著性水平 0.471 远大于设置的 0.01，因此，可以接受原假设 H_0。

（3）样本 3 检验统计量为−2.935，自由度 29，双侧检验的置信水平 0.006，样本均值与总体均值之差−0.111，均值差的置信区间（−0.2153，−0.0067）。t 值对应的显著性水平 0.006 远小于设置的 0.01，因此，拒绝原假设 H_0。

（4）样本 4 检验统计量为 2.161，自由度 29，双侧检验的置信水平 0.039，样本均值与总体均值之差 0.08133，均值差的置信区间（−0.0224，0.1851）。t 值对应的显著性水平 0.039 大于设置的 0.01，因此，可以接受原假设 H_0。

由以上分析可知，样本 1、样本 2 和样本 4 都可以接受原假设 H_0，认为样本均值与总体均值之差可能是抽样误差造成的，说明总体均值与样本均值没有显著性差异，即不需要对此生产过程采取纠偏行动。而样本 3 拒绝原假设 H_0，说明总体均值与样本均值有显著差异，必须对此生产过程采取纠偏行动。

9.5　MATLAB 软件

9.5.1　软件简介

MATLAB 是矩阵实验室（Matrix Laboratory）的简称，由美国 MathWorks 公司出品。MATLAB 软件将数值分析、矩阵计算、科学数据可视化及非线性动态系统的建模和仿真等诸多强大功能集成在一个易于使用的视窗环境中，为科学研究、工程设计及必须进行有效数值计算的众多科学领域提供了一种全面解决方案，并在很大程度上摆脱了传统非交互式程序设计语言（如 C 语言、Fortran 语言）的编辑模式，代表了当今国际科学计算软件的先进水平。MATLAB 软件自 1984 年推向市场以来，经过多年发展，现已成为国际公认的最优秀的工程应用开发环境。

MATLAB 是一个交互式软件系统，用户输入一条命令，即可马上得到其运行结果。MATLAB 软件具有以下特点：

（1）可扩展性。MATLAB 软件允许用户自行建立指定功能的 M 文件。用户不仅可利用 MATLAB 软件所提供的函数及基本工具箱函数，还可方便地构造专用函数，从而大大扩展了其应用范围。

（2）高效性。MATLAB 软件语句功能十分强大，一条语句可完成十分复杂的任务。如 fft 语句可完成对指定数据的快速傅里叶变换，这相当于上百条 C 语言语句的功能。MATLAB 软件大大加快了工程技术人员从事软件开发的效率。

（3）灵活性。与其他多元分析工具（如 SPSS）相比，MATLAB 软件的优势在于编程，从而使其具有较大的灵活性。此外，MATLAB 软件是综合数学建模工具，可以与其他 MATLAB 工具相结合，矩阵计算和绘图功能较强。

MATLAB 软件的不足是不同于 SPSS 的窗口化操作模式，学习门槛高，对于用户而言，需要了解其编程语言及统计函数才能进行统计工作。因此，MATLAB 软件比较适合于科研人员进行大量数据的分析研究。

9.5.2　基本功能及应用步骤

1. 基本功能

在欧美高等院校，MATLAB 软件已成为应用于线性代数、自动控制理论、数理统计、数字信号处理、时间序列分析、动态系统仿真等高级课程的基本教学工具；在研究领域，MATLAB 软件的应用范围也非常广泛。MATLAB 软件可用来进行数值分析、数值和符号计算、工程与科学绘图、控制系统设计与仿真、数字图像和信号处理、通信系统设计与仿真、财务与金融分析等。

（1）数值计算功能。MATLAB 软件提供了十分丰富的计算函数，而且 MATLAB 命令与数学中的符号、函数非常接近，可读性强，易于掌握。

（2）符号计算功能。MATLAB 软件能够与著名的符号计算语言 Maple 相结合，进行强大的符号计算。

（3）绘图功能。MATLAB 软件提供了丰富的绘图命令，可以很方便地实现数据的可视化。

（4）编程功能。MATLAB 软件具有程序结构控制、函数调用、数据结构、输入输出、面向对象等程序语言特征，而且简单易学、编程效率高。

（5）工具箱（Toolbox）。MATLAB 软件根据专门领域中的特殊需要设计了各种可选工具箱，可用来求解特定学科的问题。

（6）Simulink 动态仿真集成环境。MATLAB 软件提供了建立系统模型、选择仿真参数和数值算法、启动仿真程序对系统进行仿真、设置不同输出方式便于观察仿真结果等功能。

2. 应用步骤

以多元线性回归分析为例，MATLAB 软件应用步骤如下：

（1）绘制自变量与因变量散点图，根据散点图形状决定是否可以进行线性回归。

（2）如果确定可以进行线性回归，则输入自变量和因变量。

（3）利用命令 $[b, bint, r, rint, stats] = regress(y, x, alpha)$，rcoplot(r, rint) 得到回归模型系数及异常点情况。

（4）对回归模型进行检验。一般要进行残差正态性检验：jbtest，ttest 和残差异方差检验。若检验合格，则说明所得到的函数即为自变量与因变量的相关性函数。

（5）结果输出。在 MATLAB 中，操作步骤和统计结果都以指令行或图表形式显示在输出文件（Output）中。

9.5.3 应用示例

某工程施工现场需要制作 10000 套钢筋，每套由 2.9m、2.1m、1.5m 长的钢筋组成。这些钢筋的直径和性能相同。目前，市场上能够采购到的同类钢筋长度每根均为 7.4m，则应购进多少根钢筋才能满足工程需要？

（1）首先分析钢筋套裁方案，见表 9-14。

钢筋套裁组合方案表　　　　　　　　　　　　　　　　　　表 9-14

下料长度（m）	套裁方案编号							
	1	2	3	4	5	6	7	8
2.9	2	1	1	1	0	0	0	0
2.1	0	2	1	0	3	2	1	0
1.5	1	0	1	3	0	2	3	4
余料长度（m）	0.1	0.3	0.9	0	1.1	0.2	0.8	1.4

（2）设以 $x_i(i=1,2,3,\cdots,8)$ 表示按第 i 种方案下料的原材料数量，则可建立如下数学模型：

$$\begin{cases} \min z = x_1 + x_2 + x_3 + x_4 + x_5 + x_6 + x_7 + x_8 \\ 2x_1 + x_2 + x_3 + x_4 = 10000 \\ 2x_2 + x_3 + x_5 + x_6 + x_7 = 10000 \\ x_1 + x_3 + 3x_4 + 2x_6 + 3x_7 + 4x_8 = 10000 \\ x_j \geqslant 0, j = 1,2,3,\cdots,8 \end{cases}$$

（3）MATLAB 求解程序为：

f = [1; 1; 1; 1; 1; 1; 1; 1];
Aeq= [2 1 1 1 0 0 0 0
　　　 0 2 1 0 3 2 1 0
　　　 1 0 1 3 0 2 3 4];
beq = [10000 10000 10000];
lb=zeros (8，1);
[x，fval] =linprog (f，[ ]，[ ]，Aeq，beq，lb);
disp（x）；
disp（fval)

（4）运行结果为：

Optimization terminated successfully.

　　1.0e+003 *

　　2.2526
　　3.7474
　　0.0000
　　1.7474
　　0.0000
　　1.2526
　　0.0000
　　0.0000

　　9.0000e+003

（5）结果处理为：

$x_1 = 2253; x_2 = 3747; x_4 = 1747; x_6 = 1253;$

$fval = 9000$

即：共需要钢筋 7.4m 长的钢筋 9000 根，其中，第一种套裁方案 2253 根；第二种套裁方案 3747 根；第四种套裁方案 1747 根；第六种套裁方案 1253 根。

9.6 AMOS 软件

9.6.1 软件简介

AMOS 是矩阵结构分析（Analysis of Moment Structure）的简称，作为 SPSS 家族系

列之一，与 SPSS 数据文件完全互通，可快速绘制各种假设模型图、验证各种测量模型和不同路径分析模型，以展示各假定变量之间的关系，并且由于解读简易而成为结构方程模型（SEM）数据分析的重要工具，愈来愈多的人使用 AMOS 软件进行结构方程模型分析。

在 AMOS 环境下，可在直观路径图下指定、估计、评估及设定模型，方便地建立能真实反映复杂关系的行为态度模型。在 AMOS 环境中，无论是可观测变量还是潜在变量，都可用来建模，预测其他数值变量。由于结构方程模型是一次性地验证复杂因果关系，用标准方法以及在此基础上扩展的方法进行多元分析，因此，与采用普通最小二乘回归和探索性因子分析方法相比，能获得更为精确、丰富的综合分析结果。此外，使用 AMOS 软件的直观拖放式绘图工具，可快速地用路径图定制模型而无需编程。在有缺失值情况下，AMOS 软件还可使用 Full Information Maximum Likelihood 方法自动计算正确的标准误及适当的统计量，从而降低估算值偏差。

当然，AMOS 软件在处理潜变量模型时的功能非常受限，在遇到非正态数据时将难以进行 CFA 或 SEM。因此，对于 SEM 或潜变量建模，可以考虑使用功能强大而方便的 Mplus 软件。

9.6.2　基本功能及应用步骤

1. 基本功能

AMOS 是结构方程模型（SEM）分析软件，其优点是图形界面操作，完全可视化，"所见即所得"模式。应用 AMOS 软件，可以使 SEM 分析变得更容易。

（1）AMOS 软件具有方差、协方差分析，假设检验等一系列基本分析功能。

（2）AMOS 软件可应用贝叶斯和自抽样的方法，这也是 AMOS 软件最具特色的方法，能在一定程度上克服大样本条件的限制。

（3）AMOS 软件提供了丰富的方程检验统计指标。当然，对于有些指标（如 SRMR 等）则需要自行设置。

（4）AMOS 软件可构建曲线增长模型，包括高阶曲线增长及其衍生模型，主要用于追踪数据，研究随时间变化的规律。

（5）高版本 AMOS 软件具有较强的程序透明性和可扩展性，提供了与 VB、SAS 等软件的接口，在程序编写、程序生成等方面也得到加强。

2. 应用步骤

应用 AMOS 软件进行因果模型图分析的步骤如下：

（1）进行模型建构（Model Construction）。根据理论文献或经验法则绘制假设的因果模型图。根据研究假设模型图，利用浮动工具列绘制路径模型图。在 AMOS 模型分析中，内生变量均要增列一个误差变量，其参数设定起始值为 1。为此，要点击【增列误差变量到已有的变量中】按钮在内生变量的观测变量中增列误差变量。

（2）界定各变量名称。开启数据文件读入观测变量（测量指标变量），开启【对象属性】对话窗口界定潜在变量、误差变量或残差项的变量名称，测量指标变量包括工具建构（Instrument Construction）和数据搜集（Data Collection）。

键入观测变量时，要点【列出数据集内的变量名称】按钮，出现【Variable in Dataset】（数据集中的变量）对话窗口，选取每个变量，按住鼠标左键不放，直接拖动至观测变量中。同理，在误差变量圆形图标上按右键，选取【对象属性】快速选单，出现【Object Properties】对话窗口，在【Variable name】中键入误差变量的名称。

（3）选择相关统计量。为选择要呈现的统计量，点选【分析属性】按钮，出现【Analysis Properties】对话窗口，按【Output】标签钮，根据模型所需勾选要呈现的统计量。如：【最小化过程】（Minimization History）、【标准化的估计值】（Standardized Estimates）、【多元相关的平方】（Squared Multiple Estimates）、【间接效果、直接效果与总效果】（Indirect，Direct ＆ Total Effects）、【观察样本协方差矩阵】（Sample Moments）、【隐含协方差矩阵】（Implied Moments）、【残差矩阵】（Residual Moments）、【修正指标】（Modification Indices）、【检验正态性与异常值】（Tests for Normality and Outlies）等，选择完毕后关闭窗口即可。

（4）进行模型估计。按【计算估计值】图像按钮进行模型估计，若模型没有界定错误或模型可以识别，则在模型【Model】方盒中会出现【OK：Default model】，并会呈现卡方检验值、自由度与相关统计量。若模型无法识别或假设模型协方差矩阵与样本协方差矩阵差异太大，则模型无法收敛，此时在【Models】方盒中会出现【××：模型名称】。若模型可以收敛，在模型信息窗口第五个方盒中的【计算摘要】（Computation Summary）中，会出现最小化完成的程序，模型适配度卡方检验值与自由度。此时，【浏览输出结果路径图】（View the Output Path Diagram）的图像会出现，点击会出现模型图中【未标准化估计值】的参数。同样。点选【标准化估计值】按钮，即可输出标准化估计值的模型图。

（5）假设模型检验。点选【浏览文字】（View Text）工具图像钮，可以查看模型的各项统计数据。点选【浏览文字】（View Text）工具图像或执行菜单【View】（浏览）→【Text Output】（文件输出结果）程序后，可开启【Amos Output】（Amos 结果输出）对话窗口，点选左边的树状目录，右边会出现其详细内容。根据各项适配度统计量、参数估计值判别假设模型与数据是否适配，若假设模型（Model）与样本数据（Data）无法契合，则需要进行模型修正。

（6）模型修正后的检验。模型修正后按上述方法再次进行模型的检验（model testing）。若模型修正后仍无法适配，则考虑模型的重新建构。

（7）模型检验的诠释。无论假设模型与数据是否适配，研究者要针对输出结果报表加以解释（Interpretation），模型检验的结果应包括整体模型适配度统计量（Fit Statistics）和参数估计值（Parameter Estimates）。

9.6.3　应用示例

下面以成年人生活满意的路径分析为例，说明 AMOS 软件的具体应用。

1. 进行模型建构

根据理论文献与经验认为，成年人的"薪资所得"与"身体健康"两个变量会直接影响到"家庭幸福"与"生活满意"两个变量，而"家庭幸福"与"社会参与"两个变量也会直接影响到成年人的"生活满意"。根据研究假设绘制的路径模型图及增列的误差变量如图 9-10 所示。

2. 界定各变量名称

开启数据文件，共有五个变量，名称分别为"社会参与""家庭幸福""薪资所得"

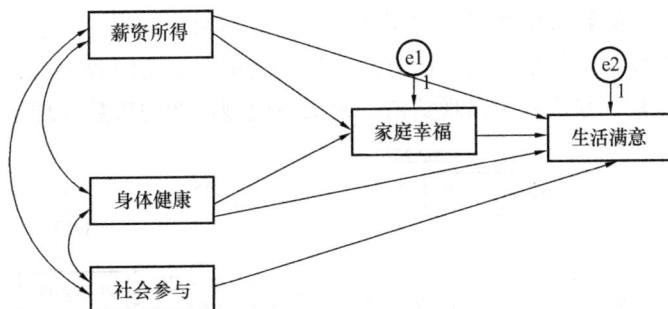

图 9-10　成年人生活满意路径模型及误差变量图

"身体健康"和"生活满意"。选取数据文件后，点选【列出数据集内的变量名称】按钮，分别设定观察变量、误差变量（e1、e2）的变量。

3. 选择相关统计量

开启【分析属性】选择要呈现的统计量，如图 9-11 所示，选择完毕后关闭窗口。

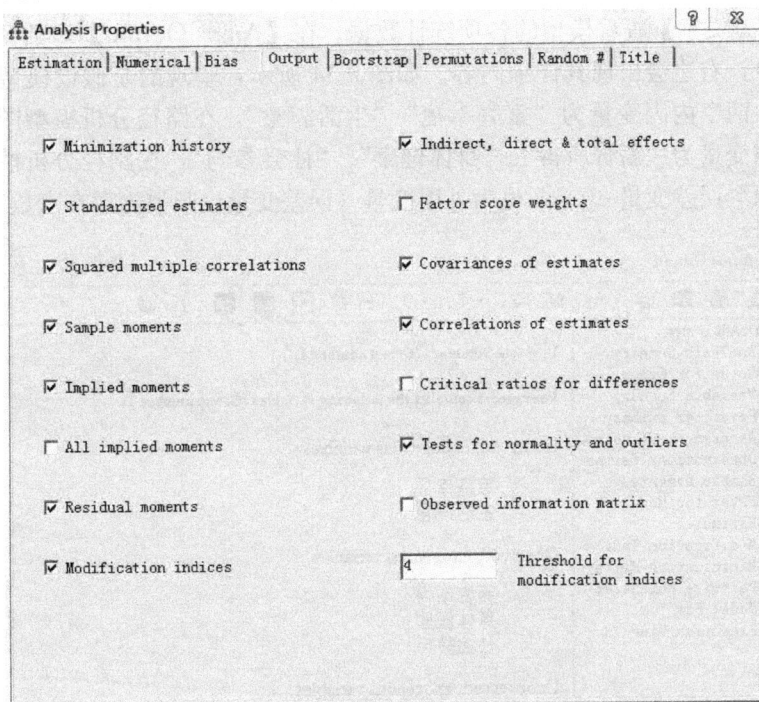

图 9-11　分析属性列示图

4. 进行模型估计

按【计算估计值】图像按钮进行模型估计，在模型【Model】方盒中出现【OK：Default model】，并会呈现卡方检验值、自由度与相关统计量，图 9-12 表明该理论模型的界定没有问题。

此时，点击【浏览输出结果路径图】，出现模型图中【未标准化估计值】的参数。图 9-13 所示为点选参数格

图 9-12　卡方检验值、自由度与相关统计量

式中【未标准化估计值】输出结果的模型图。图中双箭号上的数字为两个变量的协方差，观察变量右上方的数字为每个自变量的方差。外因变量右上角的数字为其方差，误差项右上角的数字为其方差。方差值未出现负值，表明该模型估计的参数合理。

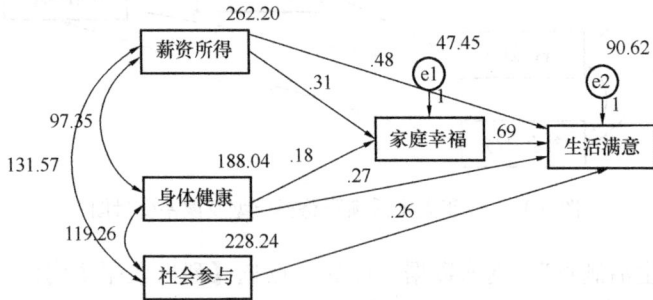

图 9-13　未标准化估计值输出结果

5. 假设模型检验

点选【浏览文字】查看模型的各项统计数据。在【Amos Output】对话窗口，点选左边的树状目录，右边会出现其详细内容。如图 9-14 所示，呈现的是假设模型图中的变量设定摘要表，两个内因变量为"家庭幸福""生活满意"，在路径分析模型图中作为依变量；三个外因变量为"薪资所得"、"身体健康"、"社会参与"，在路径分析模型图中作为自变量，而两个误差变量 e1、e2 也为外因变量（误差变量也归类为潜在变量）。

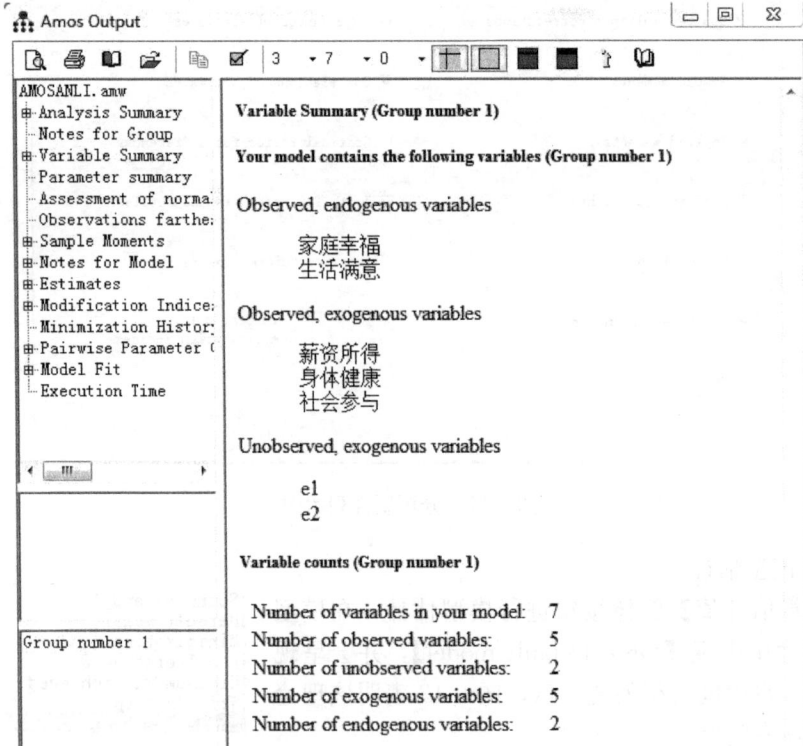

图 9-14　变量设定摘要表

图 9-15 呈现的是模型注解，模型的自由度为 1，适配度卡方值为 0.179，显著性概率值为 0.672，未达 0.05 的显著水平，接受假设，表示观察数据的矩阵与假设模型隐含的矩阵相契合。

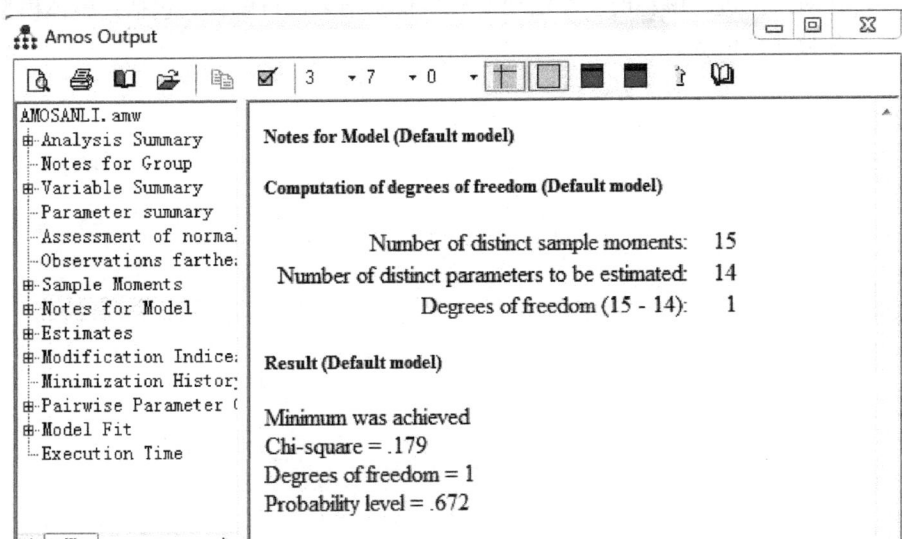

图 9-15　模型注解

图 9-16 呈现的是修正指标内容，根据修正指标及期望参数改变值可以对假设理论模型做适度修正，该模型的修正指标表中未呈现修正指标值，表示假设模型与样本数据是契合的。

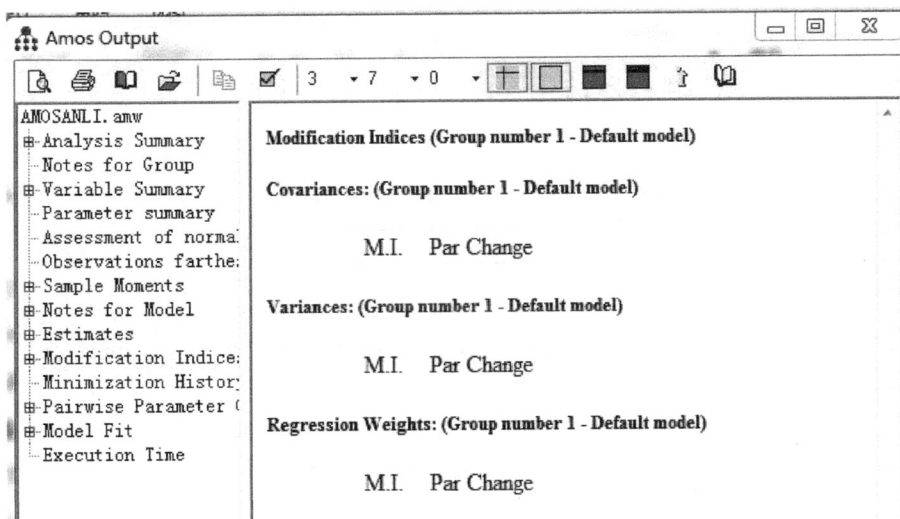

图 9-16　修正指标内容

6. 进行模型的修正

因该假设模型图是根据大量文献资料及合理的理论假设建立，并已通过检验，表明假设合理、数据契合、模型成立，因此不需要再进行模型修正。如果遇到假设模型与样本数据不相契合，模型界定错误的情况，则需要重新研究假设，修正理论模型，并按上述方法继续进行模型检验。

此外，在对模型进行解释时，均需要对模型检验结果进行解释，包括：整体模型适配度统计量、参数估计值等。

第10章 群体关系分析方法

从某种意义上讲，可以将整个社会看成是由多个群体、多个组织构成的网络结构。在这个网络结构中，每个人（个体）、群体、组织都不可避免地要与其他人、其他群体、其他组织产生关联，甚至每个群体、组织中的个体之间也要产生关联。每个关联都会对个人、群体、组织的发展产生或多或少的影响。这种关联便形成群体关系。研究群体关系，是对个人、群体、组织内部结构、内部机能的最好诠释，也是提升群体绩效的最佳途径之一。群体关系的常用分析方法有：社会网络分析法和系统动力学法。

10.1 社会网络分析法

10.1.1 问题的提出

在分析解决经济社会的有关问题时，经常需要描述和测量行动者之间的关系或通过这些关系流动着的各种信息、资源等。

例如，某一组织的管理者希望提升组织整体绩效，需要详细了解组织内员工的整体情况，了解组织内部潜在的各种信息，并发现能够通过人员关系反映出来的问题。具体而言，管理者希望在个人层次上了解的情况有：①一个人通过某些关系可以获得什么样的资源；②一个人在这个资源网络中处于什么样的位置；③一个人会因其所处位置而得利还是受到何种限制。管理者希望在组织层次上了解的情况有：①组织成员之间形成的关系网络呈现什么样的结构形态；②组织的网络结构形态是否有利于成员间的协作和信息流通；③组织内的互信关系和普遍性信任如何建立与维持；④组织现有工作流程是否合理。只有充分了解这些情况和信息，管理者才能采取有效措施提高组织整体绩效。

再如，某非政府组织欲通过对组织成员之间现有的关系网络、协作网络、知识共享网络、信息流通网络进行深入分析，结合组织整体绩效现状提出优化管理策略。

从以上示例可以看出，管理者想要了解的情况，无论是个人层次还是组织层次，都是在关注关系与关系网络结构如何带来特定资源或引发特定行动。而社会网络分析法（Social Network Analysis，SNA）可以很好地解决上述问题。首先，SNA可对"关系"这种非定量的数据进行测量和量化分析，将改善组织内的成员关系网络变为一个直观可控和可量化测评的过程，使组织管理者在全面了解和掌握组织内部关系网络实际情况的前提下，应用相关理论提升组织整体绩效。其次，SNA可提供科学有效的度量方法和度量指标，从多个角度解读组织成员的整体情况。例如，用"密度"解读网络的整体活跃程度，用"中心度"解读个体成员的重要性，用"派系分析"解读网络是否派系林立等。

10.1.2 基本原理

社会网络分析法是一种综合运用图论、数学模型来研究行动者与行动者、行动者与其所处社会网络以及一个社会网络与另一社会网络之间关系的结构分析方法。其中，"行动者"或称"节点"，可以是一个个体，也可以是一个群体、组织，甚至是一个国家，这些行动者及其关系就构成了社会网络。自人类学家 Barnes（1954）首次使用"社会网络"的概念来分析挪威某渔村的社会结构以来，SNA 被视为研究社会结构的最简单明朗、最具有说服力的研究方法之一。目前，SNA 已被广泛应用于社会网络关系发掘、支配类型发现（关键因素）及信息流跟踪等方面。

1. 社会网络分析目的

社会网络分析的关键在于将复杂多样的关系形态表征为一定的网络构型，从结构和功能交互作用入手，揭示网络结构对个人和整体功能的影响。

（1）网络结构对个人的影响：行动者之间的关系通常不是完全对称的，因此，物质资源和信息资源在流通上也是不对称的。行动者在网络中的结构位置不同，他们获取资源的能力也不同。

（2）网络结构对整体的影响：网络规模大小会影响行动者之间的关系。组织中的某些行动者联系过于紧密，即形成派系，不利于其他行动者之间的信息共享。

2. 社会网络分析方法及指标

目前，社会网络分析已有多种测量与分析技术，并形成了系列指标体系，见表 10-1。

社会网络分析的方法与指标 表 10-1

分析方法	测量指标
图论法	度、密度、关联度、图的中心度
节点和边指标	点中心度、范围、密度、可达性
空间表达形式	相似性、节点测量的多维尺度和聚类
子群	派系、宗派、块集族
块矩阵和关系模型	聚类模型、层次派系模型、随机块模型
概率模型	随机块模型、马尔可夫图

3. 社会网络分析内容

研究者可从多个不同角度对社会网络进行分析，包括关系距离及中心性分析、凝聚（子群）分析、核心-边缘结构分析等。

（1）关系距离及中心性分析：

1）度（Degree）。是指社会网络图中邻点的个数。

2）密度（Density）。是指社会网络图中各个点之间关系的紧密程度。社会网络图（无向图）的密度公式如下：

$\rho = \dfrac{2L}{n(n-1)}$，其中，$n$ 为图中节点数目，L 为图中线的数目。

3）中心度（Centrality）。中心度反映的是行动者在社会网络中的位置或优势，包括节点中心度、整体中心度和中间中心度。

①节点中心度（Point Centrality）。是指与某行动者直接相连接的点的个数及其标准化形式，包括：绝对中心度和相对中心度。一个行动者与其他很多行动者有直接联系，该行动者就处在中心地位。与其他行动者联系得越多，说明此行动者越重要。

②整体中心度（Closeness Centrality）。是指某行动者与图中其他所有点的捷径距离

之和，如果一个行动者与网络中其他行动者的距离都很短，则称该行动者具有较高的整体中心度。整体中心度可分为绝对整体中心度和相对整体中心度。相对整体中心度可用来比较来自不同规模网络中两个行动者的整体中心度的大小。

③中间中心度（Betweenness Centrality）。用来测量行动者对资源的控制程度。假设在行动者 X 和 Y 之间存在 n 条捷径，一个行动者 Z 相对于 X 和 Y 的中间度是指该点处于 X 和 Y 的捷径上的能力，即：经过点 Z 并且连接这两点的捷径数与这两点之间捷径总数之比。

（2）凝聚（子群）分析。派系（Subgroup）是指社群中一小群人关系特别紧密，以至于结合成一个次团体。这样的团体在社会网络分析中就是凝聚子群，也被形象地称为"小团体"。凝聚子群的密度（External-Internal Index，E-I Index）可用来衡量一个大的社会网络中"小团体"现象是否十分严重，其取值范围为 $[-1, +1]$。E-I Index 的值越接近于 $+1$，表明关系越趋向于发生在群体之外，意味着派系林立的程度越小；E-I Index 的值越接近于 -1，表明关系越趋向于发生在群体之内，意味着派系林立的程度越大；E-I Index 的值越接近于 0，表明派系内外关系数量差不多，关系趋向于随机分布，看不出派系林立的情形。

（3）核心-边缘（Core-Periphery）结构分析。核心-边缘结构分析的目的是研究社会网络中哪些节点处于核心地位，哪些节点处于边缘地位。核心-边缘结构分析可用于分析精英网络、科学引文关系网络以及组织关系网络等多种社会现象。

根据关系数据的类型（定类数据和定比数据）不同，核心-边缘结构有不同的形式。一般来说，定类数据是指用数字表示类别，但这些数字不能用来进行数学计算；而定比数据是指用数值来表示的，可用来进行数学计算。对于定类数据，可以构建离散的核心-边缘模型；对于定比数据，则可构建连续的核心-边缘模型。根据核心成员与边缘成员之间关系的紧密程度不同，离散的核心-边缘模型又可分为 3 种，即：①核心-边缘全关联模型；②核心-边缘局部关联模型；③核心-边缘关系缺失模型。

4. 社会网络分析步骤

社会网络分析计算过程复杂，通常需要借助软件来实现。目前，有 UCINET、Pajek 和 NetMiner 三种典型的社会网络分析软件。其中，UCINET 软件的使用最为普遍。社会网络分析一般需按数据准备、数据处理和数据分析 3 个步骤进行。

（1）数据准备。使用问卷或其他调查方法收集数据，整理数据后按规定格式形成关系矩阵，以备数据处理时使用。关系矩阵有三种：邻接矩阵、发生矩阵和隶属关系矩阵。如果邻接矩阵的值为二值矩阵，则其中的"0"表示两个行动者之间没有关系，"1"则表示两个行动者之间存在关系，见表 10-2。

关系数据矩阵表现形式（二值矩阵） 表 10-2

行动者	A	B	C
A	—	1	0
B	1	—	1
C	0	1	—

（2）数据处理。按照不同的操作，数据处理工作可分为以下两种类型：

1）测量。通过测量可完成的社会网络分析有：网络的基本属性、中心性、连通性、结构洞①等。测量的结果往往会形成一些数据集合，这些数据集合是得出结论的重要依据。

2）探索性分析。通过探索性分析可完成的社会网络分析有：凝聚子群分析、网络位置与角色分析和结构洞等。探索性分析的数据处理路线往往会存在路径的分支与循环等复杂结构，需要研究者依据一定的判定依据进行判断后进行相应的选择才能完成。

（3）数据分析。当数据处理完毕后，往往会得到一些可视化的图或数据表等信息。可从这些图或数据表等信息中得出相关结论。其中，常用的图形有以下两种：

1）社群图。社群图表示关系模式，如图 10-1 所示。图中每个节点表示一个行动者，节点名称一般就是行动者的姓名或代号。图中线段表示行动者之间具有关系，若两个行动者之间没有连线，则表明二者之间没有直接联系；线段上的箭头表明关系的方向，线段上的数字代表关系的强度。

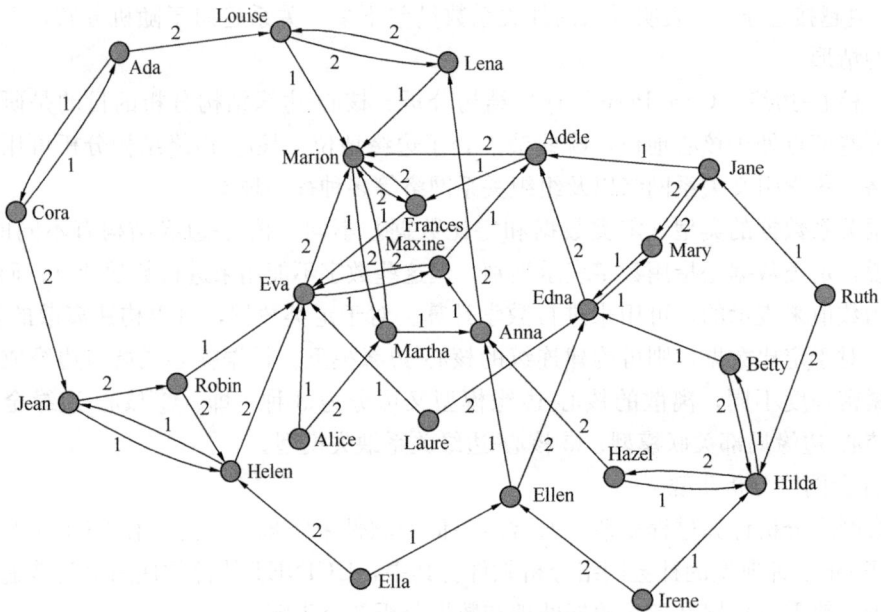

图 10-1　二维视图的社群图

2）网络位置图。网络位置图表示关系数据集中的行动者在社会网络中的位置分布，最常见的位置分布就是核心-边缘模型，如图 10-2 所示。该模型可体现被观察社会团体中，哪些个体处于核心位置，哪些个体处于边缘位置。

5. 应用社会网络分析法需注意的问题

---

① 伯特（Burt，1992）是最早系统阐述"结构洞"概念的学者。按照伯特的观点，当网络中行动者之间没有直接关系或关系缺失时，网络就会出现空洞，即所谓的"结构洞"。"结构洞"之所以重要，是因为"结构洞"通常构成了网络中信息折射和资源流动的"阀门"，是否折射或流动、如何折射或流动，这一切都可以掌控在占据"结构洞"的行动者手中。因此，在网络中占有的"结构洞"越多，行动者在结构上所占的优势就越大，通过这些优势获得回报的可能性就越高。

很多研究者在应用社会网络分析法时，存在某些偏离轨道的现象：一是集中研究关系的形式，而不再分析关系的性质，从而遁入形而上学的思辨；二是热衷于发展更为精巧的数学技术、数量模型和图表符号来描述假设成分越来越多的网络结构，容易给人造成网络分析就是数学游戏的误解。为此，在应用社会网络分析法时，应在尊重事实的基础上，科学合理地获取数据，以解决问题为目的，寻求关系的实质。

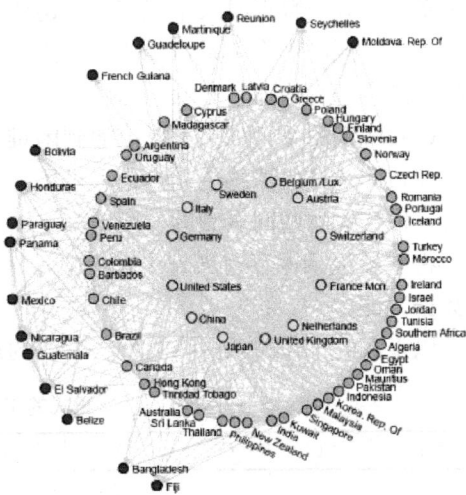

图 10-2　Pajek 软件绘制的核心-边缘位置图

此外，在应用社会网络分析法时，还应注意其局限性：

（1）缺乏动因分析。离开行动者的动因，不仅无法理解网络对行动的意义，而且也无法解释某些网络现象。

（2）动态分析不足。不能将社会网络结构看成是给定的，而必须能够说明其起源和持续发展。

（3）轻视社会网络本身的嵌入性。社会网络本身嵌入在制度、政治、文化等架构之中，不能被视为自我再生的地位和角色结构。

（4）回避社会网络的文化内涵。虽然很难对偏重内涵的文化维度进行适宜的技术操作，但如果不考虑人类行为的象征方面和实质价值，社会网络就只能是空洞的网络，充其量是一种没有灵魂的结构。

10.1.3　应用示例

某企业希望应用社会网络分析法了解其员工的整体情况，并通过社会网络分析的关系数据，研究企业存在的其他能通过人员关系反映出来的问题。

测量的关系内容包括：正式的工作联系；咨询关系；非正式的情感联系。分析时首先需要界定所分析的总体：选取该企业中 56 名员工，即认为有 56 个节点（数量比较多，选用邻接矩阵来记录调查数据）。出于保护个人隐私的考虑，以"部门首字母＋员工编号"来表示不同员工，见表 10-3。

员　工　编　码　　　　　　　　　　　　　表 10-3

部门	员　工　编　码	部门	员　工　编　码
C	C01，C01，C03	F	F01，F02，…，F04
MM	MM01，MM02，…，MM04	R	R01，R02，R03
P	P01，P02	SM	SM01，SM02，SM03
M	M01，M02，…，M14	ZF	ZF01，ZF02，…，ZF05
A	A01，A02，…，A09	SF	SF01，SF02，…，SF10

1. 数据准备

本例要收集的数据分为 3 类：一是正式的工作关系；二是咨询关系；三是非正式的情

感关系。在收集数据时采用观察法和访谈法，着重了解和记录如下问题：

（1）正式的工作关系：你的工作内容由谁确定？你的工作向谁汇报？你在工作上需要与哪些同事进行沟通？

（2）咨询关系：如果工作上遇到困难，你经常与组织中哪些同事请教或讨论？

（3）非正式的情感关系：你手机里存了哪些同事的电话？如果你有工作或生活上的烦心事，你会对哪些同事倾诉？

将原始记录保存在 Excel 表格中，然后利用 UCINET6 将其转化为 UCINET 可分析的数据文件。

以正式的工作关系网络为例，形成的矩阵见表 10-4。

正式的工作关系网络矩阵　　　　　　表 10-4

员工	C01	C02	C03	MM01	MM02	…	SF08	SF09	SF10
C01	—	1	1	1	1	…	0	0	0
C02	1	—	1	1	1	…	0	0	0
C03	1	1	—	0	0	…	0	0	0
MM01	1	1	0	—	1	…	0	1	1
MM02	1	1	0	1	—	…	1	0	0
…	…	…	…	…	…	—	…	…	…
SF08	0	0	0	0	0	…	—	0	0
SF09	0	0	0	1	0	…	0	—	1
SF10	0	0	0	1	0	…	1	1	—

对于表 10-4 所示的矩阵，$a_{C01,C02}=1$ 表示员工 C01 在工作中需要联系员工 C02（横坐标为主动联系人，纵坐标为被动联系人），在社群图中则有由节点 C01 指向节点 C02 的箭头；同理，$a_{C01,SF10}=0$ 表示员工 C01 在工作中不需要联系员工 SF10，在社群图中则没有从节点 C01 指向节点 SF10 的箭头。正式工作关系社群图如图 10-3 所示。

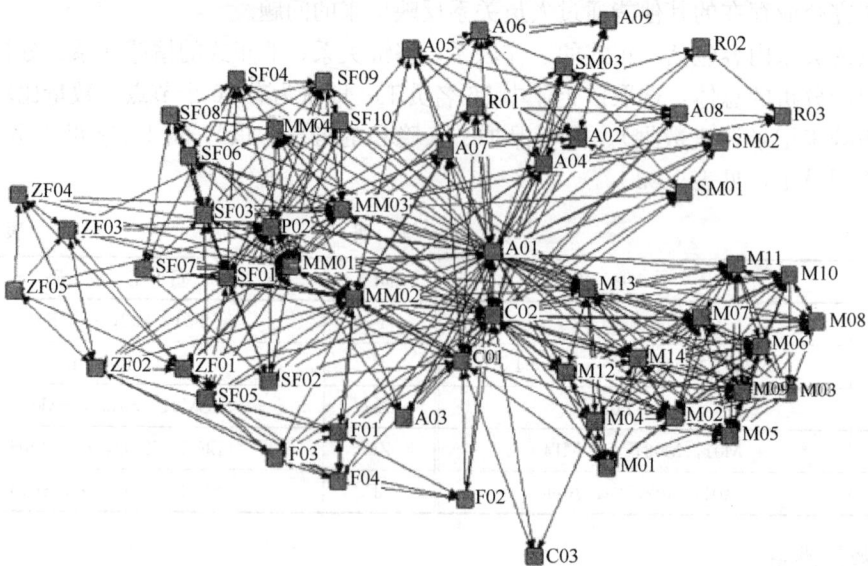

图 10-3　正式工作关系社群图

2. 社会网络分析

（1）关系网络的整体结构分析。通常从关系网络的密度入手，通过分析网络密度，可以了解组织内部工作流程的合理性以及信息共享或情感交流情况。一般来说，密度较大的组织合作行为较多，信息流通较易；而密度很小的组织，则常有信息不通、情感支持太少、工作满意度低等问题。应用 UCINET6 软件，用 Network→Cohesion→Density→（new）Density Overall 命令计算出三个关系网络的密度，结果见表 10-5。

三种关系网络的密度　　　　　　　　　　　　表 10-5

网 络 类 别	Density	No. of Ties
正式工作联系网络	0.1971	607.0000
咨询关系网络	0.0458	141.0000
情感关系网络	0.0390	120.0000

由表 10-5 可知，正式工作关系网络的密度为 0.1971，关系纽带数为 607；咨询关系网络的密度为 0.0458，关系纽带数为 141；情感关系网络的密度为 0.0390，关系纽带数为 120。可见，除正式工作关系网络外，情感关系网络和咨询关系网络的密度很小，说明该企业成员间的联系主要是工作关系，非正式的情感交流和互相学习的程度都很低。

（2）个体行动者位置分析。个体行动者的位置包括中心性位置和中介性位置。

1）中心性位置。在社会网络中，各行动者之间是不平等的，有的处于中心位置，有的处于边缘位置，因而在拥有的资源和信息等方面存在很大差距。中心性位置代表了正式或非正式的高社会地位以及拥有正式或非正式的权力和影响他人的能力，中心性位置可以被诸如点度中心度、整体中心度等社会网络分析变量来衡量。

2）中介性位置。中介性位置类似于"桥"的概念，能够起到连接性作用，可以体现某行动者在网络知识和信息流动中的重要程度。在社群图中，必须经过该节点的关键路径（最短路径）数越多，该节点的中介度越高，该节点在网络知识和信息流动中的影响也就越大。中介性位置可使用中间中心度概念加以衡量。

计算咨询关系网络的上述指标，计算结果见表 10-6。

咨询关系网络中心度指标计算结果（部分）　　　　　表 10-6

序　　号	员　　工	Degree	Closeness	Betweenness	Eigenvector
1	C01	27.273	55.556	18.845	48.172
2	C02	40	57.895	41.832	52.149
3	C03	3.636	39.007	0	12.073
4	MM01	32.727	53.922	22.324	49.954
5	MM02	21.818	51.402	13.533	42.316
6	MM03	14.545	39.568	4.621	21.469
7	MM04	7.273	39.007	0.124	19.586
8	P02	29.091	51.402	12.976	49.012
9	M01	5.455	39.286	0.122	13.294
10	M02	16.364	42.3080	6.517	18.839

序　号	员　工	Degree	Closeness	Betweenness	Eigenvector
11	M03	5.455	38.194	0.061	10.143
12	M04	3.636	40.146	0	11.368
13	M05	9.091	38.732	1.922	10.400
14	M06	9.091	39.007	3.035	10.123
15	M07	9.091	39.007	3.035	10.123
16	M08	5.455	30.387	0.025	4.737

从表 10-6 可以看出，在该企业咨询关系网络中，点度中心度和整体中心度很高的员工有 C02、C01 和 MM01，比较高的员工有 P02 和 MM02，这些成员因掌握最多的组织内信息和知识，成为别人咨询的主要对象，是在工作中具有声望或具有知识权威的成员。这一类成员可视为是该企业无尺度网络中的集散节点，企业管理者应降低这些岗位的离职率。另一方面，该企业多数成员间互相学习的程度不高，表明该企业距离学习型组织还有较大差距。

（3）派系分析。用 UCINET6 计算合并后的整体关系数据，得到的结果见表 10-7。

派系分析结果　　　　　　　　　　　　　　表 10-7

CLIQUES			
13cliques found.			
1	MM02	MM03	MM04	P02
2	MM01	MM02	MM03	P02
3	MM02	M03	M04	
4	C01	C02	C03	
5	C01	C02	A01	
6	C02	M01	M02	
7	C01	A01	R01	
8	M07	M09	M11	
9	M08	M09	M10	M11
10	M11	M12	M13	M14
11	M12	M13	M14	F03
12	A04	R01	R02	R03
13	ZF03	ZF04	ZF05	

从表 10-7 可以看出，该企业内部有 30 个成员分布在 13 个派系中，另有 26 名成员不隶属于任何派系，他们是孤立的。在 13 个派系中，有几名成员是多个派系的群体共享成员，如 C01、C02，这类成员在该组织网络中居于重要地位。

衡量一个整体网络的派系情况是否严重，可采用 E-I 指数（External-Internal Index）。本例分别对正式工作关系网络、咨询关系网络、情感关系网络的 E-I 指数进行计算，结果分别见表 10-8、表 10-9 和表 10-10。

正式工作关系网络 E-I 指数计算结果　　　表 10-8

E-I INDEX

Density matrix

		1	2
		0	1
1	0	0.178	0.283
2	1	0.283	0.429

730ties.

Whole Network Results

		1	2	3	4
		Freq	Pct	Possible	Density
1	Internal	382.000	0.532	1850.000	0.206
2	External	348.000	0.477	1230.000	0.283
3	E-I	−34.000	−0.047	−620.000	−0.201

E-I Index：−0.047

Expected value for E-I index is：−0.201

咨询关系网络 E-I 指数计算结果　　　表 10-9

E-I INDEX

Density matrix

		1	2
		0	1
1	0	0.035	0.122
2	1	0.122	0.248

260ties.

Whole Network Results

	1	2	3	4
	Freq	Pct	Possible	Density
Internal	110.000	0.423	1850.000	0.059
External	150.000	0.577	1230.000	0.122
E-I	40.000	0.154	−620.000	−0.201

E-I Index：0.154

Expected value for E-I index is：−0.201

情感关系网络 E-I 指数计算结果　　　表 10-10

E-I INDEX

Density matrix

		1	2
		0	1
1	0	0.046	0.058
2	1	0.058	0.500

1520ties.

Whole Network Results

续表

		1	2	3	4
		Freq	Pct	Possible	Density
	Internal	128.000	0.842	2664.000	0.048
	External	24.000	0.158	416.000	0.058
	E-I	−104.000	−0.684	−2248.000	−0.730

E-I Index：−0.684

Expected value for E-I index is：−0.730

由表 10-8 可知，正式工作关系网络的分区群体密度没有明显差距，E-I 指数为 −0.047，是一个接近 0 的数值，这表明该企业正式工作网络中的关系趋向随机分布，看不出派系林立的情形。

由表 10-9 可知，咨询关系网络的分区群体密度同样没有明显差距，E-I 指数为 0.154，落在 [0, 1] 区间内，这表明该企业咨询网络中也不存在派系林立的情形。

由表 10-10 可知，情感关系网络的分区群体密度差距明显，E-I 指数为 −0.684，比较接近 −1，意味着派系林立的程度较大。当然，由于正式工作关系网络和咨询关系网络并未形成明显派系，表明该企业内非正式组织并未对正常工作造成负面影响，继续保持对非正式组织的正确引导即可。

10.2 系统动力学法

10.2.1　问题的提出

在管理科学研究和实践中，经常需要分析社会经济系统中一些变量之间的相互影响作用，如：税收、货币及土地三项宏观调控政策会对房地产价格带来一定影响，如何进行测度？再如，在工程建设中，承包商的生产能力、项目管理能力会对项目综合绩效产生一定影响，如何进行测度？在研究此类问题时，会面临许多阻碍：

（1）定量数据缺乏。例如，对于税收、货币及土地政策对房地产价格影响的分析，不仅历史数据有限，而且宏观调控政策本身包含许多难以量化的指标变量；对于承包商的生产能力、项目管理能力等，也很难给出量化的指标变量。

（2）发展规律具有长期性。以房地产市场为例，其发展本身就具有长期性和周期性。西方经济也经常出现各种周期性波动，如 5 年左右的短周期，15 年左右的中周期及 40～80 年的长周期等。因此，研究此类问题本身具有长期性特点。

（3）高阶、非线性数据处理过程。社会经济系统非常复杂，因而描述其发展规律的方程往往是高阶、非线性的，用常规的数学手段很难从求解方程中获得完整信息。采用降阶、线性近似等方法，虽然能使求解变得容易，但得到的解可能很不可靠，甚至丢掉了非常重要的部分。

因此，在研究复杂社会经济系统时，如何选择有效的工具和数据，将是一大难题。系统动力学模型是一种因果机理性模型，它强调系统行为主要是由系统内部机制决定的，因而其仿真时间可以较长，这对于研究具有发展规律具有长期性的大惯性社会经济系统将是十分必要的。

10.2.2　基本原理

系统动力学（System Dynamics，SD）在 20 世纪 50 年代中期由美国麻省理工学院福雷斯特（Forrester，J. W.）教授首创。20 世纪 70 年代初，福雷斯特的学生梅多斯（D. H. Meadows）应用系统动力学建立了世界模型，并在 1971 年罗马俱乐部发表了题为"增长的极限"的研究报告，之后他们研究了世界范围内人口、自然资源、工业、农业和污染诸因素之间的相互联系、制约和作用以及生产的各种可能结果，从而使系统动力学的应用向着复杂非线性、由多重反馈环组成的社会系统发展，为研究社会经济系统问题提出了新的解决方法。系统动力学自创立以来，其理论、方法和工具不断完善，应用方向日益扩展，在处理工业、经济、生态、环境、能源、管理、农业、军事等诸多人类社会复杂问题中发挥了重要作用。

1. 系统动力学的基本要素

系统动力学本质上是一种基于系统思维的计算机模型方法。系统动力学将世界上一切系统的运动假想成流体运动，采用因果关系图（Causal Loop Diagram）和系统流图（Stock and Flow Diagram）来表示系统结构，用公式来定义各个变量之间的关系。

（1）因果关系图。因果关系图以反馈回路（原因与结果的闭合路径）为组成要素，能够清晰地表达系统内部非线性因果关系。反馈回路的多少是系统复杂程度的标志。系统中两个变量之间的因果关系，可以是正关系、负关系、无关系或复杂关系（因果关系时正时负）。在因果关系图中，两个变量之间的正负关系分别用带"＋"、"－"号的箭头表示。当这种关系从某一变量出发经过一个闭合回路传递，最后导致该变量本身的增加时，这样的回路称为正反馈回路；反之，则称为负反馈回路。图 10-4 为某鼠群模型的因果关系图。

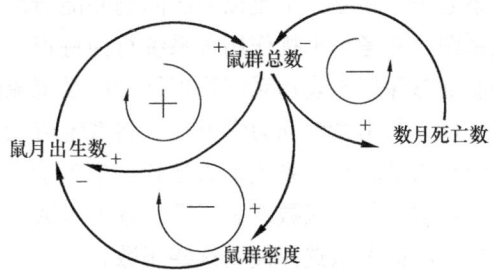

图 10-4　鼠群模型的因果关系图

（2）系统流图。系统流图是系统动力学建模的基础。系统流图由 3 类元素组成：流位变量、流率变量和信息。与因果关系图不同的是，系统流图中区分了流位、流率变量。图 10-5 为某鼠群模型的系统流图。其中，矩形框中的变量是流位，流位是随时间而变化的积累量，是物质、能量与信息的储存环节；用阀符号表示的是流率，它表示了水平变量变化的快慢；没有矩形框的是辅助变量或常数，云状图表示的是系统边界。

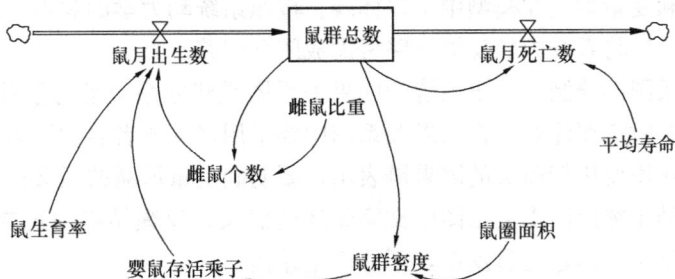

图 10-5　鼠群模型的系统流图

（3）系统动力学方程。根据系统流图中表示的反馈关系，各个变量之间的关系可用公式来定义，即：

$$\frac{x}{\mathrm{d}(x)}x(t) = f(x,t) \tag{10-1}$$

其中，x 是流位向量，p 是一组参数，f 是非线性向量函数。该公式是含时滞的方程，因为其中向量 x 及其他参数是其前一时刻值的函数。

系统流图中的每一流位都需要一个微分方程，流入或流出的物质、能量和信息等都需要明确的数学表达式。一个系统动力学模型就是一系列非线性微分方程组。运行模型时须给出流位变量的初始值。

2. 系统动力学应用步骤

系统动力学建模是通过因果关系图、系统流图建立结构模型，然后建立变量间的数学关系方程。从本质上讲，模型构建过程具有一定的创造性，要想成功地构建模型，应严格遵循以下步骤：

（1）确定系统边界。针对所要研究的实际问题，说明问题提出的背景、问题涉及的关键变量、问题的研究时限以及必须掌握的基本资料和数据等。

（2）建立因果关系图和系统流图。根据所要研究的实际问题，将系统中涉及的各因素联系起来，建立一个足以解决问题并能清楚表达系统中因素间相互作用、相互影响的因果关系图。并考虑干扰作用等系统行为特点，在因果回路的基础上，根据变量的内在关系，绘制能够深层次表达系统物理结构的系统流图。

（3）写出系统动力学方程。将系统流图中各因素间的关系用数学方程表示，形成一套系统动力学方程。系统动力学软件中关于变量之间数量关系及参数的确定方法有很多，如阶跃函数、斜坡函数、表函数、延迟函数、选择函数、脉冲函数等，在实际应用时可根据变量之间的关系选择使用这些函数。

（4）进行仿真试验和计算。将系统动力学方程输入计算机进行模拟计算，测试所建立的模型是否能够较为准确地表现所研究的问题。

（5）进行比较与评价。借助最终形成的模型，结合研究问题实际，通过调控模型中各参数变化，来观察各种变化对最终结果的影响程度，做出相应的策略分析。

3. 应用系统动力学法需注意的问题

（1）科学合理确定系统边界。系统的界限是一个想象的轮廓，要力图将那些与建模目的关系密切、变量值较为重要的内容划入系统。在系统内部，凡是与所研究的动态问题有重要关系的概念和变量均应在模型中予以体现。按照系统动力学的观点，划定系统边界的一条基本准则是：应将系统中的反馈回路考虑成闭合回路。

（2）因果关系图的绘制。画出系统的因果关系图是建立系统动力学数学模型的基础。在绘制因果关系图时需要注意：在因果关系图中要采用名词或者名词短语，不用动词；变量之间的影响和作用要用带箭头的因果链表示；要明确变量增减的涵义；要尽可能确定变量的量纲，这有助于突出因果关系图中文字叙述的涵义；反馈结构一定要形成闭合回路；要区别反馈回路是正反馈还是负反馈，不能产生差错。

（3）对模型的真实性和有效性进行检验。一般而言，在系统动力学仿真试验和计算后，应对模型的真实性和有效性进行检验，主要包括四个方面：模型结构适合性检验；量纲检验；方程式极端条件检验；模型边界检验。

10.2.3　应用示例

这里应用系统动力学法来研究宏观调控政策对房地产价格的影响。在系统构建中，宏观调控政策主要以税收政策、货币政策及土地政策为研究对象。按通常理解，将房地产价格界定为商品房平均价格，且根据国家统计年鉴的数据统计口径，进一步将房地产价格限定为我国房地产二级市场的商品房价格。因此，这里主要研究的是税收政策、货币政策及土地政策对我国房地产二级市场商品房价格的影响。

1. 系统变量界定

考虑到宏观调控对房地产价格的影响是通过一系列中间变量来实现的，因此在构建系统动力学模型中，除涉及税收政策、货币政策及土地政策等宏观调控自身的变量外，还应考虑宏观调控对房地产价格的传导机制，纳入有代表性、相关性的中间因素，以保证系统的完整性。这里共选取 38 个变量进入系统，如图 10-6 所示。

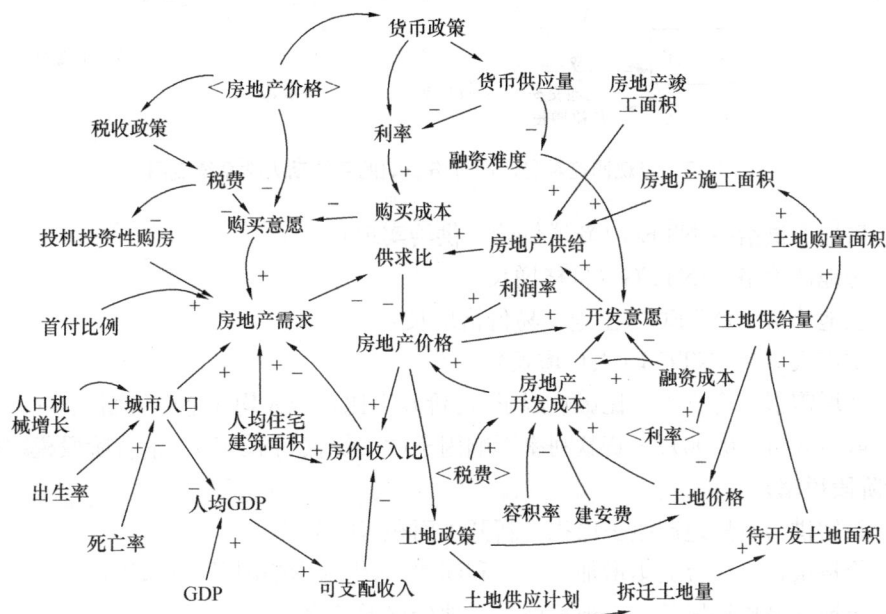

图 10-6　宏观调控对房地产价格影响的系统动力学因果关系图

2. 建立因果关系图和系统流图

在宏观调控对房地产价格影响的因果关系图（图 10-6）中，包含有 9 条关键回路，其中涉及税收政策的有 3 条、涉及货币政策的有 3 条、涉及土地政策的有 3 条。根据这些回路，可以清楚地看到各项调控政策对房地产价格影响的作用路径。

考虑到后期进行系统仿真的可操作性及数据的可获取性，在绘制系统流图时，将因果关系图进行简化处理，选取其中的主要因素做进一步研究，而忽略一些次要因素和难以量化的因素。经简化后建立的系统动力学系统流图如图 10-7 所示。

3. 写出系统动力学方程

在宏观调控对我国房地产价格影响的系统动力学模型中，主要变量间关系如下：

（1）地产需求＝INTEG（新增需求－需求实现）

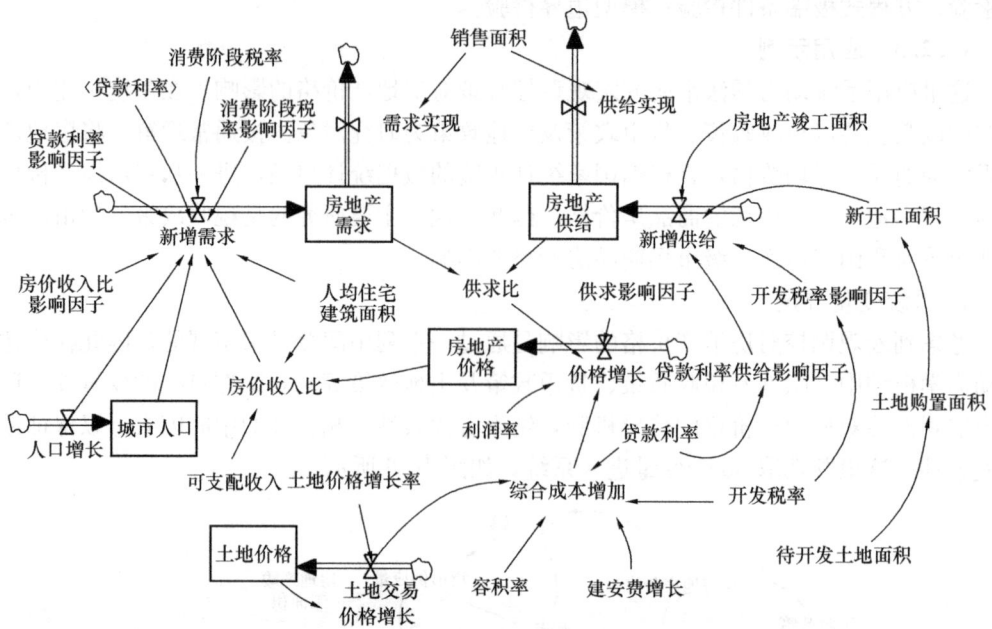

图 10-7　宏观调控对房地产价格影响的系统动力学系统流图

（2）房地产供给＝INTEG（新增供给－供给实现）

（3）房地产价格＝INTEG（价格增长）

（4）土地价格＝INTEG（土地交易价格增长）

（5）城市人口＝ INTEG（人口增长）

（6）新增需求＝房价收入比影响因子(房价收入比)×（人均住宅建筑面积×（人口增长×0.33＋城市人口×0.06））×贷款利率影响因子（"＜贷款利率＞"）×消费阶段税率影响因子(消费阶段税率)

（7）新增供给＝房地产竣工面积＋新开工面积×0.6

（8）价格增长＝综合成本增加×（1＋利润率）×供求影响因子(供求比)

（9）土地交易价格增长＝土地价格×土地价格增长率

（10）综合成本增加＝（土地交易价格增长/容积率＋建安费增长/0.65）×（1 ＋0.7×贷款利率/100）×（1 ＋开发税率）

4. 进行仿真试验和计算

根据所建立的系统动力学模型的因果关系图、系统流图及各系统变量的赋值，应用 Vensim 软件进行运行，得出 2003—2017 年间宏观调控政策下我国房地产价格仿真和模拟结果见表 10-11。其中，2015—2017 年数据为预测值。

宏观调控对房地产价格影响的系统仿真结果　　　　　　　　　　　表 10-11

年　份	房地产价格（元/平方米）	房价收入比
2003	2359	7.04
2004	2606	7.30
2005	2976	7.88

年　　份	房地产价格（元/平方米）	房价收入比
2006	3121	7.57
2007	3519	7.68
2008	3806	7.38
2009	4370	7.96
2010	5155	8.53
2011	5638	8.45
2012	6026	9.03
2013	6401	9.60
2014	6761	10.14
2015	7106	10.66
2016	7439	11.15
2017	7758	11.63

5. 进行比较与评价

通过对模型的真实性和有效性进行检验，说明所构建的系统动力学模型可用于系统分析宏观调控对房地产价格的作用机理，并可应用所建立的系统模型预测房地产宏观调控政策下我国房地产价格。我国房地产价格走势如图 10-8 所示。

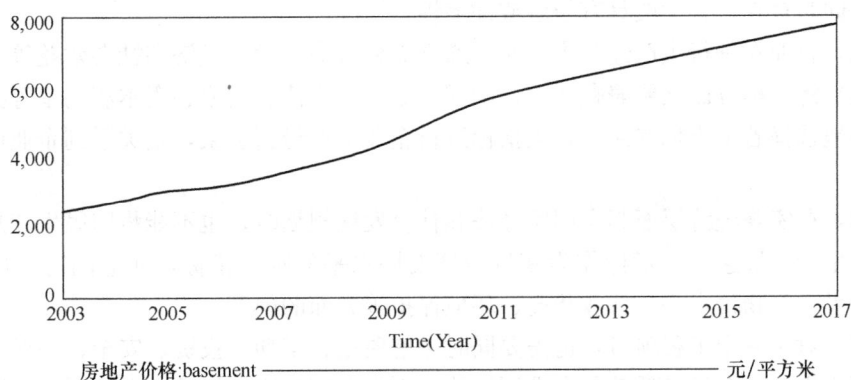

图 10-8　房地产价格走势图

第 11 章 决策及优化方法

当今社会是一个充满竞争而又富于挑战的复杂环境。在此环境中，无论是组织的战略规划层，还是经营管理层，乃至操作层，都需要权衡各方利益，考虑多个目标、多种约束条件，在所有可行方案中通过分析、判断和比较，寻求一种最佳方案，这就是决策。随着科学技术和现代化生产的飞速发展，现代系统规模增大，约束条件增多，使得实际问题变得日益复杂，与此同时，人们对决策的优化程度也逐渐提高，使得优化决策在各行各业中的地位越来越重要。目前，优化决策已渗透到管理、经济、军事和工程技术等领域的各个方面。计算机软硬件技术的快速发展，为科学决策及优化提供了有效手段；大数据的出现，又为科学决策及优化带来新的挑战。

11.1 多目标决策

11.1.1 问题的提出

人们在对客观事物进行分析判断和方案比选时，往往需要依据多个评价准则。这些准则经常是同时存在，且一般具有矛盾或冲突性。

例如，企业在进行生产经营决策时，通常需要考虑技术、经济和社会效益等方面的指标，而在经济指标方面又要兼顾产值、利润、成本、产值利润率、资本利润率等指标。因此，合理地选择若干指标并兼顾各项指标进行企业生产经营决策，是关系到企业成败的重要问题。

再如，在宏观经济层面制定国民经济和社会发展规划时，也不能将国民生产总值或国民收入、生产发展速度等指标作为衡量经济发展水平的唯一指标，而应同时考虑经济增长、生产投入、物价水平、就业状况、环境保护等方面的因素。

还有，对于一个工程项目，也需要同时考虑质量、工期、投资、安全、环保等因素。

总而言之，社会经济活动的多准则性迫使人们在管理决策活动中必须同时兼顾相互矛盾或冲突的多个因素。于是，多目标决策理论和方法便应运而生。

11.1.2 基本原理

在研究单目标最优化问题时，对于任意两个解，只要比较其相应的目标值，即可比较出优劣。单目标决策是一个决策指标值大小比较的问题，其本质是实数大小的比较。因为无论可行解 $x=(x_1, x_2, \cdots\cdots, x_m)$ 的维数 m 有多大，其目标函数值 $Z=f(x)$ 总是一个实数。特别需要指出的是，单目标决策问题的最优解 x^* 只要存在，不论其是否唯一，最优目标函数值 $Z^*=f(x)$ 总是唯一的，它是绝对最优的。

在研究多目标决策时，问题就复杂得多。因为多目标决策是多个指标值同时进行大小比较，其本质是向量大小的比较。这时，对应于任意一个可行解 $x=(x_1, x_2, \cdots, x_m)$，其目标函数已不是一个实数，而是一个实向量 $Z=[f_1(x), f_2(x), \cdots, f_n(x)]$（假

定有 n 个目标）。为此，决策者需要根据自己的偏好，综合考虑各个可行解的各项指标值后进行决策。

具有有限个离散方案（可行解）的多指标决策是一类特殊的多目标决策问题。这里主要介绍多指标决策方法。

1. 多指标决策的构成要素

一个多指标决策问题由以下 3 个要素构成：

（1）有 n 个评价指标 f_j，$(1 \leqslant j \leqslant n)$；

（2）有 m 个决策方案 A_i，$(1 \leqslant i \leqslant m)$；

（3）有一个决策矩阵 $D = (x_{i,j})_{m \times n}$，$(1 \leqslant i \leqslant m，1 \leqslant j \leqslant n)$。其中，元素 $x_{i,j}$ 表示第 i 个方案 A_i、第 j 个评价指标 f_j 的指标值。决策矩阵 D 是一个具有 m 行 n 列的矩阵。

多指标决策就是根据实际问题构建的决策矩阵寻求满意方案的过程。

2. 评价指标的标准化处理

在多指标决策中，由于各个评价指标的量纲、数量级等不同，无法进行统一评价。为此，需要对所有评价指标进行标准化处理，将决策矩阵 D 中的所有评价指标转化为无量纲、无数量级差异的标准值，然后再进行决策。

从经济角度分析，所有评价指标均可分为两大类：一类是效益指标，如利润、产值、功能、效率等，这些指标值是越大越好；另一类是成本指标，如成本、能耗、物耗、投资、人工等，这些指标值是越小越好。

假定原决策矩阵为 $D = (x_{i,j})_{m \times n}$，经过标准化处理后得到的决策矩阵为 $R = (r_{i,j})_{m \times n}$。

对于定性评价指标，通常可采用层次分析法（AHP）等进行定量化；而对于定量评价指标，常用的标准化处理方法有以下 3 种：

（1）向量归一化。变换公式如下：

$$r_{ij} = \frac{x_{ij}}{\sqrt{\sum_{i=1}^{m} x_{ij}^2}} \tag{11-1}$$

向量归一化的优点：①$0 \leqslant r_{ij} \leqslant 1$，$(1 \leqslant i \leqslant m，1 \leqslant j \leqslant n)$；②对于每一项评价指标 f_j，矩阵 R 中列向量的模为 1，因为：

$$\sum_{i=1}^{m} r_{ij}^2 = 1 \qquad (1 \leqslant j \leqslant n)$$

（2）线性比例变换。令：$f_j^* = \max_{1 \leqslant i \leqslant m} x_{ij} > 0$；$f_j^{\triangledown} = \min_{1 \leqslant i \leqslant m} x_{ij} > 0$

对于效益指标，定义：

$$r_{ij} = \frac{x_{ij}}{f_j^*} \tag{11-2}$$

对于成本指标，定义：

$$r_{ij} = \frac{f_j^{\triangledown}}{x_{ij}} \tag{11-3}$$

线性比例变换的优点：①$0 \leqslant r_{ij} \leqslant 1$，$(1 \leqslant i \leqslant m，1 \leqslant j \leqslant n)$；②计算方便；③保留了评价指标之间的相对排序关系。

（3）极差变换。对于效益指标，定义：

$$r_{ij} = \frac{x_{ij} - f_j^\triangledown}{f_j^* - f_j^\triangledown} \tag{11-4}$$

对于成本指标，定义：

$$r_{ij} = \frac{f_j^* - x_{ij}}{f_j^* - f_j^\triangledown} \tag{11-5}$$

极差变换的优点：①$0 \leqslant r_{ij} \leqslant 1$，（$1 \leqslant i \leqslant m$，$1 \leqslant j \leqslant n$）；②对于每一项评价指标总是有最优值为 1 和最劣值为 0。

3. 不同情境下的多指标决策方法

在标准化决策矩阵 $R = (r_{i,j})_{m \times n}$ 的基础上，如果能够采用适当方法确定各项评价指标的权重，则可采用线性加权和法选择满意方案。否则，可采用不确定型决策法选择满意方案。

（1）线性加权和法。先对 n 项标准化的评价指标构造线性加权和评价函数：

$$U(A_i) = \sum_{j=1}^{n} w_j r_{ij} \quad i = 1,2,\cdots,m \tag{11-6}$$

其中，$w_j \geqslant 0,(j = 1,2,\cdots,n, \sum_{j=1}^{n} w_j = 1)$，分别为 n 项评价指标的权重系数。

于是，可按以下原则选择满意方案 A^*：

$$A^* = \{ A_i \mid \max_{1 \leqslant i \leqslant m}[U(A_i)] \} \tag{11-7}$$

（2）不确定型决策法。根据决策者的性格不同，不确定型决策又可采用不同的决策方法，如：等可能性决策法、保守决策法、冒险决策法、折衷决策法、后悔值决策法。

1）等可能性决策法。等可能性决策法也称为拉普拉斯准则（Laplace criterion）。这种方法是假定自然状态中的任何一种发生的可能性是相同的（即每一种自然状态的发生概率为 $1/n$），然后通过比较每个方案的损益平均值来进行方案选择，在利润最大化目标下，选取平均利润最大的方案；在成本最小化目标下，选取平均成本最小的方案。即：选择满意方案 A^*：

$$A^* = \{ A_i \mid \max_{1 \leqslant i \leqslant m}(\sum_{j=1}^{n} r_{ij})/n \} \tag{11-8}$$

2）保守决策法。保守决策法也称为瓦尔德准则（Wald criterion）或悲观准则（小中取大准则）。这种方法是指在决策者不知道各种自然状态发生概率的情况下，为力求风险最小，先确定每一备选方案的最小损益值，然后再从这些最小损益值中选出一个最大值，与该最大值相对应的方案即为决策所选方案。即：选择满意方案 A^*：

$$A^* = \{ A_i \mid \max_{1 \leqslant i \leqslant m}[\min_{1 \leqslant j \leqslant n}(r_{ij})] \} \tag{11-9}$$

3）冒险决策法。冒险决策法也称赫威斯准则（Heweisi criterion）或乐观准则（大中取大准则）。这种方法是指在决策者不知道各种自然状态发生概率的情况下，为获得最大可能利润，先确定每一备选方案的最大利润值，然后再从这些最大利润值中选出一个最大值，与该最大值相对应的方案即为决策所选方案。即：选择满意方案 A^*：

$$A^* = \{ A_i \mid \max_{1 \leqslant i \leqslant m}[\max_{1 \leqslant j \leqslant n}(r_{ij})] \} \tag{11-10}$$

由于根据此准则进行决策也可能有最大亏损结果，因而称之冒险投机准则。

4）折衷决策法。折衷决策法是一种介于保守决策和冒险决策之间的决策方法。决策者确定一个折衷系数 α（$0\leqslant\alpha\leqslant1$），选择满意方案 A^*：

$$A^* = \left\{A_i \,\middle|\, \max_{1\leqslant i\leqslant m}\left[\alpha\max_{1\leqslant j\leqslant n}(r_{ij}) + (1-\alpha)\min_{1\leqslant j\leqslant n}(r_{ij})\right]\right\} \tag{11-11}$$

5）后悔值决策法。后悔值决策法也称为萨凡奇准则（Savage criterion）（最小最大后悔值准则）。这种方法是指在决策者不知道各种自然状态发生概率的情况下，为避免较大的机会损失，首先将决策矩阵从利润矩阵转变为机会损失矩阵，然后确定每一备选方案的最大机会损失；最后再从这些最大机会损失中选出一个最小值，与该最小值相对应的方案即为决策所选方案。即：选择满意方案 A^*：

$$A^* = \left\{A_i \,\middle|\, \min_{1\leqslant i\leqslant m}\left[\max_{1\leqslant j\leqslant n}\left[\max_{1\leqslant j\leqslant n}(r_{ij}) - r_{ij}\right]\right]\right\} \tag{11-12}$$

4. 应用多目标决策法需要注意的问题

（1）多目标决策不同于多目标规划。多目标决策通常是指多指标、多方案决策问题。而多目标规划通常是指具有多个目标及约束条件的决策问题。多目标决策与多目标规划的差异见表 11-1。

多目标决策与多目标规划的比较　　　　　　　　　表 11-1

比较内容	多目标决策	多目标规划
评价准则	多个指标	多个目标
目标	隐含	明确
指标	明确	隐含
约束	不起作用	起作用
方案	有限个，离散	无限个，连续
迭代次数	较少	较多
用途	选择/评估	设计/规划

（2）多目标决策问题的解是非劣解，一般没有最优解。从总体上看，这些非劣解难分优劣。决策者需要根据自己的偏好和某种择优原则，从多个非劣解中选择满意解。对于目标多、维数大的多目标决策问题，非劣解的产生也并非易事。

11.1.3　应用示例

因军队装备需要，欲购买一批战斗机，现有 4 种飞机（备选方案）可供选择。决策者综合考虑战斗机性能和费用，提出 6 项评价指标见表 11-2。

战斗机购买决策矩阵　　　　　　　　　表 11-2

备选方案	评价指标					
	最大速度（马赫）	飞行范围（公里）	最大负载（磅）	费用（百万美元）	可靠性	灵敏度
A_1	2.0	1500	20000	5.5	一般（5）	很高（9）
A_2	2.5	2700	18000	6.5	低（3）	一般（5）
A_3	1.8	2000	21000	4.5	高（7）	高（7）
A_4	2.2	1800	20000	5.0	一般（5）	一般（5）

显然，这是一个多指标、多方案决策问题，决策者必须根据自己的偏好和某种择优原则，在综合考虑每一个备选方案的各项指标后进行决策。

1. 评价指标的标准化处理

这里采用线性比例变换法进行评价指标的标准化处理。令：$f_j^* = \max\limits_{1 \leqslant i \leqslant m} x_{ij} > 0$，$f_j^{\triangledown} = \min\limits_{1 \leqslant i \leqslant m} x_{ij} > 0$，$m = 4$。

对于效益指标，定义：$r_{ij} = \dfrac{x_{ij}}{f_j^*}$

对于成本指标，定义：$r_{ij} = \dfrac{f_j^{\triangledown}}{x_{ij}}$

从表 11-2 可以看出，最大速度、飞行范围、最大负载、可靠性和灵敏度为效益指标，只有费用为成本指标，由此可得标准化决策矩阵：

$$R = \begin{matrix} & f_1 & f_2 & f_3 & f_4 & f_5 & f_6 & \\ & \begin{bmatrix} 0.80 & 0.56 & 0.95 & 0.82 & 0.71 & 1.00 \\ 1.00 & 1.00 & 0.86 & 0.69 & 0.43 & 0.56 \\ 0.72 & 0.74 & 1.00 & 1.00 & 1.00 & 0.78 \\ 0.88 & 0.67 & 0.95 & 0.90 & 0.71 & 0.56 \end{bmatrix} & \begin{matrix} A_1 \\ A_2 \\ A_3 \\ A_4 \end{matrix} \end{matrix}$$

2. 基于标准化决策矩阵的决策

（1）线性加权和法。分别取 6 项评价指标的权重系数 $w_1 = 0.2$，$w_2 = 0.1$，$w_3 = 0.1$，$w_4 = 0.1$，$w_5 = 0.2$，$w_6 = 0.3$，则根据战斗机购买问题的标准化决策矩阵可得：

$U(A_1) = 0.2 \times 0.8 + 0.1 \times 0.56 + 0.1 \times 0.95 + 0.1 \times 0.82 + 0.2 \times 0.71 + 0.3 \times 1.00$
$\qquad = 0.835$

$U(A_2) = 0.2 \times 1.00 + 0.1 \times 1.00 + 0.1 \times 0.86 + 0.1 \times 0.69 + 0.2 \times 0.43 + 0.3 \times 0.56$
$\qquad = 0.709$

$U(A_3) = 0.2 \times 0.72 + 0.1 \times 0.74 + 0.1 \times 1.00 + 0.1 \times 1.00 + 0.2 \times 1.00 + 0.3 \times 0.78$
$\qquad = 0.852$

$U(A_4) = 0.2 \times 0.88 + 0.1 \times 0.67 + 0.1 \times 0.95 + 0.1 \times 0.90 + 0.2 \times 0.71 + 0.3 \times 0.56$
$\qquad = 0.738$

$\max\{U(A_1), U(A_2), U(A_3), U(A_4)\} = \max\{0.835, 0.709, 0.852, 0.738\} = 0.852$

因此，满意方案 $A^* = A_3$。

（2）不确定型决策法。如果 6 项评价指标的权重系数未知，则可选取下列方法进行决策：

1）等可能性决策法。根据战斗机购买问题的标准化决策矩阵及公式（11-8）可得：

$U(A_1) = (0.8 + 0.56 + 0.95 + 0.82 + 0.71 + 1.00)/6 = 0.807$

$U(A_2) = (1.00 + 1.00 + 0.86 + 0.69 + 0.43 + 0.56)/6 = 0.757$

$U(A_3) = (0.72 + 0.74 + 1.00 + 1.00 + 1.00 + 0.78)/6 = 0.873$

$U(A_4) = (0.88 + 0.67 + 0.95 + 0.90 + 0.71 + 0.56)/6 = 0.778$

$\max\{U(A_1), U(A_2), U(A_3), U(A_4)\} = \max\{0.807, 0.757, 0.873, 0.778\} = 0.873$

因此，满意方案 $A^* = A_3$。

2）保守决策法。根据战斗机购买问题的标准化决策矩阵及公式（11-9）可得：

$$\max_{1\leqslant i\leqslant m}\left[\min_{1\leqslant j\leqslant n}(r_{ij})\right]=\max[0.56,0.43,0.72,0.56]=0.72$$

因此，满意方案 $A^* = A_3$。

3）冒险决策法。根据战斗机购买问题的标准化决策矩阵及公式（11-10）可得：

$$\max_{1\leqslant i\leqslant m}\left[\max_{1\leqslant j\leqslant n}(r_{ij})\right]=\max[1.00,1.00,1.00,0.95]=1.00$$

因此，满意方案 $A^* = A_1$，或 $A^* = A_2$ 或 $A^* = A_3$。

4）折衷决策法。如果取折衷系数 $\alpha = 0.6$，则根据战斗机购买问题的标准化决策矩阵及公式（11-11）可得：

$$\max_{1\leqslant i\leqslant m}\left[\alpha\max_{1\leqslant j\leqslant n}(r_{ij})+(1-\alpha)\min_{1\leqslant j\leqslant n}(r_{ij})\right]=\max[0.824,0.772,0.888,0.794]=0.888$$

因此，满意方案 $A^* = A_3$。

5）后悔值决策法。根据战斗机购买问题的标准化决策矩阵构造的后悔值矩阵为：

$$R'=\begin{bmatrix}0.20 & 0.44 & 0.05 & 0.18 & 0.29 & 0.00\\0.00 & 0.00 & 0.14 & 0.31 & 0.57 & 0.44\\0.28 & 0.26 & 0.00 & 0.00 & 0.00 & 0.22\\0.07 & 0.28 & 0.00 & 0.05 & 0.24 & 0.39\end{bmatrix}$$

由于

$$\min_{1\leqslant i\leqslant m}\left[\max_{1\leqslant j\leqslant n}\left[\max_{1\leqslant j\leqslant n}(r_{ij})-r_{ij}\right]\right]=\min[0.44,0.57,0.28,0.39]=0.28$$

因此，满意方案 $A^* = A_3$。

11.2 群 决 策

11.2.1 问题的提出

随着社会发展和科技进步，知识和信息在急剧增长，需要解决的问题越来越复杂，许多问题的决策主体已不再是单一的个人，而是变成由不同知识结构、不同经验的人组成的群体。在这种情况下，就需要综合不同决策者的偏好进行决策。

例如，某公司评价职工绩效时，设定了 3 大项评价指标（每一大项指标又包括若干细项指标）：工作态度、工作能力、工作业绩。现有 5 位管理人员对职工绩效进行评价，并按照评价指标给出每一位职工在自己心目中的排序。这样，评选最佳职工便成为一个群决策问题。

所谓群决策，是指由多个决策者根据若干评价指标对多个方案或人进行选择评价，最终作出统一有效抉择的过程。近年来，我国群决策理论研究日益增多。

11.2.2 基本原理

群决策是在众多备选对象（候选人、方案等）中进行选择，不同决策者对备选对象的总体优劣有不同意见，这就需要根据有关准则，采用适当方法进行全面评价。

1. 群决策基本过程

设决策群体为 d_1，d_2，…，d_n，要对方案 a_1，a_2，…，a_m 进行评价，每一位决策者将根据评价准则 u_1，u_2，…，u_p 对方案进行考察。w_1，w_2，…，w_p 表示各评价准则的

权重，满足条件 $\sum_{l=1}^{p} w_l = 1$，不同决策者采用的评价准则及其权重可以相同也可以不同。
决策者对各备选方案的评价信息可用矩阵来表示：

$$A^i = (a^i_{jl}) = \begin{pmatrix} a^i_{11} & a^i_{12} & \cdots & a^i_{1p} \\ a^i_{21} & a^i_{22} & \cdots & a^i_{2p} \\ \cdots & \cdots & \cdots & \cdots \\ a^i_{m1} & a^i_{m2} & \cdots & a^i_{mp} \end{pmatrix}$$

上述矩阵中 $A^i_{j.} = (a^i_{j1}, a^i_{j2}, \cdots, a^i_{jp})$ 表示决策者 d_i 根据评价准则 l（$l=1, 2, \cdots,$ p）对 j 的评价；$A^i_{.j} = (a^i_{1j}, a^i_{2j}, \cdots, a^i_{mj})$ 表示决策者 d_i 根据评价准则 l 对 j（$j=1, 2,$ $\cdots, m$）的评价。

问题的求解是由群体成员根据 p 种不同的评价准则对各方案 A^i（$i=1, 2, \cdots, n$）得到群的评价结论 G。这一过程可以归纳为如下映射：

$$\psi: \{A^i \mid i = 1, 2, \cdots, n\} \rightarrow \{G\}$$

这种映射可以用排序、赋值、打分及投票等方法得出，关键在于映射函数要能体现各决策者在评价方案时所采用的不同准则。

2. 群决策评价方法

决策者对方案进行评价可采用的方法有两种，即：序数法和基数法。序数法的实质就是排序，即：根据评价准则对各个方案进行定值打分，这些分值只能反映方案优劣，不能反映优劣程度。基数法是根据评价准则对各个方案进行赋值，这些数值不仅能反映方案优劣，而且还表示优劣程度。序数法在决策中比较常见，但无论是基数法还是序数法，在进行方案评价时都有两种途径：一种是一致准则法；另一种是个体各自评价法。

（1）一致准则法。一致准则法要求决策群体各成员对所采用的评价准则及各准则的权重能达成一致意见。具体做法是将群决策问题转化为独裁决策问题，再选用已知的决策方法进行决策。由于序数法的实质是排序，各方案评价值的大小只反映方案的优劣次序，无法进行直接运算，为此需要介绍 Borda 函数的相关内容。

Borda 函数是一种社会选择函数，由法国数学家和航海家 Borda 提出。Borda 函数的基本思想是：由投票人根据偏好对各候选人排序。设 A 表示候选人的集合，其中有 m 个候选人，则将 $m-1$，$m-2$，$\cdots$，1，0 这 m 个数分别赋予排在第一位、第二位、$\cdots$、最末位的候选人，然后计算各候选人的得分总数（Borda 分），最高分者为获胜者。Borda 分（即 Borda 函数）为：

$$f_B(x) = \sum_{y \in A \setminus \{x\}} N(x \succ_i y)$$

其中，$i=1, 2, \cdots, n$ 表示群中成员数，x，y 表示候选人；$x \succ_i y$ 表示群中第 i 个成员认为候选人 x 优于 y；$N(x \succ_i y)$ 表示群中认为候选人 x 优于 y 的成员数目；$f_B(x)$ 是 x 与其他候选人逐一比较 $m-1$ 次所得票数总和，候选人可按 $f_B(x)$ 的大小进行排序。

采用一致准则法时，首先要从 A^i（$i=1, 2, \cdots, n$）得出根据各准则 l（$l=1, 2,$ $\cdots, p$）的排序矩阵：

$$B_l = \begin{pmatrix} a_{1l}^1 & a_{1l}^2 & \cdots & a_{1l}^n \\ a_{2l}^1 & a_{2l}^2 & \cdots & a_{2l}^n \\ \cdots & \cdots & \cdots & \cdots \\ a_{ml}^1 & a_{ml}^2 & \cdots & a_{ml}^n \end{pmatrix}$$

其中，元素 a_{jl}^1 表示群中决策者 d_i 根据评价准则 l 对方案 j 的评价，根据 B_l 可以计算群中各决策者对各方案对于评价准则 l 的 Borda 分，也就是在矩阵各列中性能最佳的方案得 $m-1$ 分，性能为第二的方案得 $m-2$ 分，依次类推，最差的方案得 0 分，从而得到 Borda 分矩阵 $B=(a_{jl}^{i*})_{m\times n}$。这样，方案 j 的总得分为：

$$b_{jl} = \sum_{i=1}^n a_{jl}^{i*} \ (j=1,2,\cdots,m)$$

由 $b_{jl}\ (j=1,2,\cdots,m)$ 的大小可排定各方案优劣次序 $k\ (k=1,2,\cdots,m)$ 并定义一致性矩阵 $\Pi^l=(\pi_{jk}^l)$：

$$\pi_{jk}^l = \begin{cases} 1, & \text{如果根据 } b_{jl} \text{ 候选方案 } j \text{ 被排在第 } k \text{ 位} \\ 0, & \text{其他} \end{cases}$$

通过对评价准则设置不同的加权向量 w（主观权重或客观权重），可反映评价准则的差别，利用 Π^l 和 w，即可计算加权一致性矩阵 $G=(g_{jk})$，其中：

$$g_{jk} = \sum_{l=1}^p \pi_{jk}^l w_l, (j,k=1,2,\cdots,m)$$

为了从 G 中求出方案 j 的排序，可求解如下线性规划问题：

$$\begin{cases} \max \sum_{j=1}^m \sum_{k=1}^m g_{jk} x_{jk} \\ s.t. \ \sum_{j=1}^m x_{jk} = 1, \quad k=1,2,\cdots,m \\ \sum_{k=1}^m x_{jk} = 1, \quad j=1,2,\cdots,m \end{cases}$$

该问题的解 $x_{jk}=1$ 表示方案 j 应处于第 k 位。

（2）个体各自评价法。个体各自评价法对决策群体各成员所采用的评价准则及各准则的权重能达成的意见不强求一致。具体做法是先由决策群体各成员各自对方案的总体优劣作出评价，然后再将个体序集结成群的排序。当决策群体各成员无法就评价准则取得一致或评价准则一致但不能就权重达成一致时，可采用个体各自评价法。

个体各自评价法的步骤是：

1）决策者 d_i 根据评价准则 $l\ (l=1,2,\cdots,p)$，各自对方案进行排序，得到 A^i，并各自给出评价准则的权重向量 $W^i=(w_1^i,w_2^i,\cdots,w_p^i)$。

2）计算决策者的加权一致性矩阵 $F^i=(f_{jk}^i)$，其中，$f_{jk}^i=\sum_{l=1}^{p_i} \pi_{jk}^l w_l^i$，求解指派问题：

$$\begin{cases} \max \sum_{j=1}^{m} \sum_{k=1}^{m} f_{jk}^{i} x_{jk}^{i} \\[2mm] s.t. \ \sum_{j=1}^{m} x_{jk}^{i} = 1, \quad k = 1,2,\cdots,m \\[2mm] \sum_{k=1}^{m} x_{jk}^{i} = 1, \quad j = 1,2,\cdots,m \end{cases}$$

该问题的解 $x_{jk}^{i}=1$ 表示决策者 d_i 将方案 j 排在第 k 位。

3）以此求出各决策者的排序后，用 Borda 法集结群体意见，即可得到决策群的排序意见。

3. 应用群决策法需注意的问题

群决策所面对的问题往往是比较复杂的，在实际应用中要注意以下几个问题：

（1）避免决策群体成员之间的相互影响。群决策的基本假设是决策群体各成员独立进行判断，不受他人影响。但此假设在群决策应用中一般不易实现。因为在决策群体中通常会存在权威者和一般决策者，在偏好、权重等安排不同时，决策群体成员之间普遍存在相互心理作用与影响，使得决策群体成员在交互过程中容易屈服于权威或大多数人的意见，形成"群体思维"，这将不利于群决策效果的实现。为此，在应用群决策法时，应适当选择专家意见的收集方式，以避免决策群体成员之间的相互影响。

（2）科学选择决策者的偏好集结方法。群决策的类型有很多，现实中经常遇到多目标、多属性决策问题。这样，集结各决策者之间的偏好将变得更加复杂，需要借助先进的数学方法。近年来，许多研究人员对于这些集结方法进行了研究，提出了模糊集结、概率集结和层次分析等集结方法，应用群决策法时可根据需要进行选择。

（3）恰当选择群决策综合评价方法。由于不同决策者的偏好不同，决策群体各成员对采用的评价准则及其权重可能达成一致，也可能不能达成一致。为此，需要根据不同情形，分别采用一致准则法或个体各自评价法，并注意两种方法的计算区别。

11.2.3　应用示例

某公司有 5 个投资项目（a_1、a_2、a_3、a_4、a_5）可选，对每一投资项目需要从环境性（u_1）、社会性（u_2）和收益性（u_3）三个方面进行考察。该公司组织 6 位专家对所有投资项目进行综合分析，6 位专家对各投资项目的排序结果见表 11-3。

投资项目专家评价结果　　　　　　　　　　　　　　表 11-3

专家	a_1			a_2			a_3			a_4			a_5		
	u_1	u_2	u_3	u_1	u_2	u_3	u_1	u_2	u_3	u_1	u_2	u_3	u_1	u_2	u_3
d_1	5	3	3	2	1	2	3	4	4	4	5	5	1	2	1
d_2	3	4	4	2	2	1	5	3	5	4	5	2	1	1	3
d_3	3	4	4	1	1	2	5	3	5	4	5	1	2	2	3
d_4	4	1	3	2	3	1	5	4	5	3	2	4	1	5	2
d_5	4	4	4	1	2	1	5	5	5	3	3	2	2	1	3
d_6	1	5	5	3	1	2	5	4	4	4	3	3	2	2	1

以表 11-3 为基础，每个评价准则对应有一个矩阵，由此可得 Borda 分矩阵及总得分。以评价准则 u_1 为例，矩阵如下：

$$B = \begin{bmatrix} 0 & 2 & 2 & 1 & 1 & 4 \\ 3 & 3 & 4 & 3 & 4 & 2 \\ 2 & 0 & 0 & 0 & 0 & 0 \\ 1 & 1 & 1 & 2 & 2 & 1 \\ 4 & 4 & 3 & 4 & 3 & 3 \end{bmatrix}, \qquad \begin{matrix} a_1 \\ a_2 \\ a_3 \\ a_4 \\ a_5 \end{matrix} \begin{bmatrix} 10 \\ 19 \\ 2 \\ 8 \\ 21 \end{bmatrix}$$

进一步得到 u_1 的一致性矩阵如下：

$$\Pi^1 = \begin{bmatrix} 0 & 0 & 1 & 0 & 0 \\ 0 & 1 & 0 & 0 & 0 \\ 0 & 0 & 0 & 0 & 1 \\ 0 & 0 & 0 & 1 & 0 \\ 1 & 0 & 0 & 0 & 0 \end{bmatrix}$$

同理可得 u_2，u_3 的一致性矩阵：

$$\Pi^2 = \begin{bmatrix} 0 & 0 & 1 & 0 & 0 \\ 1 & 0 & 0 & 0 & 0 \\ 0 & 0 & 0 & 0.5 & 0.5 \\ 0 & 0 & 0 & 0.5 & 0.5 \\ 0 & 1 & 0 & 0 & 0 \end{bmatrix} \qquad \Pi^3 = \begin{bmatrix} 0 & 0 & 0 & 1 & 0 \\ 1 & 0 & 0 & 0 & 0 \\ 0 & 0 & 0 & 0 & 1 \\ 0 & 0 & 1 & 0 & 0 \\ 0 & 1 & 0 & 0 & 0 \end{bmatrix}$$

据此得出加权一致性矩阵，并代入经过协商一致的评价准则权重 $W = (0.28, 0.32, 0.4)$，则有：

$$G = \begin{bmatrix} 0 & 0 & 0.6 & 0.4 & 0 \\ 0.72 & 0.28 & 0 & 0 & 0 \\ 0 & 0 & 0 & 0.16 & 0.84 \\ 0 & 0 & 0.4 & 0.44 & 0.16 \\ 0.28 & 0.72 & 0 & 0 & 0 \end{bmatrix}$$

根据一致性矩阵，构造线性规划模型：

$$\begin{cases} \max \sum\limits_{j=1}^{5} \sum\limits_{k=1}^{5} f_{jk}^i x_{jk}^i \\ s.t. \sum\limits_{j=1}^{5} x_{jk}^i = 1, \quad k = 1,2,\cdots,5 \\ \sum\limits_{k=1}^{5} x_{jk}^i = 1, \quad j = 1,2,\cdots,5 \end{cases}$$

根据一致性准则得线性规划问题的解 $x_{jk}^i = 1$，表示决策者 d_i 将投资项目 j 排在第 k 位。由此解得决策群对投资项目的综合排序结果为：

$$a_2 \succ_G a_5 \succ_G a_1 \succ_G a_4 \succ_G a_3$$

11.3　BP 人工神经网络

11.3.1　问题的提出

以银行为例，客户信用直接影响其收益。如果客户大量违约，银行将面临大量坏账损失，造成利润下降甚至亏损。为此，随着金融业发展，各家银行逐步建立了客户信用评估体系。这种评估体系的特点是考察全面、信息量大，但其具有以下不足：①无法科学地建立有效规则，并对新样本（客户）进行评估。例如，对于个人存款较多的客户，应具有更好的信用，但具体以多少存款额为临界值是无法确定的。而且由于信用状况与多种因素相关，而这些因素往往又不是独立的，从而为建立科学的个人信用评估体系带来困难。②传统的信用记录往往事无巨细，甚至将防错记录追溯到客户的中学时代，这在一定程度上影响了信息的准确性和有效性。

为有效解决上述问题，可采用人工神经网络分析方法。通过对数据的统计分析，利用神经网络，由机器学习算法自动建立映射关系。在这个过程中，用户不需要了解具体某个指标为多少时，客户信用属于良好，而是将其作为一个"黑盒"，只需将数据输入，系统将会给出一个信用良好或可能违约的结果。

人工神经网络（Artificial Neural Networks，ANN）是一种 20 世纪 40 年代后出现的类似于人类神经系统的信息处理技术，可视为一种功能强大、应用广泛的机器学习算法，广泛应用于实现分类、聚类、拟合、预测、压缩等功能。人工神经网络的发展经历了兴起—低潮—复兴的过程，20 世纪 80 年代中期，Rumelhart，McClelland 等提出了著名的误差反向传播算法（Error Back Propagtion，EBP），解决了多层神经网络的学习问题，极大地促进了人工神经网络的发展，这种人工神经网络被称为 BP 人工神经网络。BP 人工神经网络是整个人工神经网络体系的精华，在实际应用中，大约 80% 的人工神经网络模型采用了 BP 人工神经网络或其变异形式。

BP 人工神经网络具有以下特点：

（1）人工神经网络含有多个隐含层，具备处理线性不可分问题的能力。

（2）具有自学习和自适应性，拥有出色的非线性映射能力，当用户数据更新后，只需要将新样本输入网络再次训练即可。BP 人工神经网络带有较多可控参数，具有很强的灵活性。

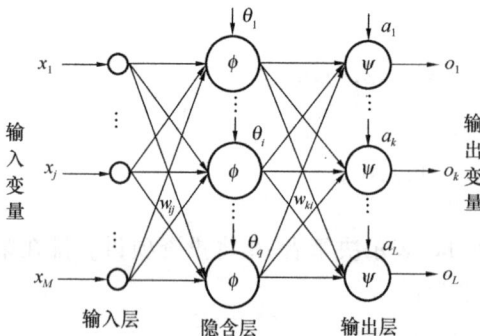

图 11-1　BP 人工神经网络结构

11.3.2　基本原理

1. 信息处理

BP 人工神经网络模型信息处理的基本原理如图 11-1 所示，输入信号 x_j 通过中间节点（隐含层节点）作用于输出节点，经过非线性变换，产生输出信号 O_k，人工神经网络训练的每个样本包括输入向量 X 和期望输出值 t，网络输出值 O 与期望输出值 t 之间的偏差，通过调整输入节点与隐含层节点之间的联接强度取值 w_{ij} 和隐含层节点与输出节点之间的联接强度 w_{ki} 以及阈值，使误差沿梯度方向下降，经过反复学习训练，确定与最小误差相对应的网络参数（权值和阈值），训练即告停止。此时，经过训练的神经网络即能对类似样本的输入信息进行处理，进而输出误差最小的经过非线性转换的信息。

其中：x_j 表示输入层第 j 个节点的输入，$j=1$，$\cdots$，M；

w_{ij} 表示隐含层第 i 个节点到输入层第 j 个节点之间的权值；

θ_i 表示隐含层第 i 个节点的阈值；

$\phi(x)$ 表示隐含层的激励函数；

w_{ki} 表示输出层第 k 个节点到隐含层第 i 个节点之间的权值，$i=1$，$\cdots$，q；

a_k 表示输出层第 k 个节点的阈值，$k=1$，$\cdots$，L；

$\psi(x)$ 表示输出层的激励函数；

O_k 表示输出层第 k 个节点的输出。

2. BP 人工神经网络模型

BP 人工神经网络的基本算法流程如图 11-2 所示。其中，涉及的模型包括节点输出模型、作用函数模型、误差计算模型和自学习模型。

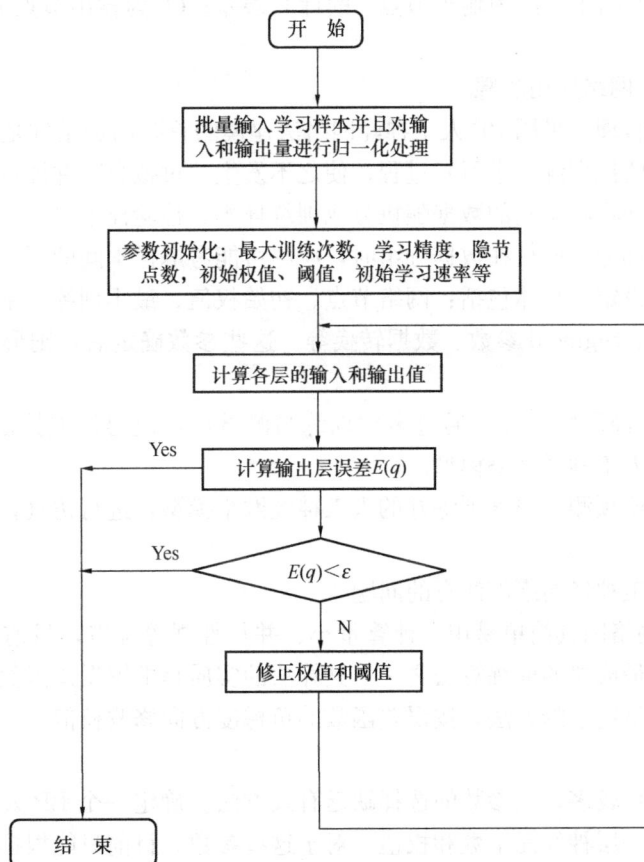

图 11-2 BP 人工神经网络算法流程图

（1）节点输出模型。包括：

隐含节点输出模型：$O_j = f(\Sigma W_{ij} \times X_i - q_j)$

输出节点输出模型：$Y_k = f(\Sigma T_{jk} \times O_j - q_k)$

其中，f 为非线性作用函数；q 为神经元阀值。

（2）作用函数模型。作用函数是反映下层输入对上层节点刺激脉冲强度的函数。作用函数又称为刺激函数，一般取（0，1）中连续取值 Sigmoid 函数：

$$f(x) = 1/(1 + e^\wedge(-x))$$

（3）误差计算模型。误差计算模型是反映神经网络期望输出与计算输出之间误差大小的函数：

$$E_p = 1/2 \times \Sigma(t_{pi} - O_{pi})^2$$

其中，t_{pi} 为 i 节点的期望输出值；O_{pi} 为 i 节点的计算输出值。

（4）自学习模型。人工神经网络的自学习过程实质上是连接下层节点与上层节点之间的权重矩阵 w_{ij} 的设定和误差修正过程。BP 人工神经网络分有师学习方式和无师学习方式两种：有师学习方式需要设定期望值；无师学习方式只需要输入模式即可。自学习模型为：

$$\Delta W_{ij}(n+1) = h \times \phi_i \times O_j + \alpha \times \Delta W_{ij}(n)$$

其中，h 为学习因子；ϕ_i 为输出节点 i 的计算误差；O_j 为输出节点 j 的计算输出；a 为动量因子。

3. BP 人工神经网络应用步骤

（1）原始数据整理。采用 BP 人工神经网络法建模的首要前提条件是要有足够多的高精度典型样本。为监控训练（学习）过程，使之不发生"过拟合"并评价所建立模型的性能和泛化能力，必须将收集到的数据随机分成训练样本、检验样本（10％以上）和测试样本（10％以上）三部分。而且在数据分组时，应尽可能考虑样本间的平衡。

（2）网络参数设定。具体包括：网络节点、初始权值、最小训练速率、动态参数、允许误差、迭代次数、Sigmoid 参数、数据转换等。这些参数确定后，则形成人工神经网络的训练参数。

（3）BP 人工神经网络训练。通过多次训练与测试后，使得误差控制在合理范围内，这样便得到理想的人工神经网络模型。

（4）进行决策或预测。根据训练好的人工神经网络模型，进行仿真，以达到决策或预测目的。

4. 应用 BP 人工神经网络需注意的问题

BP 人工神经网络因其简单易用、计算量小、并行性强等优点，目前是人工神经网络训练采用最多也是最成熟的训练算法之一。其算法的实质是求解误差函数的最小值，由于采用非线性规划的最速下降方法，按误差函数的负梯度方向修改权值，因而通常会存在以下问题：

（1）需要的参数较多，且参数的选择缺乏有效方法。确定一个 BP 人工神经网络需要知道网络层数、每一层神经元个数和权值。对于这些参数，目前只能根据经验给出一个粗略范围，缺乏有效的参数确定方法。

（2）易陷入局部极小状态。BP 人工神经网络算法在理论上可实现任意非线性映射，但在实际应用中经常会陷入局部极小值中。此时，可通过改变初始值，通过多次运行，获得全局最优值；也可改变算法，通过加入动量项或其他方法，使连接权值以一定概率跳出局部最优值点。

11.3.3 应用示例

某家银行希望根据积累的大量客户数据，跟踪个人客户信用记录，并利用已有客户数据，分析、判断新客户信用状况。本例数据样本来自德国信用数据库（ftp：//ftp. ics. uci. edu/pub/machine-learning-databases/statlog/german/），现选取 1000 份客户资料，每一位客户包含 20 条属性，并给出了信用好或差的标注。本例借助 MATLAB 工具实现评估。

1. 读入数据

原始数据保存在 german. data 文件中，包含 7 个数值属性、13 个类别属性，如：经常账户状况、账户持续时间、贷款历史状况、贷款用途、贷款数额等，还包括 1 个分类标签。

2. 划分样本

在全部 1000 份样本中，共有 700 份正例（信誉好）、300 份负例（信誉差）。进行样本划分时，取前 350 份正例和前 150 份负例作为训练样本；后 350 份正例和后 150 份负例作为测试样本。

3. 样本归一化

使用 mapminmax 函数对输入样本进行归一化处理。

4. 构建 BP 人工神经网络

应用 MATLAB 软件实现一个三层 BP 人工神经网络。由于每一位客户拥有 20 个属性，因此，输入层包含 20 个神经元节点。而信用评估是针对信用好/差的二分类问题，因此，输出层只包含一个神经元。隐含层神经元个数与网络性能有关，需要通过实验确定，建立的 BP 人工神经网络结构如图 11-3 所示。

使用 german. data 文件提供的 1000×20 属性及分类标签作为数据构建的 BP 人工神经网络，即可完成个人信用评估。

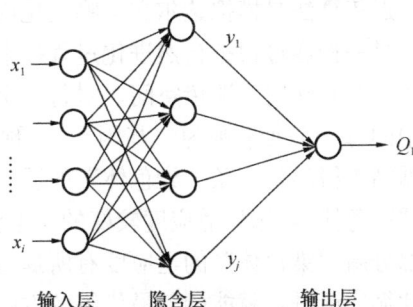

图 11-3 个人信用评估的 BP
人工神经网络结构

5. 测试

BP 人工神经网络的输出值并不限定为 1 或 2，而是一个实数，因此，还需要将输出值转换为整数。取 1.5 为阀值，小于该阀值的输出判为 1（信用好），否则判为 2（信用差）。

最终结果显示，测试 20 次的平均正确率为 74.97%，最低正确率为 73.4%，迭代次数均为 3 次。由此可见，应用 BP 人工神经网络可对客户信用进行较好的预测。在采用 350 份正例和 150 份负例作为训练样本的情况下，可以 75% 左右的正确率预测新客户的信用情况。

11.4 遗 传 算 法

11.4.1 问题的提出

在生产实践过程中，常常会遇见组合优化、生产调度等问题。例如，某建筑设计公司需要结合建筑环境、当地居民审美观念等因素对一批住宅楼外观进行设计，基本外观结构包括：屋顶、门窗、台阶、墙体、柱、栏杆等，每种外观结构又多种多样，那么，采取怎样的组合方式才能获得最佳效果呢？

再如，某生产厂家可以承揽多种类型的产品生产与加工业务，当只生产一种产品时，并不需要考虑调度规则。当同时收到多种产品订单时，需要同时进行生产。由于生产每种产品的工序不完全相同，加工时间与交货时间也都不一致。那么，该厂家如何安排生产才是最好解决方案呢？

以上两个引例都存在多种情况的组合与选择，而且都需要根据实际情况考虑不同的影响因素。遗传算法为这种复杂问题提供了一种系统优化的通用框架，可获得较为理想的解决方案。

遗传算法（Genetic Algorithm，GA）是一种借鉴生物界进化规律（适者生存、优胜劣汰遗传机制）演化而来的随机搜索方法。它是由美国 J. Holland 教授于 1975 年首先提出。遗传算法的主要特点是直接对结构对象进行操作，不存在求导和函数连续性的限定；具有内在的隐并行性和更好的全局寻优能力；采用概率化寻优方法，能自动获取和指导优化的搜索空间，并调整搜索方向。遗传算法是现代智能计算中的关键技术，已被人们广泛应用于组合优化、机器学习、信号处理、自适应控制和人工生命等领域。

11.4.2　基本原理

1. 运算过程

遗传算法是模拟达尔文生物进化论的自然选择和遗传学机理的生物进化过程的计算模型，是一种通过模拟自然进化过程搜索最优解的方法。遗传算法将搜索空间（欲求解问题的解空间）映射为遗传空间，对每一个可能的结果进行编码，形成一条"染色体"，而编码中的每一个元素则为"基因"。按预定目标或某种指标，对所有"染色体"进行评价，根据结果得出每一条"染色体"的适应度。按照适者生存和优胜劣汰原理，剔除适应度差的"染色体"，选择适应度较好的"染色体"进行交叉、变异，得到新的"染色体"。如果这部分新"染色体"的适应度有所提高，说明它们继承了上一代"染色体"的优良性态。如此循序渐进，就能朝着最优解的方向不断"进化"，直至满足某种收敛指标为止。遗传算法的具体运算过程如图 11-4 所示。

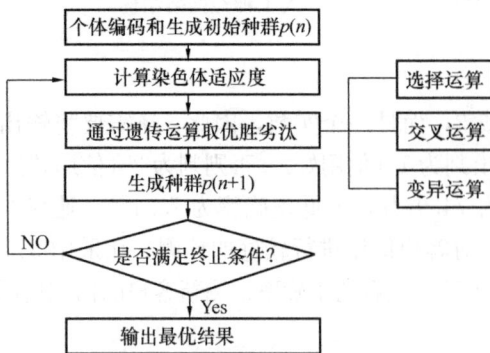

图 11-4　遗传算法运算过程

2. 运算方法

遗传算法中的运算有三种，即：选择运算、交叉运算和变异运算。

（1）选择运算。遗传算法采用选择运算对种群中的"染色体"优胜劣汰。适应度高的"染色体"被遗传到下一代种群中的概率就大。选择运算就是按某种方法从父代种群中选取一些高性能"染色体"遗传到下一代。

（2）交叉运算。这是遗传算法中起核心作用的运算，是指随机抽选两条相互配对的"染色体"，依据交叉概率按某种方式交换其部分基因，从而形成两个新的"染色体"。

（3）变异运算。变异运算是指依据变异概率将"染色体"编码中的某些"基因"用其他"基因"替换。变异运算是产生新"染色体"的辅助方法，它能确保种群中个体的多样性，以便使搜索最优解的过程在尽可能广的空间内完成。

交叉运算和变异运算的相互配合，共同完成对搜索空间的全局搜索和局部搜索。

3. 应用领域

由于遗传算法不依赖于问题的具体领域，对问题种类有很强的鲁棒性，因而广泛应用于许多学科。遗传算法可应用于以下领域：

（1）函数优化。函数优化是遗传算法的经典应用领域，也是遗传算法进行性能评价的常用算例。目前已构造出各种各样的测试函数：连续函数和离散函数、凸函数和凹函数、低维函数和高维函数、单峰函数和多峰函数等。对于一些非线性、多模型、多目标函数优化问题，用其他优化方法较难求解，而应用遗传算法可方便地得到较好结果。

（2）组合优化。随着问题规模的增大，组合优化问题的搜索空间也急剧增大，有时采用枚举法很难求出最优解。对这类复杂问题，人们已经意识到应将主要精力放在寻求满意解上，而遗传算法是寻求这种满意解的最佳工具之一。实践证明，遗传算法对于组合优化中的非确定性多项式复杂问题（Non-deterministic Polynomial，NP）非常有效。例如，遗传算法已在求解旅行商问题、背包问题、装箱问题、图形划分问题等方面得到成功应用。此外，遗传算法也在自动控制、机器人学、图像处理、人工生命、遗传编码和机器学习等方面得到广泛运用。

（3）车间调度。车间调度问题是一个典型的 NP-Hard 问题，遗传算法作为一种经典的智能算法，广泛应用于车间调度中。很多学者都致力于用遗传算法解决车间调度问题，已从最初解决传统车间调度（Job-shop Scheduling Problem，JSP）问题发展到解决柔性作业车间调度问题（Flexible Job-shop Scheduling Problem，FJSP），遗传算法都有优异表现，在很多算例中都得到最优或近优解。

4. 应用遗传算法需注意的问题

遗传算法在适应度函数选择不当的情况下，有可能收敛于局部最优，而不能达到全局最优。因此在应用遗传算法寻求最优解时，应重点注意以下问题：①合理选择初始种群规模；②合理设定交叉率、变异率；③适应度的量化值需为正；④利用编码长度控制解的精度。

11.4.3 应用示例

现以函数优化为例，采用手工计算来简单模拟遗传算法的主要执行步骤。而对于生产实践中的组合优化等问题，由于计算工作量大，往往需要通过计算机编程计算来完成寻求最优解过程。

现欲求函数 $f(x_1, x_2) = x_1^2 + x_2^2$ 的最大值，其中 $x_1, x_2 \in \{1,2,3,4,5,6,7\}$。应用遗传算法寻求最优解的过程如下：

1. 染色体编码

染色体编码通过改变"基因"来实现，且每个编码能够代表所求问题的一个解。编码方式有许多，这取决于要解决的问题本身。常见的编码方式有二进制编码、浮点数编码等。

本例采用二进制编码方式，变量 x_1、x_2 的取值分别用无符号的二进制整数表示，将它们连在一起所组成的无符号二进制数就形成染色体基因型，表示一个可行解。每一个染色体的表现型与基因型之间可通过编码和解码程序相互转换。例如，基因型 011100 所对应的表现型是 $x_1 = 3, x_2 = 4$。

2. 生成初始种群

由于遗传算法的操作对象是某个种群，故需要随机抽出任意数量染色体组成初始种群。

本例随机抽取 4 个染色体作为初始种群。例如：011101、101011、011100、111001。

3. 适应度计算

遗传算法用适应度对每一个染色体（可行解）的优劣程度进行评价，从而决定其遗传机会的大小。适应度值越大，染色体性能越好（可行解质量越高），遗传机会也越大。适应度是遗传算法进化过程的驱动力，是进行自然选择的唯一标准。适应度的具体设定应结合问题本身的实际情况来确定。需要注意的是，采用不同的适应度量化方法会影响算法的收敛速度。

本例的目标函数为非负值，并且是以求函数最大值为优化目标，故可直接利用目标函数值的大小作为染色体适应度评价标准。例如，表现型为 $x_1 = 3, x_2 = 4$ 的染色体，其适应度为 25。

4. 遗传运算

（1）选择运算。选择运算方法有很多，本例采用最常见的轮盘赌选择法（也称适应度比例法）。其基本思想：各染色体被选中的概率与其适应度值大小成正比。设所选种群大小为 n，第 i 个染色体的适应度为 f_i，则染色体被选中遗传到下一代的概率为：

$$P_i = \frac{f_i}{\sum_{i=1}^{n} f_i}$$

轮盘是按照各染色体的适应度比例进行分块的。当转动轮盘待轮盘停下来时，指针会随机地指向某一染色体所代表的区域，即代表该染色体被选中。

（2）交叉运算。交叉运算有单点交叉、两点交叉、多点交叉、均匀交叉等多种方式，本例采用单点交叉法。例如，两个染色体上的基因分别为：

0	1	1	1	0	1

1	1	1	0	0	1

随机产生的单点交叉位置为 2，即交换 2 号位基因右侧部分，即可产生新的基因型：

0	1	1	0	0	1

1	1	1	1	0	1

（3）变异运算。本例采用二进制编码方式，故变异运算是相应位上的"0"或"1"相互替换。

5. 种群生成与解码输出

经遗传运算产生新一代种群，然后验证新一代种群的适应度是否得到提高以及是否满足终止条件。当连续 N 代种群的平均适应度缓慢增长且最优染色体的适应度保持不变时，便可确定并解码输出最优解。

本例整个运算过程见表 11-4～表 11-6。

遗传算法运算结果 1　　　　　　　　　　　　　　　表 11-4

初始种群 p_1	个体编码	x_1，x_2	适应度	适应度比例	轮盘选择次数
1	011101	3，5	34	23.8%	1
2	101011	5，3	34	23.8%	1
3	011100	3，4	25	17.5%	0
4	111001	7，1	50	34.9%	2

遗传算法运算结果 2　　　　　　　　　　　　　　　表 11-5

选择情况	个体编码	配对情况	交叉位置	交叉结果
1	011101			011001
4	111001	1 与 4 2 与 4	2 不发生交叉	111101
2	101011			101011

遗传算法运算结果 3　　　　　　　　　　　　　　　表 11-6

交叉结果	变异点	变异结果	子代种群 p_2	解码	适应度
011001	无变异	011001	12	3，1	10
111101	5	111111	42	7，7	98
101011	2	111011	22	7，3	58

从上述过程可以看出，种群经过一次"进化"后，个别染色体的适应度得到明显提高。为更好地说明问题，此表特意选择一些较好的组合，以便得到较理想的结果，因此，初始种群经首次"进化"就已经找到最优染色体（即最优可行解），而在实际运算中可能需要多次循环才能得到该最优结果。

11.5　蚁　群　算　法

11.5.1　问题的提出

当一个商人去 n 个城市推销产品，需要到所有城市走一遍后再回到起点，那么，走什么样的路线才能走最短路程，这是一个典型的旅行商问题（Travelling Salesman Problem，TSP），是管理数学领域的著名问题之一。

蚁群算法（Ant Colony Optimization，ACO）是一种在图中寻找优化路径的随机优化方法。最早由意大利学者 Marco Dorigo 于 1991 年提出，其灵感来源于蚂蚁在寻找食物过程中发现路径的行为。蚁群算法充分利用蚁群搜索食物的过程（即通过个体之间的信息交流与相互协作，最终找到从蚁穴到食物源的最短路径）求解旅行商问题（TSP）。目前，蚁群算法已成功应用于旅行商问题（TSP）、二次分配问题（Quadratic Assignment Problem，QAP）和车间调度问题（Job-shop Scheduling Problem，JSP）等经典组合优化问题。实践证明，蚁群算法在求解复杂优化问题（特别是离散优化问题）方面具有优越性。经过多年发展，蚁群算法已陆续渗透到其他领域，如：图着色、大规模集成电路设计、通信网络路由问题等。

蚁群算法具有以下特点：

（1）蚁群算法是一种自组织算法。在算法开始的初期，单个人工蚂蚁无序地寻找解，而没有外界作用，经过一段时间的演化，人工蚂蚁之间通过信息激素的作用，自发地逐步趋向于寻找到接近最优解的一些解，实际上就是从一个无序到有序的过程。

（2）蚁群算法是一种本质上并行的算法。每只蚂蚁的搜索过程彼此独立，仅通过信息激素进行沟通。因此，蚁群算法可看作是一个分布式多 agent 系统，在问题空间的多点同时独立地进行解的搜索，这样不仅增加了算法的可靠性，也使得蚁群算法具有较强的全局搜索能力。

（3）蚁群算法是一种正反馈算法。蚁群算法采用的反馈方式是在较优解的经过路径留下更多的信息激素，而更多的信息激素又吸引了更多的蚂蚁，这样的反馈过程使得初始时刻的不同得到不断扩大，同时又引导整个系统向最优解方向进化。正是由于这种正反馈，才使得蚁群算法的演化过程得以进行。

（4）蚁群算法具有较强的鲁棒性。相对于其他算法，蚁群算法对初始路线要求不高，其求解结果不依赖于初始路线的选择，而且在搜索最优解过程中不需要人工调整。此外，蚁群算法的参数少、设置简单，便于应用到组合优化问题求解中。

11.5.2　基本原理

蚁群算法是受自然界蚁群觅食行为的启发而提出的一种求解优化问题的方法。蚂蚁作为群居动物，虽然个体行为简单，但群体行为却极其复杂。人们通过大量研究发现，蚂蚁在移动过程中会分泌一种称为外激素的物质，并且通过感知这种物质的存在及强度，来指导自己的行动方向。如果在某一路径上走过的蚂蚁越多，留在这条路径上的外激素强度越大，蚂蚁选择该路径的概率也就越大。蚂蚁之间就是通过这样的方式进行信息交换，以便快速地搜寻到食物。

1. 蚁群算法模型

为便于理解，下面以求解平面上 n 个城市的旅行商问题（TSP）为例来说明蚁群算法模型。现假设旅行商需要经过 n 个城市并回到原出发城市，除出发城市外，每个城市只允许经过一次，TSP 的目标是寻求一个最短路径。

设 $b_i(t)$ 表示 t 时刻位于元素（城市）i 的蚂蚁数目，$\tau_{ij}(t)$ 为 t 时刻路径 (i, j) 上的信息浓度，m 为蚁群中蚂蚁总数。

（1）蚂蚁行动规律。假设将 m 只蚂蚁放到给定的 n 个城市中，每只蚂蚁的每一步行动将符合下列规律：

1）根据路径上的信息激素浓度，以相应概率选取下一城市；

2）不再选取在本次循环中已经过的城市为下一城市；

3）当从一个城市到达另一个城市或者完成一个循环（完成对所有 n 个城市的访问）后，更新所有路径上的残留信息浓度。

（2）蚂蚁选择行动的依据。蚂蚁选择下一城市的依据主要有两点：

1）t 时刻路径（i，j）上的信息浓度 τ_{ij}（t）。在初始时刻，各条路径上信息浓度相等，设 τ_{ij}（0）＝C（C 为常数）。

2）由城市 i 转移到城市 j 的启发信息 η_{ij}（t）。η_{ij}（t）是由要解决的问题给出的，由一定的算法实现。在 TSP 中，η_{ij}（t）＝$1/d_{ij}$。d_{ij} 表示相邻两个城市之间的距离。

（3）蚂蚁搜寻过程。蚂蚁 k（k＝1，2，…，m）在运动过程中，根据各条路径上的信息浓度决定下一步转移的城市。p_{ij}^k（t）表示在 t 时刻蚂蚁 k 由元素（城市）i 转移到元素（城市）j 的概率，则有：

$$p_{ij}^k(t) = \begin{cases} \dfrac{\tau_{ij}^\alpha(t) \cdot \eta_{ij}^\beta}{\sum_{S \in allowed_k} \tau_{is}^\alpha(t) \cdot \eta_{is}^\beta(t)} & if\ j \in allowed_k \\ 0 & otherwise \end{cases}$$

也即：蚂蚁选中某一城市的可能性是问题本身所提供的启发信息与从蚂蚁目前所在城市到目标城市路径上信息浓度的函数。其中：

α——信息启发式因子，表示轨迹的相对重要性。它反映了蚂蚁在运动过程中所积累的信息激素在蚂蚁运动时所起的作用。α 值越大，该蚂蚁越倾向于选择其他蚂蚁经过的路径，表明蚂蚁之间的协作性越强。

β——期望启发式因子，表示期望值的相对重要性。它反映蚂蚁在运动过程中启发信息在蚂蚁选择路径中的受重视程度。β 值越大，则该状态转移概率越接近于贪婪规则（即：不从整体最优加以考虑，而是寻求某种意义上的局部最优）。

$allowed_k$＝（0，1，2，…，$n-1$）$-tabu_k$——蚂蚁 k 下一步允许选择的城市。与实际蚁群不同，人工蚁群系统具有记忆功能。为了避免对同一城市进行多次访问，每一只蚂蚁都保存一个禁忌表 $tabu_k$，用于记录到目前为止蚂蚁 k 已访问过的城市。禁忌表 $tabu_k$ 随着进化过程进行动态调整。

经过 n 个时刻，所有蚂蚁均完成一次遍历。此时，应清空本次遍历的记忆列表，并将蚂蚁所在城市置入禁忌表 $tabu_k$，准备下一次遍历。这是，计算每一只蚂蚁所走过的路径 L_k，并保存最短路径 L_{min}＝{ L_k | k＝1，2，…，m }。

随着时间的推移，以前留下的信息激素逐渐衰减，蚂蚁完成一次循环后，各路径上的信息激素要根据下式进行调整：

$$\tau_{ij}(t+1) = \rho \cdot \tau_{ij}(t) + \Delta\tau_{ij}(t,t+1)$$

$$\Delta\tau_{ij}(t,t+1) = \sum_{k=1}^m \Delta\tau_{ij}^k(t,t+1)$$

其中，τ_{ij}^k（t，$t+1$）表示蚂蚁 k 在时刻（t，$t+1$）留在路径（i，j）上的信息激素量，其值视蚂蚁表现的优劣程度而定。$\Delta\tau_{ij}$（t，$t+1$）表示本次循环中路径（i，j）上的信息激素增量。ρ 表示信息激素挥发系数，其取值范围为 [0，1）。

根据具体算法不同，$\Delta\tau_{ij}$、$\Delta\tau_{ij}^k$ 及 p_n^k（p）的表达形式可以不同，要根据具体问题而定。Marco Dorigo 曾给出三种不同模型，分别称为：蚁周系统（Ant-cycle System）、蚁量系统（Ant-quantity System）和蚁密系统（Ant-density System）。实践证明，蚁周系统算法优于其他两种算法。

2. 蚁群算法应用步骤

（1）参数初始化。令时间 $t=0$ 和循环次数 $Nc=0$，设置最大循环次数 $Ncmax$，将 m 个蚂蚁置于 n 个元素（城市）上，令有向图每条边 (i, j) 的初始化信息量 $\tau_{ij}(t)=$ const，其中 const 表示常数，且初始时刻 $\Delta\tau_{ij}(0)=0$。

（2）循环次数 $Nc \leftarrow Nc+1$。

（3）蚂蚁的禁忌表索引号 $k=1$。

（4）蚂蚁数目 $k \leftarrow k+1$。

（5）蚂蚁个体根据状态转移概率公式计算的概率选择元素（城市）j 并前进，$j \in \{C -tabu_k\}$。

（6）修改禁忌表指针。即选择好后将蚂蚁移动到新的元素（城市），并将该元素（城市）移动到该蚂蚁个体的禁忌表中。

（7）若集合 C 中元素（城市）未遍历完，即 $k<m$，则跳转到第（4）步，否则执行第（8）步。

（8）更新每条路径上的信息激素量。

（9）若满足结束条件，即如果循环次数 $Nc=Ncmax$，则循环结束并输出计算结果，否则，清空禁忌表并跳转到第（2）步。

3. 应用蚁群算法应注意的问题

尽管蚁群算法在解决 TSP、QAP、JSP 等方面取得良好效果，但在应用中也存在一些问题值得重视：

（1）如果参数设置不当，将会导致求解速度很慢且所得解的质量特别差。

（2）基本蚁群算法计算量大，求解所需时间较长，手工计算不太现实，应寻求软件工具。

（3）基本蚁群算法在理论上要求所有蚂蚁都选择同一路线，该路线即为最优线路，但在实际计算中，在给定循环次数条件下，很难达到这种情况。

（4）蚁群算法容易出现停滞现象，即搜索进行到一定程度后，所有个体发现的解完全一致，不能对解空间进一步进行搜索，不利于发现更好的解。

11.5.3　应用示例

某商品配送员在商店接单后，从商店依次到各个不同地点进行商品配送，然后再回到商店。现应用蚁群算法设计一条最短派送路径。为方便处理及分析数据，以坐标点（500，500）作为商店位置，考虑到消费者坐标点大多数在靠近商店处，少数坐标点远离商店，随机产生多个点坐标，然后用蚁群算法对数据进行处理，最后再利用 Matlab 软件显示最短路径。

为了验证蚁群算法对路径规划的效果，将对随机产生的数据利用 Matlab 软件进行仿真。相关数据见表 11-7 和表 11-8。

路径规划参数表

表 11-7

参数	数值	参数	数值
迭代次数	100	信息激素挥发系数	0.5
蚂蚁数	20	信息激素增加系数	1
信息激素重要程度	1		

位置点坐标   **表 11-8**

编号	坐标（x，y）（单位：m）	编号	坐标（x，y）（单位：m）
1	(500，500)	6	(50，750)
2	(200，490)	7	(700，1050)
3	(330，190)	8	(1400，470)
4	(100，900)	9	(640，400)
5	(600，450)	10	(500，900)

在表 11-7 和表 11-8 数据基础上，利用 Matlab 软件进行模拟仿真如图 11-5 和图 11-6 所示。其中，图 11-5 为随机路径图，图 11-6 为蚁群算法仿真后的路径图。对比图 11-5 与图 11-6 可知，优化后的路径缩短了长度，提高了配送人员工作效率。

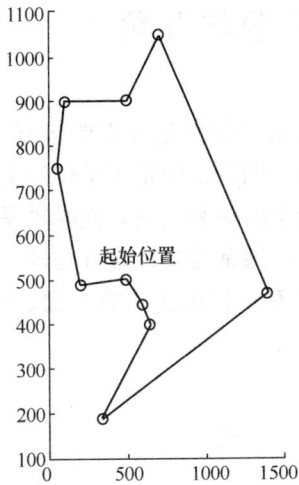

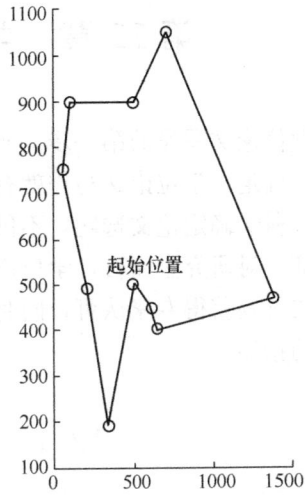

图 11-5 随机路径图   图 11-6 优化路径图

第4篇 学位论文写作

学位论文是表明作者对本学科基础理论和专门知识掌握程度的重要载体,同时也是表明作者具有独立从事科学研究工作能力的重要例证。对博士学位论文而言,还需要体现出创造性成果。因此,如何进行选题与开题,并掌握学位论文写作要求和方法对于圆满完成学位论文写作具有重要意义。

第12章 学位论文选题与开题

选题是学位论文写作的第一步。所谓选题,就是选择学位论文需要研究论证的问题。论文选题一旦确定,学位论文写作就有了方向和动力,同时也确定了学位论文的研究规模和写作内容。科学确定论文选题,不仅有利于学位论文的顺利完成,同时也是学位论文质量的根本保证。对研究生而言,学位论文选题确定后,通常需要经过开题环节,这一方面是为了使论文选题获得专家认可,同时还能获得专家对学位论文研究方向、内容、路径、方法等方面的指导。

12.1 论 文 选 题

12.1.1 选题作用及原则

1. 选题作用

众所周知,学位论文需要提出问题、分析问题和解决问题,论文选题实际上就是在提出问题。爱因斯坦曾说过,在科学面前,"提出问题往往比解决问题更重要"。正确而合适的选题,可以对论文写作起到事半功倍的作用。通过选题,也可以大体看出作者的研究方向和学术水平。从大量实践中可以看出,有些研究生在撰写论文时虽然费了很多精力和时间,但论文质量并不高,重要原因之一就是论文选题不够理想。

(1) 选题能够决定学位论文的价值。选题不仅仅是简单地给学位论文确定一个题目和划定一个研究范围,选题过程实际上就是一个初步进行科学研究的过程。选题需要作者进行多角度思考、反复推敲、相互比较、精心策划。选题一旦确定,就表明作者已在头脑中大致形成了论文轮廓。只有论文选题有意义,才会使写出来的学位论文有价值。否则,即使花费再多的时间和精力,写出来的学位论文也不会有积极效果和较高价值。

(2) 选题能够规划论文研究方向和思路。在选题过程中,随着资料的不断积累,思维的渐进深入,会产生各种各样的思想火花和想法,这些都是十分宝贵的。但他们尚处于分散状态,还难以确定其对论文主题是否有用和用处之大小。为此,必须经过选择、鉴别、归纳,从对个别事物的个别认识上升到对一般事物的共性认识,从对象的具体分析中寻找彼此间的差异和联系，最终形成自己的观点和思路，并使其确定下来。正是通过这样一个从个别到一般、归纳与演绎相结合的逻辑思维过程，才会使论文研究方向和思路在作者头脑中逐渐明晰起来，论文结构、论证角度及大体规模等也就有了初步轮廓。

（3）选题能够提升研究能力。研究生在校期间已学过许多知识，但知识并不等于能力，特别是研究能力还相对较弱，需要在科学研究实践中自觉培养和锻炼。尽管有的研究生已在参与导师科研课题实践中使其研究能力得到一定提升，但对于论文选题，需要研究生进行独立思考，通过查阅整理一些相关文献资料，有侧重地深化对所研究问题的认识，从而使自身的判断推理、归纳演绎、联想发挥、综合分析等方面的能力得到锻炼和提高。

（4）选题能够使论文写作顺利完成。研究生撰写一篇合格的学位论文并非一件轻松的事情。如果选题过大过难，论文写作将难以完成；如果选题太小太简单，又达不到论文写作目的。因此，确定一个难易适度、大小适中的论文选题，可以保证学位论文写作顺利完成。

2. 选题原则

一般来说，学位论文选题需要遵循以下原则：

（1）需要性原则。国民经济和社会发展的现实需要是论文选题的基本前提。科学选题必须满足经济社会发展和科学自身发展的需要。为此，需要关注国民经济和社会发展规划，关注国家科学技术和经济管理政策导向，关注科学技术发展趋势等。

（2）创新性原则。创新是科学研究的灵魂，也是学位论文（特别是博士学位论文）的重要特征。要选择前人未曾提出或没有解决、并预期能产生创造性成果的课题。这种创新可以是理论创新、方法创新或应用创新。为此，论文作者应充分了解和熟悉本学科领域已进行的研究工作，准确评价别人的研究工作，努力探索科学技术发展前沿，尽可能在学科发展空白带、相关学科连接点上进行选题，保证研究成果的创新性。

（3）科学性原则。选题应以一定的科学理论或科学事实为依据，要将选题置于科学背景之下，使之成为在科学上可以成立和可以探讨的问题。对于理论研究课题，要有充足的事实和实验观测结果作为依据；对于应用研究课题，要有科学理论为根据。选题不能与经实践检验的科学原理相违背，没有事实的理论是虚构的，没有理论基础的重大发现也是不可能的。

（4）可行性原则。选题要难度适宜，并与自身主客观条件相适应。要把握研究主题难度，研究对象务必要"小"，要"小题大作"，不要"大题小作"，切不可教科书式面面俱到。此外，要根据自身研究能力及已具备或经过努力可以具备的条件进行选题，不要选择那些超过自身研究能力以及所掌握或可能掌握的资料难以支撑的研究主题。

（5）现实性原则。选题要有现实意义，要坚持理论与实际相结合。有些研究生往往热衷于抽象思辨，好像把问题说得越玄越好，别人越看不懂越好。这是不可取的。选题要来源于实际，更要解决实际问题。选题不仅要考虑"热点"问题，而且要善于发现具有发展潜力和前途的问题。

应当指出，同时兼顾上述原则进行选题是有难度的，因为这些原则之间常常会有矛盾。为此，经常需要综合考虑上述原则乃至折中的基础上进行选题，如何根据实际情况处理好上述原则之间的关系也就成为科学选题中复杂而重要的问题。

12.1.2　选题途径与方法

1. 准备工作

学位论文选题首先要端正态度，做好打"持久战"的心理准备，切忌抱着"时间还长，先随便选一个，以后再改"、"随便写写，只要能毕业就行"等敷衍心态。兴趣是指导论文写作的重要老师。因此，在选题时应准确了解自己的专业定位和职业发展需求，力求通过学位论文写作达到学以致用的目的。

除掌握比较系统的专业知识外，学位论文选题最重要的准备工作可概括为两个方面，即：搜集和阅读文献资料、调查现实问题。

（1）搜集和阅读文献资料。首先，利用图书馆及电子网络，查找专业文献资料，包括期刊论文、学位论文、专著、统计年鉴、研究报告等。要尽可能通过互联网下载文献资料，最大可能地节省文献搜集时间，并通过计算机实现文献资料的分类管理。其次，要认真鉴别文献资料，选取有价值的文献资料进行研读，并做好阅读笔记。搜集和阅读专业文献资料是一项较为艰苦的工作，但对于学位论文选题非常重要。它不仅是了解研究热点和别人观点的过程，而且是启发自己思路、产生观点火花的过程。

（2）调查现实问题。大量有价值的研究课题存在于现实社会中，关键是研究者要善于观察、勤于思考，养成对社会现象、社会行为、社会问题等常问个"为什么"的习惯，并通过参加会议、专家访谈、社会调查、实验模拟等方式去捕捉和挖掘有科学价值的问题。

研究生在日常学习过程中，应积极参与科研课题研究，多与导师、同学进行交流，获取新的思路和灵感。切不可一头扎进去只顾自己琢磨，忽略从他人身上获取经验或教训，陷入研究困境，这样，不仅不利于解决所要研究的问题，而且容易挫伤研究问题的积极性。

2. 选题途径

对多数研究生而言，常觉得不知从何处去选题。事实上，选题来源是多方面的，可以结合自身特点从多种途径选题。

（1）从导师科研课题中提取问题。在通常情况下，导师所承担的科研课题均与研究生所在学科研究领域密切相关，而且这些科研课题也会符合当前经济社会发展需求。因此，若能基于导师所承担的科研课题进行学位论文选题，不仅导师在此研究方向已有一定的研究积累和成果，而且在论文写作过程中也能获得包括导师在内的课题组成员更多的支持和指导。

需要指出的是，学位论文选题可以来自科研课题，但一般不能是课题研究报告的翻版，更不能将课题组成员共同完成的课题研究报告据为己有，变成为自己"独立"撰写的学位论文。这会有悖于学术道德规范。

（2）从管理实践中发现问题。问题导向的研究目标性和目的性较强，因此，立足管理实践是学位论文最重要的选题途径。当前，我国经济社会正处于改革发展新时期，在管理实践中存在许多从未发现或需要深入研究的全新课题，迫切需要从实际出发进行深入研究。

当然，研究实际问题决不能急功近利。因此，除了对当前管理实践中迫切需要解决的问题优先进行研究外，不能忽视对管理科学本身的发展具有重大意义的研究，也不能忽视对社会经济长远发展具有重大指导或借鉴意义的研究。

（3）从前人研究中发掘问题。前人的许多研究不仅在探求所研究问题的解决方案，而且经常会从问题研究中导出不少值得研究的问题。例如，有的课题研究报告或多数学术论文和学位论文，常在讨论或展望部分提出有待进一步研究的问题，这些研究建议便成为后人发现问题的良好来源。因此，研究生应通过阅读大量文献资料，从前人的研究建议中去发掘问题。

有的管理研究具有多元性特点，前人的研究可能仅限于若干变量或因素，在此基础上有可能需要再增加变量或因素进行新的研究，也有可能需要控制其中一些变量或因素进行新的研究。此外，基于前人研究成果，有时还会发现一些值得重复进行实验研究的问题，以探求时间变化对研究结果的影响，或者用来验证研究结果对于不同对象和情境的普适性。

（4）从专业人士处获得问题。专业人士长期研究和关注专业领域中的问题和发展趋势，经常可以提出一些观点或需要解决的问题。因此，与有关专业人士接触和请教，往往是获得研究问题的重要途径。研究生可通过参加学术会议、学术交流活动、社会实践等接触专业人士，条件允许的话，也可上门拜访知名专家请教专门问题。

与从科研课题、学位论文或学术论文中间接获取问题相比，从专业人士处直接获得问题更加及时，能够更好地了解和把握本领域研究现状、未来发展及其他学者关注的焦点。因此，与专业人士进行有效接触，是研究生不可忽视的选题途径。

上述选题途径虽然是学位论文选题的主要途径，并不能代表选题途径的全部。研究生还可根据自身条件和需求，选择其他选题途径，如选修相关课程、与同学交流讨论、总结自身经验体会、听取他人论文答辩、整理学习笔记等。

3. 选题方法

17 世纪法国著名哲学家笛卡尔（R. Descartes）曾说过："最有价值的知识是方法的知识"。因此，要做好论文选题，还需要掌握一定的选题方法。

（1）浏览捕捉法。浏览捕捉法是通过对已有资料进行快速阅读，在分析、思考、比较中确定选题的方法。这种方法首先需要拥有一定数量的相关资料，然后通过集中一段时间对所收集到的资料进行全面阅读和研究，分析相关主题的主要观点、研究角度及研究方法等，在此基础上寻找发现自己的研究主题。采用浏览捕捉法，应注意勤做笔记，有重点地摘录已有资料的大纲、观点、论据及论证方法，并记录自己的心得体会。此外，要善于进行分类整理，如对某一个问题的研究情况、不同观点等进行比较分析，通过比较分析刺激大脑，进而发现新问题、新想法，使选题思路逐渐清晰起来。

（2）追溯验证法。追溯验证法是指先有一种想法，然后通过阅读资料进行验证的选题方法。采用追溯验证法进行选题需要自己有一定的阅读积累，在此基础上初步确定准备研究的方向、题目或选题范围，再按"拟想"的研究方向，进行跟踪追溯，确定研究的可行性。在此过程中，一要判断自己的"拟想"是否与别人重复，要寻求与别人不一样的选题或对别人观点有补充作用的选题；二要善于捕捉一闪之念，进行深入研究，最终能得到升华，形成选题。

（3）知识迁移法。在原有知识体系的基础上，经过研究生期间的学习，形成一些新的观点，将理论知识与现实问题有机结合，往往能激发创造力和开拓性，为论文选题奠定良好基础。

（4）关注热点法。这种方法是指要通过社会调研、媒体报道等方式关注现代社会中能够引起公众广泛注意、引发人们思考和争论的问题，这些问题有的关系国计民生，有的涉及时代潮流，从这些热点问题中提炼出与自己研究方向相关的选题。

12.1.3 选题应注意的问题

要确定一个适合的选题，完成一篇优秀学位论文，在选题时应注意以下问题。

1. 选择有意义的研究问题

学位论文应选择有社会意义和学术意义的课题或在实践中亟待解决的问题去研究，要使研究的问题具有一定的理论意义和实用价值。想法和念头最容易产生，但往往不易构成研究的问题，要么太小，要么缺乏创新价值。还有的是就研究方法谈研究方法，将解决问题与研究方法主次颠倒。

2. 选择有能力掌控的研究范围

学位论文要求有一定的研究深度，在选题时应在自己所熟悉的专业领域，确定大小合适的研究范围。基于自身所学，将理论与实践相结合，尽量避开那些纯理论研究或陌生领域的课题，更要避免只谈理论或只谈经验。论文要实，能解决实际问题，而不能显得太虚。

3. 选择恰当的题目表述方式

论文选题最终需要凝练成一个论文题目，尽管论文题目字数不多，却要体现论文研究的理论基础、研究对象、研究内容等重要信息。论文题目要简洁、新颖、明确，要体现学术性，但要避免过大、过小、过空。此外，对于题目的表述要避免"浅谈"、"体会"等不规范字眼。

12.2 论 文 开 题

论文开题是学位论文工作的重要环节，也是正式启动学位论文写作的重要标志。论文选题一旦经专家组审定，论文题目一般不应作实质性改变。

12.2.1 论文题目

论文题目要确切、醒目，尤以名词性短语最常见，而且要尽量少用词，字词不重复。论文题目在用词上必须能确切地概括论文的论点或中心内容，能准确反映论文研究的范围和深度，要抓住论文题目的四大要素（研究对象、研究目的、研究范围、研究方法），起到画龙点睛的效果。

1. 题目要难易适中，切忌过宽过大

问题有大有小，有难有易，但要选择适宜学位论文的题目。不要好高骛远、贪大求全，勉强去做自己本来无力胜任的题目。否则，会使论文写得不深不透，缺乏创新性，再全面也只是徒有其表、华而不实。要能深入问题本质，抓住其中要害，找到问题的难点和症结所在，体现自己有独特见解。

2. 题目要反映论文内容，确保文题一致

题目应能准确无误地表达论文的中心内容，体现论文的主题思想和主要观点。题目离不开四大要素（研究对象、研究目的、研究范围、研究方法），只有准确地反映出这四者及其之间的关系，才能凸现论文的研究内容和研究深度。

3. 题目要用词新颖，力争出新求异

题目用词上要能突出自己的新见解、新突破，突出所论述的内容是他人尚未研究过的、或虽有研究但有的结论不妥或者还有进一步探讨的余地。此外，还应突出自己有创新的独特研究内容。如果能找到自己论文的特色用语，摒弃老套路出新求异，如同给自己的论文打上标签一样，在题目上就能凸显出论文的独创性，会使人眼前一亮、过目不忘。

4. 题目用词要恰当，忌用华丽辞藻

题目是对论文中重要内容的高度概括，用词要适当，要恰如其分地表达论文主题的新颖程度和研究深度，避免用不得体的华丽辞藻，或过高过低的程度用语。要选用本学科领域最易概括、词义单一、通俗易懂的规范术语，贴切地传递论文精髓，避免用繁琐冗长的形容词和不必要的虚词，更不能使用有语病的题目。

12.2.2　开题报告内容

开题报告是为阐述、审核、确定学位论文选题及内容而举行的报告会，旨在监督和保证学位论文质量。在开题报告会之前，研究生应在导师指导下认真准备，完成论文开题报告编写。

学位论文开题报告应回答"为什么要研究此问题"、"研究此问题有何价值"、"别人对此问题已研究到什么程度"、"我要对此问题研究什么"、"我要对此问题如何进行研究"等问题，并对论文结构、研究方法及进度安排进行详细策划。为此，学位论文开题报告通常应包括四部分内容，即：选题背景和意义、文献综述、研究方案、参考文献。

1. 选题背景和意义

（1）选题背景。结合国民经济和社会发展形势，阐述论文选题依据和由来，回答"为什么要研究此问题"，因此，有的论文直接将这一部分称为"问题的提出"。

选题背景的阐述应层次清晰，紧扣主题有理有据地进行深入分析，而不是讲发展历史，也不是只讲宏观形势。例如：对于"经济全球化背景下企业知识共享机制研究"的论文选题，可考虑从以下三方面围绕主题由宏观至微观阐述选题背景：

1）经济全球化形势下企业竞争日趋激烈；

2）加强知识管理是企业应对激烈市场竞争的重要手段；

3）建立和完善知识共享机制是企业知识管理的核心内容。

这样，既引出学位论文的研究主题，也回答了"为什么要研究此问题"。

（2）研究意义。阐述学位论文研究的理论价值和实际作用，回答"研究此问题有何价值"。研究意义的阐述应具体而有针对性，不能漫无边际地空喊口号，只是强调具有"重要的理论和现实意义"。可以考虑结合学位论文的主要研究内容，分几个方面分别阐述论文研究的具体意义。

2. 文献综述

文献综述也称为国内外研究现状，是研究者在阅读、选择、比较、分析和综合国内外文献的基础上，用自己的语言针对论文选题进行的综合阐述，用来回答"别人对此问题已研究到什么程度"的问题。

（1）文献综述的作用和要求。文献综述作为学位论文的重要章节，不仅用来揭示国内外研究现状、分析发展趋势、提出选题创新之处，反映论文选题的科学性、创新性和应用性，使评审专家充分了解论文研究的价值，而且能使评审专家判断论文作者掌握专业知识的深度和广度。

文献综述是跟踪和吸收国内外学术思想和研究的最新成就、了解科学研究前沿动向并获得新的理论、手段和研究方法的有效途径，也是充分了解已有研究成果，避免进行重复研究的重要环节。因此，在确定论文选题及研究内容前，务必要系统深入研究国内外文献资料，提高论文研究意义和价值。

（2）文献综述的主要内容和要求。文献综述应说明自己研究方向的发展历史、前人主要研究成果、存在的问题及发展趋势等，可以分国外研究现状、国内研究现状由远及近地进行综述，也可以根据研究内容分若干小标题分别进行综述。

文献综述是对学术观点和理论方法的整理，因此要带着批判的眼光来归纳和评论文献，而不仅仅是相关领域学术研究的"堆砌"。同时，不能混淆自己与文献作者的观点。文献资料要运用恰当合理，引用文献不宜过多，文献综述也不宜过长。引用的文献要进行规范标注。

（3）文献引用需注意的问题：

1）要引用代表性、可靠性和科学性强的文献。在搜集到的文献中，有的文献观点雷同，有的文献可靠性、科学性不强。因此，要注意选用代表性、可靠性和科学性较强的文献。

2）要忠实于文献内容。要分清作者观点与文献内容，忠实于文献内容，不能篡改文献内容。

3）要避免间接转引文献。如果转引他人引用的参考文献，无法判断他人引用的文献是否恰当、有无谬误。因此，最好不要转引他人引用的参考文献。

4）要更多关注和综述近年来国内外文献。对于年代久远的文献，除非特别经典且对论文研究内容有重要参考价值，否则，对论文的参考价值不大。

3. 研究方案

研究方案应包括：研究思路和方法、论文内容和结构、关键技术和预计创新点（博士学位论文）、研究基础（博士学位论文）、论文写作进度安排等内容。

（1）研究思路和方法。研究思路是指论文研究过程（步骤）和要点，研究方法是指论文研究拟采用的方法。为了更清楚地表达论文研究思路，通常会用技术路线图的方式将"研究内容＋研究方法"的逻辑路线勾勒出来。

（2）论文内容和结构。论文内容是指按章阐述的主要研究内容。为了更清楚地表达论文内容，最好应列出包含论文章、节、小节三级目录的论文写作提纲。论文结构通常用"论文结构图"表达，既要表达论文由哪几部分（章）组成，更要表达各章之间的逻辑关系，体现"结构"二字的本质含义。

（3）关键技术和预计创新点。主要针对博士学位论文，关键技术是指论文研究中可能遇到的难点及拟采用的研究技术。预计创新点是指论文中预计采用某些技术或方法研究解决的创新问题。博士学位论文创新点一般为 3～5 个。

（4）研究基础。主要针对博士学位论文，反映截至开题时围绕论文主题已进行的相关研究和准备工作。

（5）论文写作进度安排。可以分论文初稿形成、论文中期检查和修改、论文预答辩和送审三个阶段安排论文写作进度。在时间安排上要充分考虑各阶段研究内容的相互关系和难易程度，不能前松后紧，虎头蛇尾。

4. 参考文献

参考文献应是反映论文主题全貌，且是作者直接阅读过的主要文献资料。开题报告中的参考文献可从另一侧面反映作者的论文准备情况，表明自己已掌握国内外相关研究现状，证明论文选题是有理论依据的。参考文献要以规范格式列出。

12.2.3　开题报告关键环节

论文开题报告是学位论文的"顶层设计"，需要阐明学位论文将要"写什么"、"为什么要写"以及"如何写"。因此，上述三个问题也就成为学位论文开题报告编写的关键环节。

1. 选定论文主题——基于国内外文献综述明确"写什么"

确定论文选题看似简单，实则不易，需要在综述国内外文献资料的基础上进行。首先要客观陈述别人的观点和研究成果，然后进行评述，总结已有研究的不足之处，提出值得研究的问题，包括自身选题将要探讨的问题。正是由于目前研究不足，所以才要进行研究。因此，学位论文选题需要根据文献综述得到确立，而不是作者的凭空想象和"拍脑袋"。

2. 阐明研究意义——考虑理论价值和实践意义明确"为什么要写"

回答"为什么要写"，就是要阐明研究意义。对博士学位论文而言，首先，要基于国内外文献综述，在发现别人研究不足或研究空白的基础上，阐明自己所选主题在相关研究领域所占地位，体现理论价值；其次，要从实际应用角度阐明论文选题对现实社会的实践意义，体现实用价值。

3. 策划研究内容——设计研究思路和方法回答"如何写"

围绕选定的论文主题，需要提出解决问题、寻求答案的思路和方法。为此，需要策划研究思路，阐述拟采用的研究方法，如文献研究法、案例研究法、社会调查法、实验研究法，以及采用某些数理分析方法及工具等。

上述关键环节中的重点是文献综述。没有文献综述，就无法选定论文题目，也不知道别人对所选题目已研究到什么程度，因此，务必要认真进行文献综述。

12.2.4　开题报告常见问题

1. 论文题目常见问题

论文题目犹如"文眼"，至关重要。正所谓，看人先看眼，看文先看题。论文题目是最先映入评审专家眼帘的内容，"文眼"是否准确、独特、新颖，有时会决定论文命运。论文开题报告中的论文题目常见问题如下：

（1）题目过长，有的还会出现字词重复。题目要简洁明了，一般不宜超过 20 个汉字。文约而事丰、言短而旨远。题目过长，不仅容易使人产生繁冗之感，而且难以给人留下鲜明印象。

（2）题目过大或过小，不能反映论文内容，有的还会出现论文中某一章题目就是论文题目。尽管有时论文题目与论文中某一章题目看上去仅差几个字，但如果实质内容一致的话，难以使论文题目统领整篇论文，也是不应该出现的。

（3）题目平庸乏味，创新性不足。学位论文的创新也体现为题目的创新，如果论文内容有创新，题目也应将关键内容置顶，不能太过平淡。

（4）滥用"浅析"、"浅论"、"试论"等谦辞，以及"关于……的思考"等，这在硕士学位论文中容易出现。还有，论文题目中常见"基于"一词，但也不能滥用。"基于"一词有三层意思，一是指依据某一理论或研究方法，如《基于灰色系统理论的……研究》；二是着眼于、立足于，如《基于高净值人群的……营销研究》；三是用来界定研究范围，如《企业高层管理者胜任力模型——基于国有制造业企业的研究》。

2. 研究背景和意义常见问题

（1）研究背景常见问题。从格式方面看，许多论文的研究背景总是一段接着一段进行阐述，没有分若干小标题突出层次感。从内容方面看，有些论文的研究背景只是"从猿到人"地讲"历史"，根本没有围绕"为什么要研究此问题"进行阐述。

（2）研究意义常见问题。首先，研究意义阐述得不够具体，只是在描述研究内容后，以"具有重要意义"为结语，到底有何"重要意义"，未能明确阐述。其次，对博士学位论文而言，未能分理论意义和实践意义两个方面结合论文研究内容进行详细阐述。

3. 文献综述常见问题

（1）缺乏应有的文献综述。有些论文作者未下功夫查阅和学习文献资料，企图走捷径，不进行文献综述。这样，既不符合论文开题要求，也容易出现"欲速则不达"的后果，很难提升论文质量，使论文有创新。也有人误认为，找不到相关文献或没有相关文献，前所未有才是创新，甚至还有人误以为写上"填补空白"、"没有同类文献"等词句可以提高论文价值。

（2）文献综述不扣主题。未能深刻理解文献综述的定位和作用，没有紧扣论文主题筛选和综述文献，而是四面出击，占用不少篇幅漫无边界地回顾与论文主题相关的整个领域的发展，没有反映论文特色。

（3）简单地"堆砌"相关文献。文献综述"综"而不"述"，仅是简单地罗列"××提出了……"等，使文献综述变成相关学术研究成果的"流水账"。这样，缺乏作者自己的观点和见解，缺乏对以往研究成果的批判性分析和评论，难以体现自己的研究贡献和创新性。当然，还有些作者是在简单"堆砌"相关文献、记"流水账"的基础上，再专门进行评述，以弥补"综"而不"述"的不足，但这样做还是将"综"与"述"相分离，紧密结合性不够。

（4）缺乏权威性文献。不熟悉所研究领域的理论背景和研究进展，没有认真研读过真正有价值的文献，对文献资料的掌握和理解不到位，遗漏一些权威性和经典性文献，文献综述不够系统全面，甚至会影响论文选题的创新性。

（5）将文献综述与研究背景相混淆。文献综述应是对学术观点和理论方法的梳理和评论，而研究背景需要阐述论文所选问题产生的背景，二者不能等同和相互替代。

4. 研究方案常见问题

（1）以问题为导向的研究思路不清晰，一味地追求某种方法的应用。论文应体现"提出问题—分析问题—解决问题"的研究思路，在分析和解决问题过程中寻求科学研究方法的应用，而不是为了应用而应用某种研究方法，造成本末倒置。有时，研究方法的适用性也值得分析和论证。

（2）论文内容设计不深入，将技术路线与论文结构混同。只是粗略地将论文内容划分为几部分，未能采用章、节、小节三级目录形式详细地进行表达。未能区别论文研究的技术路线和论文结构图的本质，不能清晰地表达技术路线或论文结构，或者绘制的图既不是技术路线图，也不是论文结构图。

（3）关键技术不清晰，预计创新点不明确。对博士学位论文而言，由于前期研究思考不够深入，不能清晰地提炼出论文研究所要采用的关键技术，也不能简明扼要地表达论文预计创新点。

第13章　学位论文结构及写作方法

学位论文应有合理的结构，论文内容要完整、层次要清楚，各章节内容要合乎逻辑、详略适当，而且论文主体各章的节数和字数应大体相当。尽管不同的学位论文有不同主题，论文结构也各有差异，但结构严谨、层次清晰的基本要求应是一致的。此外，掌握一定的学位论文写作方法与技巧，也是顺利完成学位论文写作的重要条件。

13.1　论文基本结构及要求

13.1.1　专题研究型论文结构及要求

1. 论文基本结构

（1）论文总体结构。根据学位论文相关标准，结合多数高校规定，学位论文分为三大部分，即：前置部分、主体部分和结尾部分。

1）前置部分。学位论文前置部分应包括封面、题名页、序或前言（必要时）、独创性声明、致谢、摘要（中英文）、关键词（中英文）、目次页、图表清单等。前置部分的组成结构如图13-1所示。

2）主体部分。学位论文主体部分包括引言（或绪论）、正文、结论。主体部分的组成结构如图13-2所示。

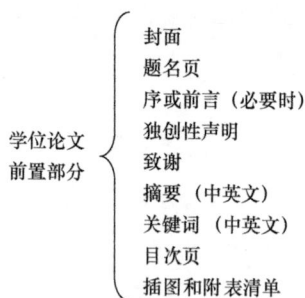

图13-1　学位论文前置部分的组成结构　　图13-2　学位论文主体部分的组成结构

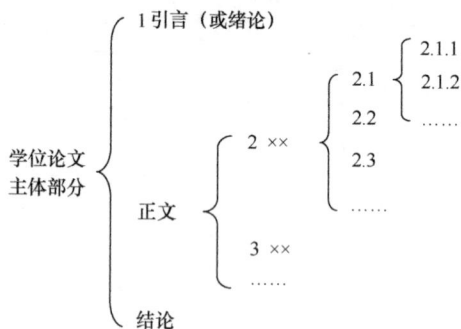

3）结尾部分。学位论文结尾部分包括参考文献、作者简历及在学期间取得的科研成果（发表论文、主持或参加的科研项目）。必要时，还包括附录。对于那些不便于编入正文的珍贵资料，某些重要的原始数据、数学推导、计算程序、框图、结构图、注释、统计表、计算机打印输出件等，宜作为附录内容。

（2）论文主体结构。目前，我国大部分高校对学位论文前置部分和结尾部分的格式都有规定，有的高校还分学位类别编制了不同模版。但对于论文主体部分，因选题不同，会有不同的组成结构。英美国家规范的文科类学位论文主体部分一般包括六部分，即：导言（或绪论）（Introduction）、文献综述（Literature Review）、研究方法（Methodology or Methods）、研究结果（Findings or Results）、分析或讨论（Analysis or Discussion）、结论或总结（Conclusion or Summary）。近年来，我国管理类学位论文也越来越多地采用此类格式。

（3）专业硕士学位论文参考结构。前述论文结构更适合于学术学位论文，对于专业硕士研究生而言，以"提升职业能力为导向"，强调对实际问题的分析和解决能力的培养。因此，针对专题研究（不包括调查研究、案例研究）的专业硕士学位论文，按照"提出问题—分析问题—解决问题"的研究思路，可参考如图 13-3 所示的论文结构。其中，应强调科学管理理论及研究方法的合理应用。

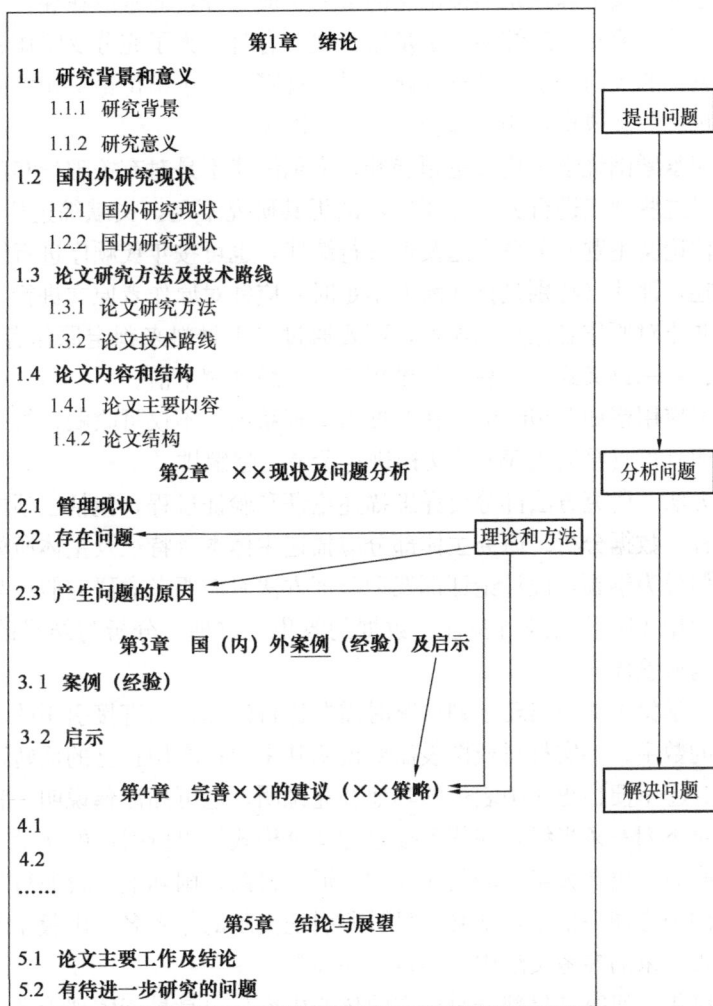

图 13-3　专业硕士学位论文参考结构

2. 论文写作基本要求

（1）导言（或绪论）。导言（或绪论）是论文的开篇，要能够独立成章，用足够篇幅进行阐述，彰显论文亮点。导言（或绪论）一章至少应包括研究背景和意义、主要研究方法、各章节主要内容及逻辑安排等，以突出本研究与已有研究成果之差异。此外，还要体现论文写作的基本思路。

导言（或绪论）中的研究背景和意义已在论文开题一节介绍，此处不再赘述。而研究方法应是管理类研究生感到头疼的内容，也是在论文写作中比较棘手的问题。研究生只有掌握了基本的管理科学研究方法，才能写出应用管理科学研究方法的学位论文。为此，国外大学特别重视对研究方法的教学与训练，有的大学 60％的博士研究生课程属于研究方法论课程。相比而言，我国目前研究生教育中开设的针对性较强的研究方法论课程还不多，学位论文写作中采用的研究方法不够，缺乏对研究方法及研究过程的详细描述，有的甚至只有几行字便草草了事，而往往把重心都放在对结论性内容的详尽分析上。

（2）文献综述。文献综述是学位论文的重要组成部分，通常应在导言（或绪论）中占很大一部分。因此，要对文献综述给予足够重视。有时，为了充分反映作者确已掌握坚实的基础理论和系统的专门知识，具有开阔的科学视野，关于学位论文相关研究的综合评述及理论分析，也可单独成章，用足够的篇幅进行阐述。

文献综述应紧紧围绕学位论文主题展开。文献综述不是对有关理论和学派观点的简单罗列，而是要对这些观点进行分析与评价，剖析其研究不足。文献综述应有严密的逻辑，可按文献与学位论文主题的关系由远及近进行综述，也可按年代顺序进行综述，还可按不同问题进行综述，评述（特别是批评前人不足时）应针对原作者原文进行，力求客观、全面、公正。为防止对原作者论点的误解，不要通过二手材料来判定原作者的"错误"。文献综述有三忌：一忌讲义式；二忌主观设靶子；三忌含糊不清。

文献综述可应用诸如 Endnote 等在线搜索文献系统，不仅可收藏、管理和搜索文献和图片、表格，而且可直接嵌入 Word 文档进行参考文献编排。

（3）研究方法。研究方法部分要详细描述论证和验证过程，包括三项内容描述：研究主体、论证过程、数据分析。研究主体部分应描述主体本身特征及主体所处环境。论证过程应以主题、假设为纲领，设计论证框架和验证方法时需要考虑研究假设与变量之间的关系，之后便是运用实际数据进行验证。数据的收集、整理、分析与结果的解释应前后呼应，在逻辑上构成整体。

（4）注释。学位论文中出现下列情况时需要进行注释：①直接引用的文献需要说明其出处；②引用的数字、事实材料或图表需要说明其来源；③用自己的话转述别人的观点需要交待其出处；④不便在正文中表述的其他补充说明，也可加注释说明。我国传统的注释方式是在正文页下划一条半线，在线下按参考文献格式标出所引用的文献，如果引用文献不加以控制，有时会出现大半页均是注释的情形。目前，国际上比较通行的做法是，在正文中需要注释的地方加一括号，括号内只写所引证文献的作者名，出版年份和页码，文献信息则一律列入文末的参考文献中，不再另加注释。

（5）研究结果。研究结果部分是论文的核心内容，也是最能体现论文学术水平和实用价值的部分。为此，总结作研究结果时要做到以下几方面：

1）资料应真实，数据要可靠。结果必须以研究的事实为根据，如实写出研究得到的结果，绝不能凭借主观臆断、随意取舍数据。当然，也要避免不加筛选地简单罗列原始资料。

2）要与研究方法相呼应，为分析与讨论埋下伏笔，以使整篇论文逻辑有序。

3）既可用文字，也可将文字与图、表并用，但三者应有机配合，切忌文字与图表内容重复。

4）要用统计学方法处理数据，不要用不确切的词语（如：可能、或者、多见、少见等）代替具体科学数字。

5）不引用参考文献，因参考文献内容属于他人研究结果，不是自己研究所得。

6）不评论自己研究成果和价值，也不评论他人在该领域的研究，这些内容必要时应在"分析与讨论"中陈述。

（6）分析与讨论。在分析与讨论中，作者要通过对研究结果的思考、理论分析和科学推论，阐明事物的内部联系和发展规律，从深度和广度两方面丰富和提高对研究结果的认识。分析与讨论的水平高低取决于作者的理论水平、学术素养及专业知识的深度和广度。

"分析与讨论"与"研究结果"有着本质区别。"研究结果"是描述论文研究的具体结果或直接结果，要做到就事论事。而"分析与讨论"是对研究结果的进一步发掘、引申和提炼，而不是对研究结果以不同的语言进行再次的表达或描述。"分析与讨论"可以是将研究结果上升到理论高度的分析推论，也可以是与他人研究结果的比较、融合、整合与系统化。"分析与讨论"则既要立足于研究结果，又不局限于研究结果，要就事论理，发现规律、提出问题，并展望发展趋势。

1）"分析与讨论"的主要内容。撰写"分析与讨论"时，要避免委婉、含蓄，尽量做到直接、明确。主要内容包括：①以研究结果为线索展开，引用研究所获得的事实、数据，探讨论文所提出的假设是否正确，并剖析其原因；②阐述研究结果的理论意义和实际意义，说明研究结果的重要价值；③将研究结果与国内外相关研究进行比较，说明论文的创新之处；④分析和解释研究的局限性以及这些局限性对研究结果的影响，并提出进一步研究的问题。

2）"分析与讨论"写作时需要注意的问题：①要以论证作者的观点为主要内容。要围绕研究结果，以科学的理论和方法为论据，全面深入地论证作者的学术观点；②要使用正确的论证方法，表明论据与论点之间的必然联系，使论证具有说服力；③要以学术观点的论证为主要内容，不能反客为主，引证大量文献资料，将分析与讨论变成文献综述。

（7）结论。学位论文应有一定篇幅阐述结论。一个完整的论文结论应包括以下三部分内容：回顾研究过程；总结研究发现及贡献；提出有待进一步研究的问题。因此，多数学位论文以"结论与展望"一章作为论文主体部分的收尾。

结论不是一个简单总结，应是对所研究问题的重新认识，对所涉及理论的重新思考。结论应准确、完整、明确、精炼，既要总结论文研究工作及结论，还要对研究中未能解决的遗留问题或研究中的不足之处提出建议。

（8）摘要。摘要在一定程度上是论文的缩微版本，其目的是使读者通过阅读能粗略判断论文的价值。摘要一般应说明研究目的、方法、内容、结果或结论、意义等，重点是要说明研究结果和结论。摘要应明确界定论文要研究的问题，说明研究工作如何展开以及研究的贡献、价值，并通过研究内容和结果体现出论文创新点。

1）研究目的。说明所研究问题的背景及要研究的核心问题。

2）研究方法。说明采取什么方法展开研究，从而证明论文研究的科学性。

3）研究内容。针对论文核心问题的研究，揭示论文的研究视角、研究深度等，这也是论文重点阐述和分析的部分。

4）研究结果或结论。是指通过研究得到的结果或结论，也是论文的价值所在。在博士学位论文摘要中，论文创新点应占去摘要的大部分篇幅。论文的每一创新点（一般为3～5个）最好分段表述，先用一至两句话进行概括，然后阐述其论证方法和改进创新之处。

5）研究意义。说明所研究的问题对科学、社会进步的意义或对别人的启发。

摘要要用学术语言表达，尽量少用引导性和支持性解释，更不要将摘要写成目录式，要采用陈述方式概括论文主要内容和创新点，便于论文评审人判断其价值。

（9）参考文献。参考文献只能列出自己读过的与论文有关的文献，不能列出自己没有读过的文献，更不能列出与论文主题不相干的文献。参考文献也是判断一篇论文质量的"窗口"，需要规范和实事求是地列出。

13.1.2　案例研究型论文结构及要求

案例研究型论文通常应以问题为导向，通过案例研究正文部分隐含一个或几个待解决的问题，需要运用相关理论对问题进行分析，并提出合理的改进方案或措施。

1. 论文基本结构

案例研究型论文主体部分通常应包括四部分内容，即：导言（或绪论）、案例主体、案例分析、结论与建议。

（1）导言（或绪论）。主要是提出问题，明确研究意义。一般占5％左右篇幅。

（2）案例主体。主要是描述管理问题，包括：企业或项目概况（根据论文主题有所侧重）、发展背景（经济环境、行业竞争等）、主题描述（管理问题的产生及演化过程）。一般占30％左右篇幅。

（3）案例分析。主要是分析问题，是指运用相关理论（文献综述）分析案例中的管理问题，突出理论与实践相结合。一般占40％左右篇幅。

（4）结论与建议。主要是解决问题。针对管理问题分析，给出结论，并提出解决问题的建议。一般占25％左右篇幅。

2. 论文写作要求

（1）在论文选题时需要考虑和选择，是否适合撰写案例研究型论文。

（2）论文题目可采用"企业（或项目）名＋主题＋案例研究"的形式。

（3）要重视社会调查方法的应用，通过收集信息发现问题，并用科学的管理理论分析和解决问题。

13.2　论文写作方法与技巧

学位论文写作需要掌握三要素：专业知识、研究方法和表达能力。除此之外，掌握一定的论文写作方法与技巧，也是更好地完成学位论文的重要因素。

13.2.1　文献资料的收集和整理

1. 广泛搜集和阅读文献资料

论文提出的问题要集中，但文献资料的收集要尽可能广泛。要根据论文开题报告中所设计的研究内容和方法，分门别类地收集和阅读国内外文献资料。

（1）收集和阅读能够反映研究对象具体特征的专题文献资料。充分熟悉研究对象，是正确认识研究对象的必要前提。要拥有针对研究对象的专业知识，才有可能对研究对象进行系统深入分析。

（2）收集和阅读能够应用于论文研究的相关理论和研究方法。科学研究需要通过严密的科学分析和抽象概括，透过现象看本质，从具体事务中找出规律性东西。完成这项工作，需要有科学的理论做指导和正确的方法去探索。为此，需要掌握相关理论和研究方法，为实现新的研究突破提供理论和方法准备。

（3）收集和阅读他人已发表的相关文献资料。他人已解决的问题，自然不必再花力气做重复劳动。同时，收集和阅读他人已发表的相关文献资料，可充分吸收他人经验或了解别人遇到的难点所在，以免走弯路，也便于发现问题。

2. 认真辨析和整理文献资料

要使文献资料有效地发挥作用，并在论文写作中便于使用，需运用科学的方法辨析和整理文献资料，去粗取精，去伪存真，使文献资料系统化、条理化。要根据论文选题建立文献资料目录索引，可以按章节进行分类并将相应文献资料放入不同文件夹中，便于论文写作中查找和参考。

13.2.2　论文写作的持续推进

对研究生而言，学位论文是一项浩大工程，如同一项"马拉松"比赛，需要花无数时间和精力去攻克。

1. 尽早开始写作，切不可找理由拖延

论文开题报告一旦通过审查，就应立即开始准备论文写作。开始论文写作并不需要等待相关理论和方法学习透彻，文献资料收集整理完备。这就如同说英语一样，并不需要等到英语学习完美后才开始说英语，而是因为不断说英语才使英语水平逐渐提高。文献资料收集差不多时，便可开始写论文。可以先写研究方法、理论框架等，并在此过程中不断完善，更多地收集相关文献资料。如果一味地等待再等待，将会白白浪费宝贵时间，没有人是完全准备好后才开始论文写作的。

2. 细化论文提纲，将写作任务化整为零

尽管一篇学位论文是一个完整系统，但可将其分为若干章节，每一章节又可细分为不同小节，每一小节还可分为不同小块。这样，对于一篇 100 多页的论文，就可分解为每一章 20～30 页、每一节 5～10 页、每一小节 2～3 页、每一小块 1～2 页，这样，每天需要完成的就是其中 1～2 页的小块。这种"庖丁解牛，化整为零"的方式，不仅可避免论文写作过程中偏离主题，而且会将作者对论文写作的心理畏惧感降到最低，同时在每次完成一小块后还会有成就感，使作者能有动力去攻克下一小块，从而使论文写作得到层层推进。

3. 坚持每天写作，不要长时间停滞不前

要形成一种良好的写作习惯，最好是每天保证有一段固定写作时间，中间不要有长时间的中断，并在每次中止写作时，记住自己已写到哪里，下次应从哪里开始接着写作。可以用几个关键词予以标注，使其能够成为下次重新获得灵感的线索。这样，不仅能够提高写作效率，而且在每次需要切换到写作状态时所需时间会更短。如果长时间停滞不写，想要突然一下文思泉涌、下笔如有神是不可能的。

4. 寻找写作同伴，发挥同写互助作用

相约几个同样在撰写论文的伙伴，大家可以相互交流、相互鼓励。尽管大家的论文选题不同，甚至专业领域也各不相同，论文写作进度各异，但可分享各自写作经验和教训，包括用什么参考文献检索和处理软件，如何安排写作进度，如何与导师进行沟通，如何解决瓶颈问题等。有时，论文中采用的研究方法也可能是来自他人论文写作或相互交流的启发。此外，如果在身边有人同样为学位论文而奋斗、笔耕不倦时，会使人觉得很安心，动力也很足。

5. 精选相关论文，借鉴他人写作成果

要精选若干优秀学位论文，看他人是如何撰写论文的，从论文字数、形式到论文内容、研究方法等方面体会学位论文应如何写。多读几篇论文就会发现，学位论文均会包括摘要、致谢、目录、导言（或绪论）、研究方法、研究结果、结论、参考文献等。这样，就会对学位论文结构有一个更加直观、深入的认识。要参阅本单位相关学科历届优秀学位论文，这是非常有价值的一手参考文献，因为这些论文反映了本单位学位论文的要求和格式规范。此外，也可参阅其他单位的优秀学位论文。对于那些与所写论文主题相关的学位论文，既可借鉴其写作格式，也可参考其研究内容和方法；而对于那些与所写论文主题不太相关的学位论文，其写作格式也会有借鉴作用。总之，论文写作不应是从零开始自我摸索，应充分利用已有资源站在前人肩膀上进行奋斗。

6. 采用先易后难策略，容易建立写作信心

采用先易后难的写作策略，符合事物循序渐进的基本规律。对多数作者而言，一开始就撰写文献综述和理论描述有一定难度，如果强攻硬上，势必会影响论文写作心态和信心。为此，可先写难度较低、容易上手的研究方法部分，而将导言（或绪论）一章放到论文正文部分完成后再撰写。这样，先选择一些相对简单的内容入手，可以极大地树立写作信心。同时，也会提高论文写作效率。因为论文不到最后，其内容和结构不会最终确定，因而在导言（或绪论）中的文献综述、论文结构安排等就不会确定不变。

7. 主动联系导师，虚心接受修改意见

导师通常指导过多个研究生，有丰富的论文写作经验，而且经常会同时指导不止一个研究生。因此，在导师工作繁忙的情况下，需要研究生主动联系导师，汇报论文写作进展及思路，虚心听取导师对于不同问题的看法、论文写作思路等。要充分利用导师的专业知识和资源，与导师保持密切联系和亲切互动。如果不主动联系导师，等需要提交论文时才想到要联系导师，必然会耽误论文写作进度。还有，应重视和虚心听取导师和有关专家的论文修改意见，他们的一席话、一些反馈意见，可能会避免作者花一两个月的冤枉时间在黑暗中独自摸索。如果能在导师的精心指导下进行论文写作，将是一件幸福的事情。

8. 掌握写作节奏，劳逸结合讲效率

论文写作如同跑一场马拉松（特别是对于博士学位论文撰写），需要掌握节奏，劳逸结合。每个人在论文写作时都会有瓶颈期和写累的时候。如果通过自律和坚持，能够度过便可。如果是看到计算机屏幕就想吐、看到书本就头疼，那就需要中止写作，放空一下思想了。每个人各自喜欢的放松方式不一样，有人喜欢体育活动，有人喜欢逛街，有人喜欢看电影、唱歌等，总之，不管哪种方式，只要能开心放松，就是好方法。学时认真学，玩

时放肆玩。劳逸结合才能写好写完学位论文。

13.2.3 论文写作拖延症的缘由及克服

许多作者会拖延论文写作进度，到底原因何在？如何才能克服这种拖延症？下列分析和建议可供参考。

1. 论文写作拖延症的缘由

导致论文写作拖延症产生的原因主要有以下三方面：

（1）论文写作的责任感不强。对于非全日制研究生而言，由于需要边工作边攻读学位，大多会将注意力及行为倾向集中于自己每天负责的工作事务，因为一旦完不成该完成的工作任务，会承担相应责任，产生负面影响。但对于论文写作，普遍认为即使拖延数月甚至几年，也不会对自己产生太大负面影响。正因为如此，许多博士研究生、专业学位硕士研究生未将论文写作作为硬性任务列入日程表，拖延数年才毕业获学位；有的甚至前功尽弃，丧失获得学位机会。

（2）论文写作本来就是一个漫长且困难的过程。论文写作是一个学术创新过程，不像发送一个电子邮件、起草一篇小品文章那么简单。论文写作涉及阅读和掌握现有专业知识、澄清自己所要研究的问题、设计研究方法、分析研究结果等，从激发灵感有新想法开始，到完成写作和修改完善论文为止，是一段漫长曲折的路途，需要有充足时间进行构思和写作。

（3）论文写作成果的完美追求。作者完成的学位论文必然要经过审查和评阅，论文中的论点及研究结果必然会受到质问和评判。当作者对自己的研究充满自信时，可以坦然接受别人对自己论文的评判和建议。但对于一个完美主义者，常常会生活在持续不断的恐惧中，担心自己的研究被人发现缺乏知识，也害怕在仔细审视下被揭露自己的论文不够好。为此，会采取逃避接受早期重要建议、过度合理化拖延等方式，紧紧抓住文稿不放来保护自己的研究，以至于拖延论文写作时间。

2. 论文写作拖延症的克服

为了确保自己在论文写作过程中不落入典型完美主义者可能遇到的陷阱中，可采用以下三种方式予以克服：

（1）认清论文写作过程。论文写作通常不会是一气呵成的事情，很少有人能一次就创造出完美作品。因此，在论文写作前，就要认清论文写作需要经历的过程。在写作过程中遵循每个阶段及完成文稿的时间表，避免设法通过拖延方式来度过研究阶段，就能在每天带来成就感和满足感。

（2）养成每天写作的习惯。每天坚持写作至少30分钟是克服拖延症及完美主义的最好方法。如果能坚持如此良好习惯，不仅可以提高论文写作效率，而且能够激发创造力、创新思维，还可以摆脱愧疚感或烦恼，尽早完成论文写作，早日获得学位。

（3）在写作的每个阶段建立读者群。通过建立读者群（包括同学、同事、家人等），能够给自己的论文写作分阶段提供动态回馈。这样，将他人带入自己的论文写作过程，可以定期地获得论文写作意见和建议，就会使自己恐惧的部分得到改善而获得安全感，确信自己能提交最好的论文写作成果。

13.2.4 论文写作常见问题

在最后，概括学位论文指导及评审中看到的一些共性问题，希望对研究生们有所裨益。

1. 论文题目与内容不相吻合

许多论文题目不能准确涵盖研究的主要问题和内容，大题小作是普遍现象。还有的论文题目中关键词使用不严谨；有的论文题目过长或过短。

2. 论文结构松散不严谨

论文总体思路应是："有些问题非常值得研究—我具体想研究—如何研究—研究结果是什么—研究结果能解决什么问题"。但有些论文的思路不够清晰，结构也不够严谨。在研究背景部分，只是简单罗列所有存在的问题，而且有些问题过大过于笼统，也没有进行细化和分解。在研究方法部分更是薄弱，未能对关键方法和特殊技术进行详细阐述。对于研究结果，也不能用图表进行有层次有条理地表达。同时，将结论与结果混为一谈。所谓结果，是指通过研究得出的客观事实（数据），揭示一些不容易发现的现象；而结论是本质，是指通过研究和结果分析，得出的规律、观点和看法。最后，创新点夸大贪多，把不是创新的内容列为创新点。研究展望也有不妥，如出现"因数据有限……"、"因时间有限……"、"因水平有限……"、"没有实际验证……"、"还存在……"等颠覆性收尾。

3. 语言文字表达欠缺

文字表达能力差，章节、段落之间缺乏过渡，经常是三个层级、四个层级的标题连排。应该做到的是：每个核心段落应围绕章节目标有一个"主题句"，但许多论文做不到！有的论文几页没有一个标题，总是一段接着一段；有的论文一个段落就是一整页，段落之间逻辑层次差，段落没有中心思想。论文写出来自己都"找不到北"。还有，论文中存在大量口语化表达。

4. 论文格式不规范

论文格式是最容易达到的，也是最容易被忽略的。这方面常见的问题是：图表不编号，甚至图表名称同放在图表上方或下方，还有跨页排图表而不加处理；公式编排不规范、不整齐；全文标题、字体、行距不一致；参考文献不规范、引用不规范等。论文格式规范不仅是学位论文的基本要求，同时也是一个人的审美观体现，多花一份心思，就会有多一份收获。

参 考 文 献

[1] 陈国海. 商科学位论文写作与研究方法[M]. 北京：清华大学出版社，2009.

[2] 陈明. Matlab 神经网络原理与实例精解[M]. 北京：清华大学出版社，2013.

[3] [英]迪姆·梅. 社会研究——问题、方法与过程[M]. 北京：北京大学出版社，2009.

[4] 段海滨，王道波，朱家强等. 蚁群算法理论及应用研究的进展[J]. 控制与决策，2004，19(12)：1311-1326.

[5] 方志耕，刘思峰，朱建军等. 决策理论与方法[M]. 北京：科学出版社，2008.

[6] [英]弗兰奇，莫尔，帕米歇尔. 决策分析[M]. 北京：清华大学出版社，2012.

[7] 甘振韬，梅文，郭玉军. 基于 AMOS 的网络学习忠诚度调查研究[J]. 中国医学教育技术，2012，05：483-487.

[8] 韩松. DEA 方法进行规模收益分析的几点注记[J]. 数学的实践与认识，2003，33(7)：65-71.

[9] 何晓群，刘文卿. 应用回归分析[M]. 北京：中国人民大学出版社，2011.

[10] 黄心，吴学群，袁清冽等. 蚁群算法在外卖配送路径规划中的应用[J]. 价值工程，2017(5)：65-67.

[11] 蒋惠琴. 人文社科类研究生学位论文规范性研究[J]. 当代教育理论与实践，2013(4)：81-83.

[12] [美]劳伦斯·马奇，布伦达·麦克伊沃. 怎样做文献综述——六步走向成功[M]. 上海：上海教育出版社，2011.

[13] 李怀祖. 管理研究方法论[M]. 西安：西安交通大学出版社，2006.

[14] 李健宁. 结构方程模型导论[M]. 合肥：安徽大学出版社，2004.

[15] 李庆扬，王能超. 数值分析[M]. 北京：科学出版社，2012.

[16] 李正元. 学术论文写作概论[M]. 北京：中国地质大学出版社，2010.

[17] 林齐宁. 决策分析[M]. 北京：北京邮电大学出版社，2003.

[18] 刘冰，郭海霞. Matlab 神经网络超级学习手册[M]. 北京：人民邮电出版社，2014.

[19] 刘军. 管理研究方法原理与应用[M]. 北京：中国人民大学出版社，2008.

[20] 罗党，王淑英. 决策理论与方法[M]. 北京：机械工业出版社，2010.

[21] 马成樑，王国进. 当代管理科学研究方法评述[J]. 现代管理科学，2004(3)：32-34.

[22] 马立平. 回归分析[M]. 北京：机械工业出版社，2014.

[23] 马俊. 决策分析[M]. 北京：对外经济贸易大学出版社，2011.

[24] 马庆国. 管理科学研究方法[M]. 北京：高等教育出版社，2008.

[25] 马占新. 数据包络分析模型与方法[M]. 北京：科学出版社，2010.

[26] [英]帕特里克·邓利维. 博士论文写作技巧[M]. 大连：东北财经大学出版社，2009.

[27] 唐盛明. 社会科学研究方法新解[M]. 上海：上海社会科学院出版社，2003.

[28] 孙国强. 管理研究方法[M]. 上海：上海人民出版社，2010.

[29] 孙宏才. 网络层次分析法与决策科学[M]. 北京：国防工业出版社，2011.

[30] 万迪昉，谢刚，乔治林. 管理学新视角——实验管理学[J]. 科学学研究，2003(4)：131-137.

[31] 王陆. 典型的社会网络分析软件工具及分析方法[J]. 中国电化教育，2009(4)：95-100.

[32] 王小川. Matlab 神经网络 43 个案例分析[M]. 北京：北京航空航天大学出版社，2013.

[33] 汪晓银，周保平. 数学建模与数学试验[M]. 北京：科学出版社，2010.

[34] [美]威廉·史蒂文森，锡汉·奥兹古. 管理科学与工程经典译丛：管理科学[M]. 北京：中国人民大学出版社，2013.

[35] 魏权龄. 评价相对有效性的 DEA 方法——运筹学的新领域[M]. 北京：中国人民大学出版社，1998.

[36] 魏顺平. 社会网络分析及其应用案例[J]. 现代教育技术，2010(3)：29-34.

[37] 吴兵福. 结构方程模型初步研究[D]. 天津大学，2006.

[38] 吴金希，于永达. 浅议管理学中的案例研究方法——特点、方法设计与有效性讨论[J]. 科学学研究，2004，22(S1)：105-111.

[39] 吴明隆. 结构方程模型：AMOS 的操作与应用[M]. 重庆：重庆大学出版社，2009.

[40] 西宝，马永驰. 管理科学研究方法[M]. 北京：高等教育出版社，2008.

[41] 肖东发，李武. 学位论文写作与学术规范[M]. 北京：北京大学出版社，2009.

[42] 谢季坚，刘承平. 模糊数学方法及其应用[M]. 武汉：华中科技大学出版社，2013，153-156.

[43] 许光清，邹骥. 系统动力学方法：原理、特点与最新进展[J]. 哈尔滨工业大学学报，2006(4)：72-76.

[44] 徐玖平，陈建中. 群决策理论与方法及实现[M]. 北京：清华大学出版社，2009.

[45] 于丹. 管理科学研究方法[M]. 北京：清华大学出版社，2014.

[46] 余菁. 案例研究与案例研究方法[J]. 经济管理，2004(20)：24-29.

[47] 张波. AHP 基本原理简介[J]. 西北大学学报：自然科学版，2010：109-113.

[48] 张存刚，李明，陆德梅. 社会网络分析——一种重要的社会学研究方法[J]. 甘肃社会科学，2004(2)：109-111.

[49] 张家琦. 决策分析[M]. 北京：首都师范大学出版社，1998.

[50] 张旭明，王亚玲. 管理科学研究方法的研究[J]. 吉林工商学院学报，2008，24(1)：51-54.

[51] 赵娟. 基于系统动力学的宏观调控对房地产价格影响研究[D]. 北京：北京交通大学，2014.

[52] 周永正，詹棠森，方成鸿等. 数学建模[M]. 上海：同济大学出版社，2010.

[53] 邹乐强. 最小二乘法原理及其简单应用[J]. 科技信息，2010，23：282-283.

[54] Samarit Chatterjee, Ali S. Hadi 著；郑忠国，许静译. 例解回归分析[M]. 北京：机械工业出版社，2013.

[55] William J Stevenson, Ceyhun Ozgur. 管理科学[M]. 李勇建，张建勇译. 北京：中国人民大学出版社，2013.